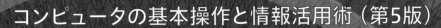

コンピュータの基本操作と情報活用術（第5版）

情報基礎

岩手大学情報教育教科書編集委員会 編

学術図書出版社

著者紹介（50 音順）

天木 桂子（あまき けいこ）　岩手大学教育学部教授　博士（工学）　編集代表，1.2
内舘 道正（うちだて みちまさ）　岩手大学理工学部教授　博士（工学）　2.3
遠藤 教昭（えんどう のりあき）　岩手大学人文社会科学部教授　歯学博士　6.1, 6.2, 6.3, 6.4, 6.5, 6.6, 6.7
川村 暁（かわむら さとし）　岩手大学情報基盤センター准教授　博士（工学）　2.2, 5.1, 5.2, 5.3, 5.4, 5.5, 6.1, 6.2, 6.3, 6.4, 6.5, 6.6, 6.7
木村 彰男（きむら あきお）　岩手大学理工学部准教授　博士（工学）　4.4, 4.5, 4.6
中西 貴裕（なかにし たかひろ）　岩手大学情報基盤センター准教授　博士（工学）　1.1, 3.4, 3.5
平山 貴司（ひらやま たかし）　岩手大学理工学部准教授　博士（工学）　4.1, 4.2, 4.3
宮川 洋一（みやがわ よういち）　岩手大学教育学部教授　博士（学校教育学）　2.1
三好 扶（みよし たすく）　岩手大学理工学部教授　博士（学術）　2.4
吉田 等明（よしだ ひとあき）　岩手大学名誉教授　理学博士　3.1, 3.2, 3.3, 付録 2

付録その他執筆協力：岩手大学情報基盤センター　技術職員
加治 卓磨（かじ たくま），　金野 哲士（こんの てつじ）博士（工学）付録1，　福岡 誠（ふくおか まこと）

表紙デザイン

本村 健太（もとむら けんた）　岩手大学人文社会科学部教授　博士（芸術学）

情報基礎サポートページ

本教科書『情報基礎』の正誤情報や，教材などの情報を以下のページに載せていく予定である．

https://nezuco.edu.iwate-u.ac.jp/joho/

目　次

第1章

コンピュータについて

1.1 コンピュータの基本操作（Windows 編）

本節では Windows10 の基本的な操作方法について説明する．ここでは，岩手大学の各学部や施設の端末室に設置されている Windows 端末の操作を例としているが，皆さんの自宅の Windows パソコンでも，操作方法や基本的な動作はおおよそ変わらない．

1.1.1 端末室 Windows 端末の概要

岩手大学の端末室に設置されている Windows 端末の基本スペックは以下の通りである．OS は Windows10 と Ubuntu のいずれかを選択して起動できるデュアルブートとなっている．

OS:	Windows 10 Enterprise LTSC / Ubuntu Desktop 18 LTS
CPU:	Intel Core i5-10500（6 コア, 12MB キャッシュ, 3.1GHz - 4.5GHz）
メモリ:	8GB
ストレージ:	SSD 256GB
ビデオチップ:	Intel UHD Graphics 630
光学ドライブ:	DVD(8 倍速 DVD±RW 対応)
モニタ:	21.5 インチワイドモニター
USB ポート:	USB2.0×4（前面 2, 背面 2）
	USB3.2 Gen1 Type-A×4（前面 2, 背面 2）

ここで，「ストレージ」と表記しているのは，以前は「ハードディスク（HDD）」が主流だった長期記憶装置のことで，近年は，データの読み出し・書き込みが高速な SSD（Slid State Drive）が使われることが増えている．SSD は，電子の蓄積・放出によってデータを記録するフラッシュメモリにより構成され可動部分がなく HDD に比べ振動に強いなどの利点もあるが，容量あたりの費用（容量単価）が HDD より高いため，場合にあわせ使い分けられている．

USB ポートは Universal Serial Bus とよばれる汎用シリアルバスのポートで，外部機器の接続に使用される．Universal（汎用）の名が示す通り，USB フラッシュメモリの他，プリンタやモニタなど様々な機器が接続できる．USB 端子の形状には Type として A, B, C があり，A, B にはそれぞれ，小型で形状の異なる「Mini」，「Mini, Micro」が存在する．もっとも新しい Type

C は USB3.1 以降の規格に対応しており，USB3.1 Gen2 では USB3.0 により高速でデータが転送できる他，USB Power Delivery による最大 100W までの電力供給にも対応している．

1.1.2　コンピュータ（Windows）の起動とサインイン

コンピュータの電源ボタンを押し電源を投入すると OS が読み出され起動する．岩手大学の端末室に設置されている Windows 端末は，Windows と Linux（Ubuntu）のデュアルブートとなっているため，OS の選択画面が表示される．

図 1.1.2① 岩手大学端末室 Windows 端末起動時の OS 選択画面

Windows が起動すると，サインイン画面が表示され，ユーザ名とパスワードを入力するとサインインが完了する．なお，自宅等でのパソコンでは，サインイン時のユーザ名が最初から表示されている場合や，ユーザ一覧から選択する場合もある．

このユーザ認証は，以前「ログオン」と呼ばれていたが，Windows8 以降，手元のコンピュータで行ったユーザ認証によって各種ネットワークサービスのユーザ認証も行えるシングルサインオンが導入されことにより，「サインイン」という名称に変わっている．

1.1.3　デスクトップ画面

Windows10 のデスクトップ画面は，スタートボタンやタスクバー，通知領域，アイコンなどによって構成される．それぞれについて簡単に説明する．

(1)　スタートボタン

画面左下に表示されているボタンで（図 1.1.2①），アプリケーションの起動等に使用する．このボタンを左クリックするとアプリケーションの一覧が表示され，アプリケーションを左クリックし起動する．アプリケーションの一覧はアルファベット順，五十音順で表示されるが，インストールされているアプリケーションが多くなると，目的のアプリケーションを探すのが煩雑になる．このような場合は，アプリケーション名をキーボードから入力することで検索でき，アプリケーションの選択が容易に行える（図 1.1.3）．

(2)　タスクバー

画面下部中央に表示されている領域（図 1.1.2②）で，現在起動しているアプリケーションウィンドウのアイコンの他，頻繁に使用するアプリケーションの起動アイコンを表示（ピン留め）

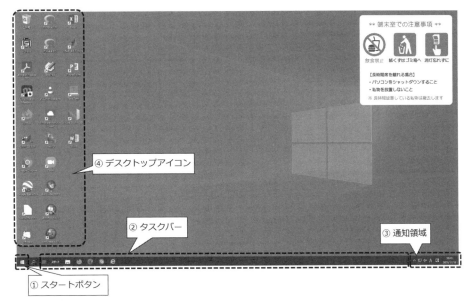

図 1.1.2 Windows10 のデスクトップ画面

できる．アプリケーションのピン留めは，スタートボタンから一覧表示したアプリケーションから目的のアプリケーションを右クリックし，表示されるメニューから「スタートにピン留めする」を選択することで行える．

(3) 通知領域

画面右下に表示されている領域（図 1.1.2③）で，現在の日時やネットワーク，スピーカ，文字入力のモードなどがアイコンとして表示される．アイコンを左クリックしネットワークの接続先

図 1.1.3 スタートボタンから検索してアプリケーションを起動

やスピーカ音量，文字入力モードを変更でき，右クリックから詳細な設定画面が開けるものもある．

(4) デスクトップアイコン

頻繁に使用するアプリケーションやファイル，フォルダをデスクトップにアイコンとして表示し（図 1.1.2④），ダブルクリックすることでこれを開くことができる．

1.1.4 アプリケーションウィンドウの操作

多くのアプリケーションは，起動するとアプリケーションウィンドウが表示される．アプリケーションウィンドウはウィンドウ上部のタイトルバ

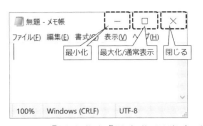

図 1.1.4 「最小化」「最大化/通常表示」
「最大化」ボタン

ーをドラッグして移動できるほか，ウィンドウ右上のボタンをクリックし「最小化」「最大化/元に戻す」「閉じる」が行える（図 1.1.4）．最小化したウィンドウは画面上に表示されなくなるが，タスクバーには起動中のアプリケーションがボタンとして表示されており，これをクリックすることで画面に表示できる．

　ウィンドウの最大化は，タイトルバーをドラッグして画面上端に当てることでも行える．同様に画面左端，画面右端に当てると画面半分の幅になるようウィンドウサイズが調整される．また，タスクバーを左右に振るようにドラッグすると，他のウィンドウが最小化できる．

1.1.5　コンピュータ（Windows）の終了

　コンピュータ上では，ユーザが意識して実行しているアプリケーション以外にも様々なプログラムが動作し，ストレージなどの機器へのアクセスが不定期に行われている．このような状態でコンピュータの電源を切ると，書き込み中のシステムデータの破損や不整合，機器の故障に繋がる恐れがあり，以後コンピュータが正常に起動できなくなる

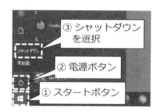

図 1.1.5 Windows の終了手順

場合もある．このような理由から，コンピュータは必ず正しい手順で終了しなければならない．コンピュータの終了はシャットダウンとも呼ばれ，「スタートボタン」左クリック→「電源ボタン」で表示される電源メニューの「シャットダウン」を選択（図 1.1.5）するなどの方法で行える．

　シャットダウン処理の中で，ユーザが実行しているアプリケーションも終了され，この際，保存されていないデータがある場合，多くのアプリケーションではデータの保存を促すウィンドウ等が表示されるためシャットダウンが行えず，「強制終了（データを保存せずにアプリケーションを終了）」するか「キャンセル（シャットダウンを中止）」するかを選択する画面が表示される．ここで「キャンセル」を選択しシャットダウンを中止すればシャットダウンを実行する前の状態に戻りアプリケーションのデータを保存できるが，誤って強制終了を選択してしまうとデータは保存できず失われてしまう．このような事故を防ぐため，シャットダウンを行う前には，起動している個々のアプリケーションのデータを保存し，手動で終了しておくことを推奨する．

1.1.6　アプリケーション等が応答しなくなった際の対処法

　コンピュータを使っていると，動作中のアプリケーションや OS が正常に動作しなくなり，マウスやキーボードからの入力を受付けなくなる場合がある．以下ではこのような状況での対処法を紹介する．なお，以下の対処法を実施する前に，応答のないアプリケーション以外が操作可能であれば，必要にあわせそれらのデータを保存し，終了しておくことを推奨する．

(1)　応答しないアプリケーションを終了する

　単一のアプリケーションだけが応答しない場合は，以下のいずれかの手順で，応答しないア

プリケーションの終了を試みる．この方法でアプリケーションが終了できた場合でも，システムが不安定になっている場合があるため，速やかにWindowsを再起動しておくことを推奨する．

タスクバーの起動中のアプリケーションボタンから終了する

　タスクバーに表示されている起動中のアプリケーションアイコンを右クリックし，表示されるメニューから「ウィンドウを閉じる」を選択する．

タスクマネージャからアプリケーションを終了する

　Ctrlキー，Shiftキー，Escキーを同時に押し起動したタスクマネージャの「プロセス」タブから終了したいアプリケーションを選択し．タスクマネージャ右下の「タスクの終了」をクリックする．

(2)　Windowsを再起動する

　アプリケーションが応答しなくても，OS自体が動作しマウスの入力が受付けられている場合は，Windowsの再起動を試みる．マウス入力が受付けられていなくても，Altキー，F4キーを同時に押して「Windowsのシャットダウン」ウィンドウ（図 1.1.6）が表示されれば，上下のカーソルキーで「再起動」を選択しEnterキーを押すことで．再起動できる場合がある．

図 1.1.6 Windowsのシャットダウンウィンドウ

　このとき，シャットダウン処理の中でアプリケーションが正常に終了できず，先にも書いた「強制終了（アプリケーションの強制終了）」か「キャンセル（シャットダウンの中止）」を選択する画面が表示される場合があるが，ここで「キャンセル」を選択しシャットダウンを中止すると，アプリケーションが操作できデータの保存が行える場合があるので，試みる価値はある．シャットダウンを中止してもアプリケーションが応答しない場合は，同様の手順で再起動し，「強制終了」で応答のないアプリケーションを終了することとなる．

(3)　コンピュータの電源を切断する

　上記（1），（2）のいずれも効果がなかった場合，コンピュータの電源ボタンを長押しし，電源の強制切断を行う．電源が切断できた場合でも，コンピュータの回路内に電気が残っている場合などがあるため， 30秒から数分程度待ってから起動させるのが良いと言われている．

　この方法では，Windowsが正常に終了されないため，次回起動時にトラブルが起きやすい点も理解されたい．

1.1.7　ドライブ，フォルダ，ファイルとUSBフラッシュメモリの利用

　ここでは，ファイルの種類やWindows上でファイルを扱うために必要となるドライブ，フォルダとUSBフラッシュメモリの利用方法について解説する．

(1)　ドライブ

　Windows では HDD や SSD, USB フラッシュメモリなど，接続されている長期記憶装置をドライブとして管理している．1 つの装置を論理的に 2 つ以上のドライブに分けて扱う場合や，複数の装置を論理的に統合し 1 つのドライブとして扱う場合もあるが，大抵の場合，1 つの装置が 1 つのドライブとして扱われる．ドライブにはドライブレターと呼ばれるアルファベット一文字で表されるドライブごとに固有の名前がついており，C ドライブはシステムドライブとも呼ばれ，Windows が動作するためのシステムファイルが保存されている特別なドライブである．

　ドライブの一覧は，タスクバーの「📁」からエクスプローラを起動し，左側のナビゲーションウィンドウで「PC」を選択することで表示できる．図 1.1.7 では，2 つのドライブ（C, D）が存在することや，それぞれのドライブの容量（475GB, 14.4GB），空き容量（66.4GB, 14.4GB）が確認できる．

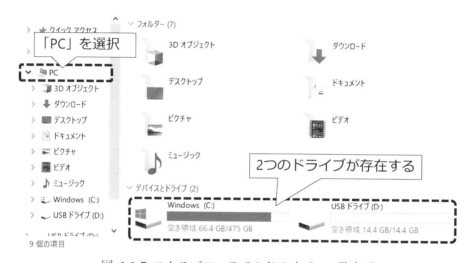

図 1.1.7 エクスプローラでのドライブの一覧表示

　表示されているドライブをダブルクリックするとドライブの内容が表示され，ドライブには以下で解説するフォルダやファイルが保存されていることが分かる．

(2)　フォルダ

　フォルダは，ファイルやフォルダ自身を入れられる箱のようなもので，コンピュータ内のファイルの分類・整理に用いられる．Windows10 では，フォルダは図 1.1.8 に示す黄色いアイコンで表され，フォルダが空の場合は図の右側のように表示される．

図 1.1.8　フォルダアイコン

(3)　ファイル

　ファイルはコンピュータ上の情報を扱う最も基本的な単位で，システムファイル，プログラムファイル，データファイルなどがある．

<u>システムファイル</u>

システムファイルは OS が動作するために必要なファイルで，これをむやみに変更・削除等すると OS やアプリケーションが正常に動作しなくなる恐れがあるが，入門者の皆さんがこれを意識して扱うことはほとんどない．

プログラムファイル

アプリケーションなどの実行ファイルで，これをダブルクリックするとプログラムが実行されアプリケーションが起動する．実際には，プログラムファイルから直接アプリケーションを起動させることは少なく，スタートボタンやデスクトップアイコンから起動するのが一般的である．

データファイル

アプリケーション等で作成したデータを保存するファイルで，Word の文書ファイルや Excel のブックファイルなどがこれにあたる．データファイルをダブルクリックするとファイルの種類に合わせたアプリケーションが起動しデータファイルが読み込まれる．

ファイルの種類はファイル名の最後の「.」以降で表される拡張子によって判別され，アプリケーションと関連付けられている．この拡張子は，Windows10 の標準状態では表示されないよう設定されているが，Word 等アプリケーションのデータファイルに見せかけた不正なプログラムファイルを見分けるヒントにもなるため，表示するよう設定しておくことを推奨する．

Windows10 では，エクスプローラのメニュー「表示」で表示されるリボンメニューの「表示/非表示」にある「ファイル名拡張子」にチェックを入れることで，以後，拡張子が表示されるようになる（図 1.1.9）．

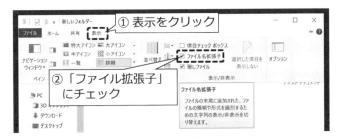

図 1.1.9 ファイルの拡張子表示設定

以下に，主なファイルの拡張子とファイルの種類を示す．

exe: プログラムファイル

txt: テキストファイル，標準状態の Windows ではメモ帳に関連付けられている

docx: Word の文書ファイル（古い形式では doc）

xlsx: Excel のブックファイル（古い形式では xls）

pptx: PowerPoint のプレゼンテーションファイル（古い形式では ppt）

pdf: PDF 形式の文書ファイル

jpg: 画像ファイル（他に，png, gif, svg, bmp などがある）

mp3: 音声ファイル（他に，wma, wav などがある）

mp4: 動画ファイル（他に，avi, mov, webm などがある）

(4)　フォルダ・ファイルの新規作成と名前の変更

新規作成

　フォルダやファイルの新規作成は，エクスプローラやデスクトップの何もない部分でマウスを右クリックして表示されるメニューから「新規作成」→「フォルダ」または作成するファイルの種類を選択し行い（図 1.1.10），この際，フォルダ名も設定できる．

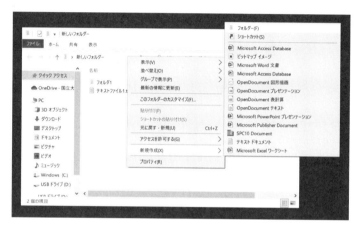

図 1.1.10 フォルダの新規作成

フォルダ・ファイル名の変更

　フォルダやファイル名の変更は，変更したいフォルダやファイルを右クリックし表示されるメニューから「名前の変更」をクリックし行う．フォルダやファイルの名前には一部使用できない文字が存在するが，日本語のものも設定できるなど自由度は高い．ただし，同じフォルダ内に同じ名前のファイルを 2 つ以上作ることはできず，同じ名前に変更しようとすると，もう一方を削除し上書きするか確認するウィンドウが表示されるので注意されたい．

(5)　USB フラッシュメモリの利用

　USB フラッシュメモリは，コンピュータの起動中に容易に取り付け・取り外しができる記憶媒体として「リムーバブルメディア」に分類される．近年は，より高速にデータが読み書きできる USB インタフェースを持った SSD なども登場しているが，現時点では手軽にデータを持ち運ぶ手段として広く普及している．

　USB フラッシュメモリは，必要にあわせコンピュータの USB ポートに差し込めば，自動でドライブとして認識され使用できる．ドライブとして認識された USB フラッシュメモリには，エクスプローラからアクセスできる（図1.1.3.7）．

　コンピュータからの取り外しは，決められた手順を守り行わなければならず，手順を守らず取り外すと，USB フラッシュメモリ内のファイルの破損や消失，USB フラッシュメモリ自体の故障に繋がる恐れがある．

　具体的には画面右下の通知領域にある「ハードウェアを安全に取り外してメディアを取り外す（図 1.1.11①）」から目的の USB フラッシュメモリの取り出しを選択（図 1.1.11②）し，安

全に取り外せることが表示されたことを確認（図 1.1.11③）した後に取り外す.

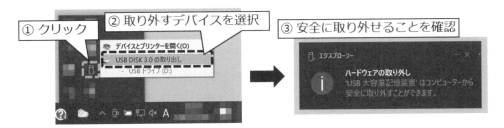

図 1.1.11 USB フラッシュメモリの取り外し手順

1.1.8　プリンタ（岩手大学の端末室特有の情報）

　岩手大学の各端末室には，A3 モノクロレーザプリンタが設置されており，月 100 枚まで無料で印刷できる．各自の印刷枚数は https://print.cc.iwate-u.ac.jp/rgate/ で確認できるが，印刷時にもポップアップウィンドウでその月の印刷枚数が表示される．印刷に使用する用紙は各自が持参することとなっているが，ルーズリーフやしわになった紙などを使用すると紙詰まりの原因となりプリンタの故障に繋がる恐れがあるため使用せず，「コピー用紙」と呼ばれる紙を使用すること．アプリケーション等からの印刷時，両面印刷や 1 枚に複数ページを縮小印刷すると，印刷枚数を削減できる.

　また，図書館の端末室，マルチメディア情報閲覧室には有料で印刷できる課金プリンタ（A3 モノクロ，カラーの各 1 台）が設置されており，こちらでは，印刷枚数の制限はなく，用紙も提供されるため持参する必要はない．課金プリンタでの清算は，岩手大学生協の組合員証にもなっているフェリカメンバーズカードで行う.

1.2　コンピュータの基本操作（Macintosh 編）

　ここでは，Macintosh（以下 Mac と略）コンピュータで使用されている OS（MacOS）について，大学内に導入されている iMac（図 1.2.1）を例に基本操作を解説する．

1.2.1　iMac の概要

　iMac ハードウエア（Retina 5K 3.1GHz モデル）の基本スペックは以下の通りである．

OS：Mac OS BigSur 11.5.2（日本語環境）

CPU：3.1GHz 6 コア Intel Core i5

メモリ：DDR4 16GB,

ストレージ：256GB SSD

グラフィックスコントローラー： AMD Radeon Pro 5300 4GB

モニタ：27 インチ内臓 Retina 5K ディスプレイ，　光学ドライブ：なし

図 1.2. 1　iMac の外観

入出力ポート他：USB-C（Thunderbolt）×2, USB-A×4, HDMI, DVI, VGA, GigabitEthernet, Bluetooth5.0, ステレオスピーカー，ヘッドフォン出力，HD カメラ，内臓マイク

1.2.2　iMac の起動と終了

(1)　iMac の起動とログイン

　iMac ディスプレイの左下裏側にあるパワーボタンを押すと，MacOS が起動を開始する．しばらくすると学内 LAN に接続され iMac を利用するためのログイン認証画面（図 1.2.2）が表示される．画面表示に従って「名前（ユーザ ID）」「パスワード」をキー入力し，リターンキーを押す．

　正しくログインされると図 1.2.3 のようなデスクトップ画面が現れ，上部にはメニューバー，下部には Dock と呼ばれるアイコンが並んだバーが表示される．さらに右上にはログインしたユーザのホームフォルダアイコン（ユーザフォルダ）が表示される．

図 1.2. 2　ログイン画面

　画面上部のメニューバーに示された項目をマウスでクリックすると，プルダウンメニューでコマンドのリストが表示される．この中から必要なコマンドを選択することで iMac への動作を命令できる．このメニューバーの一番左端にあるリンゴマークは「アップルメニュー」と呼ば

れ，起動，終了やシステムの環境設定などに関する基本メニューが選択できる（図1.2.4）.

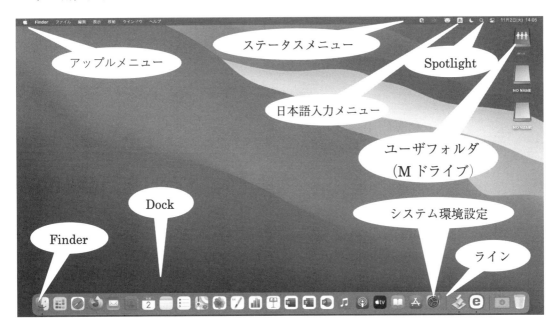

図 1.2. 3　ログイン後のデスクトップ画面

　画面下部のアイコン列は Dock と呼ばれるバーで，通常 2 本の仕切りラインによって左側，中央，右側の 3 つに分かれており，アプリケーションのエイリアスが表示されている．いずれも起動中のアプリケーションにはアイコンの下に「・」が表示されている．左側は通常よく使われるアプリケーションの固定されたエイリアスが示され，追加も可能である．中央には最近起動したアプリケーションのエイリアスが示され，次回のログイン時にも表示されるが，しばらく利用しないと消える．右側には，ダウンロードしたファイルのフォルダ（スタックと呼ばれる），一時的にディスプレイ上からしまった（最小化された）画面，ごみ箱のアイコンが表示されている．この Dock は，カスタマイズすることができ，例えば，「アップルメニュー」から「システム環境設定」を選択し，「Dock」を選ぶと，Dock バーのサイズや画面上での位置（左，下，右）などが設定できる．また，アプリケーションエイリアスの追加（「アプリケーション」フォルダから追加するアイコンをマウスでドラッグしそのまま Dock にドロップする），削除（削除したいフォルダ，アイコンを Dock からごみ箱にドラッグ＆ドロップする）も可能である．

(2)　iMac のログアウトと終了

　iMac を終了させるには，メニューバーにあるアップルメニューをクリックし，プルダウンメニューから「システム終了...」を選択する．さらに「システム終了」をクリックして終了，またはそのまましばらくすると自動的に電源が OFF になり，ディスプレイからすべての画面表示が消える．

電源をOFFにせずMacOSのみ終了させる場合は，ログアウトを行う．ログアウトはアップルメニューのプルダウンメニュー（図1.2.4）から最下段にある「○○（ユーザ名）をログアウト」を選択する．「ログアウト」をクリックするとしばらくしてログイン画面が表示される．

しばらく操作を行わない場合はアップルメニューから「スリープ」を選択し，スリープ状態にするとよい．再び起動させるときは，キーボード上の任意のキーを押す．

アプリケーションが画面上で操作不能になった場合は，再起動せず応答しないアプリケーションを強制終了させる．この場合，同時に起動している他のアプリケーションでの作業内容を保存できる場合がある．

図 1.2.4　アップルメニュー

「⌘」+「option」+「esc」キーを同時に押す，またはアップルメニューから「強制終了」を選択すると起動しているアプリケーションの一覧が表示されるので，操作不能になったアプリケーション名を選択したのち，「強制終了」をクリックする．それでも解決しない場合は，最後の手段として本体裏のパワーボタンを長押しする．しばらくすると（5〜10 秒）画面が消えて電源が OFF になる．

1.2.3　MacOS の基本操作

(1)　Finder の操作

Finder は，iMac でデスクトップ表示，アプリケーションの起動，フォルダやファイルの管理，検索などを行うものである．MacOS を起動したときに最初に動作しているソフトウエアであり，いつでも起動しているので常時アクセス可能である．メニューバーの左端にあるアップルメニューの右に太字で表示されている名称が現在アクティブになっているアプリケーションであり，そこに「Finder」と表示されていれば Finder が動作していることを示している．

メニューバーの右側にあるアイコン群は「ステータスメニュー」と呼ばれている．スピーカーの音量や現在時刻，文字入力モードなどの表示で，そのアイコンをクリックすれば設定を変更できる．虫眼鏡アイコンは「Spotlight」と呼ばれる検索機能で，単語や語句などを入力するとコンピュータ内および Web 上から該当する項目を探し出し表示される．また，この Spotlight 欄は電卓としても使用でき，簡単な計算なら数式を入力すれば答えが得られる．

利用できるアプリケーションや作成したファイルを表示させるには，Dock にある Finder アイコンを起動させるとよい．図 1.2.5 は Finder 表示の一例（表示は 4 通りあり，アイコン表示，リスト表示，カラム表示，ギャラリー表示で，それぞれアイコンクリックで切り替えることができる．図 1.2.5 はカラム表示とした．）である．左端のカラムは「サイドバー」と呼ばれ，「よ

く使う項目」「場所」「タグ」に分かれている．「場所」には，この iMac 本体の HD（MacintoshHD），外部から接続されているディスクや USB メモリ（**NO NAME**）さらにはクラウド上のドライブ（iCloud Drive）といった外部記憶装置などの内容が表示される．その上の「よく使う項目」には，利用できるアプリケーション一覧，デスクトップ上のフォルダ，ダウンロードフォルダなど比較的使用頻度の高い項目が並び，さらにクリックすることでそこに含まれているフォルダやファイル名が右のカラムに表示されていく．

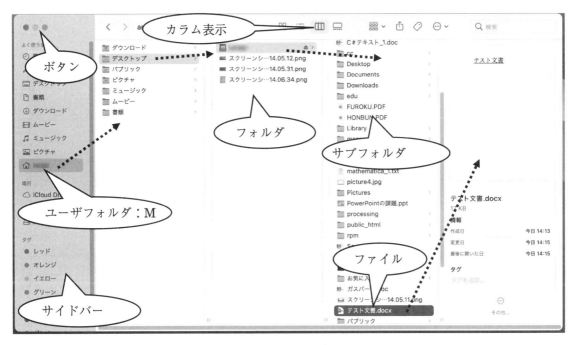

図 1.2. 5　Finder のカラム表示

　サイドバーにある家型のアイコンは，ログイン中のユーザ個人のフォルダやファイルで，使用中のiMac本体および情報基盤センターに設置しているファイルサーバにあるフリースペース（ユーザホーム領域；M ドライブ，1GB/1 ユーザ）を表示している．その中身は右のカラムに次々に表示されることで階層構造がわかる．最下層のファイルはプレビュー機能によって一番右側のカラムに表示され，

図 1.2. 6　アプリケーション一覧画面

アプリケーションを立ち上げることなく内容が確認できる．さらに「スペース」キーを押すと画面に大きく表示されて確認しやすくなる．

　図 1.2.6 は，サイドバーの「アプリケーション」をアイコン表示させたものである．利用したいアプリケーションの立ち上げはこの画面のアイコンをクリックすることでも可能である．

　さらに，全てのウインドウの左上隅には赤・黄・緑の 3 つのボタンがある．左の「赤×」はクローズドボタンでウインドウが閉じる（ただしアプリケーションは終了していない）．中央の「黄−」は最小化ボタンでウインドウを一時的に Dock（右側）にしまうことができる．Dock内の当該アイコンを再びクリックすれば画面上表示に戻る．右の「緑」はズームボタンで，ウインドウを全画面表示にできる（「esc」ボタンで元の大きさに戻る）．

(2)　ファイルの保存

　iMac 本体には作成したファイルやダウンロードファイルを保存することができない．一時的な保存は可能だが，システム終了と同時にすべての設定を初期状態に戻す設定になっており，次回のログイン時にはすべて消えている．そのため，作成したファイルは USB メモリ，ポータブル HD などの携帯記憶装置またはユーザフォルダ（M ドライブ）に保存しなければならない．

・携帯記憶装置への保存方法

　USB メモリやポータブル HD をディスプレイ裏側のポートに差し込み接続が認識されると，デスクトップ上にアイコン（図 1.2.7 では「NO NAME」という名称）が表示される．同時に Finder 内サイ

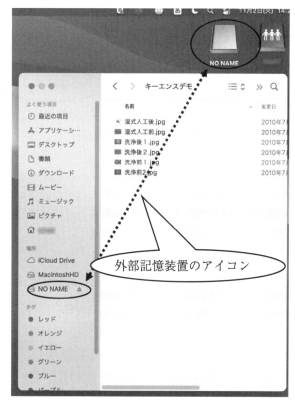

図 1.2.7　外部記憶装置の表示例

ドバーの「場所」にも表示され，内容が右のカラムに表れる．保存先を所定の携帯記憶装置またはその中のフォルダに指定して保存する．

　携帯記憶装置を取り出すには，サードバー内の当該アイコン右にある小さな取り出しボタンをクリックするか，デスクトップ上のアイコンを Dock の「ゴミ箱」にドラッグ&ドロップする．画面からアイコンが消えたらポートから抜いて取り出してよい．

・ユーザフォルダ（M ドライブ）への保存

　ユーザがログインしたときに画面右上に表示されるユーザ名がついた箱型アイコンがユーザ個人のホームフォルダ（M ドライブ）である．保存したいファイルは保存先をこの M ドライブ

に指定して保存する．Finder では，サイドバー「よく使う項目」の家型アイコンまたはデスクトップの中身の一つとして表示される．

　iMac における M ドライブは，Windows のファイル共有プロトコルで利用しているため，iMac からフォルダ内に保存されたすべてのファイルは，学内の Windows や Linux 端末から自由に読みだすことができる．また逆に，Windows や Linux 端末から保存したファイルを iMac で読みだして利用することも可能である．

　iMac では，この M ドライブ内に保存されたファイルのみ次回のログイン時に利用することができる．デスクトップ上など iMac 本体に保存したものはシステム終了と同時に消去されるので注意が必要である．そのため，消去される恐れのあるファイルが iMac に残っている場合は，

システム終了時に savefile というアプリケーションが働いて図 1.2.8 のような警告文が表示される．該当する場合は「キャンセル」をクリックし，携帯記憶装置または M ドライブに保存したのち終了する．

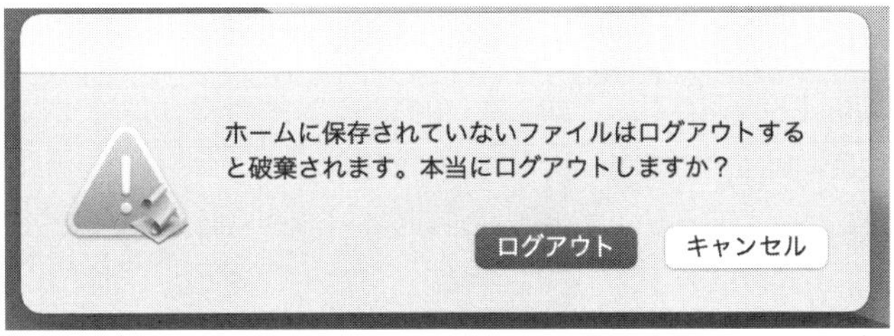

図 1.2.8　終了時の警告画面

(3)　システムの環境設定

　各ユーザは，操作上必要なシステムをカスタマイズし，ユーザが使いやすいように設定できる．Dock から「システム環境設定」アイコンをクリックすると図 1.2.9 のような画面が立ち上がる．Dock の位置や大きさ，画面表示の変更，キーボード，マウス，ディスプレイの解像度の設定，周辺機器との接続，インターネット環境など利用上必要な操作環境はほぼすべてこの画面から行うことができる．

(4)　メニューの操作とキーボードショートカット

　iMac の操作は基本的にマウスを

図 1.2.9　システム環境設定

利用して画面上部のメニューバーからプルダウンメニューを表示させ，項目を選択して実行する．しかし，その操作の多くはキーボード上からも可能である．これをキーボードショートカットと言い，マウス操作より速い場合がある．

　プルダウンメニューを見ると，各操作項目の右に記号とアルファベットの組み合わせ（2つまたは 3 つが多い）が記載されているものがある．例えば，メニューバーの「編集」からプルダウンメニューを表示させると，「コピー」項目の右に「⌘C」とある．これは，コピー操作が「⌘」と「C」を同時に押すことで実行できることを示している．「⌘」キーの他には，shift キー，option キー，esc キーなどを利用する場合もある．

　また，キーボードの最上部列キーはファンクションキー（「F1」，「F2」など）と呼ばれ，様々な機能がある．例えば「F3」を押すと画面上に重なり合いながら開いている複数のウインドウがすべて分かれて表示され，目的のウインドウをすぐ探すことができる．「F4」キーを押すと，Spotlight 検索画面が現れる．「F1」「F2」は画面の明るさ設定，「F10」「F11」「F12」はスピーカーの音量調節である．

・Dashboard の活用

　Dashboard は，カレンダー，計算機，株価，辞書，ボイスメモなどマイナーだが便利なツールが表示された画面である．Dock の「Launchpad」アイコンをクリックすると図 1.2.10 の画面（これは 1 ページ目，2 ページ目もある）が現れるので必要な機能を使うと

図 1.2. 10　Launchpad 画面（1 ページ目）

便利である．再びデスクトップ画面に戻るときは「esc」キーを押す．

・スクリーンショットを撮る

　「⌘」+「Shift」+「3」キーで画面全体のスクリーンショットが撮影できる．「⌘」+「Shift」+「4」キーではカーソルが十字に変わり，撮影範囲を決めて撮影できる．「⌘」+「Shift」+「4」+「スペース」キーでは十字カーソルが小さなカメラに変わり，開いている個々のウインドウを選択して撮影できる．

　いずれも撮影した画像は，デスクトップ上に「スクリーンショット（日付）（日時）.png」というファイル名で保存される．

1.2.4　文字の入力

　MacOS には，標準で日本語入力プログラムが搭載されている．ここでは，日本語入力の方法

を述べる.

(1) 入力モード（ローマ字入力とかな入力）

日本語入力はローマ字入力を基本としている．かな入力に切り替えたい場合は画面右上のステータスメニューから日本語入力メニュー（図 1.2.11）をクリックし，プルダウンメニューから「"日本語－ローマ字入力"環境設定を開く...」を選択し，「入力ソース」から「日本語－かな入力」に変更する．必要な入力ソースが出ていない場合は，「＋｜－」ボタンの「＋」をクリックすると様々な言語の入力ソースが表示されるので，例えば「日本語」から「日本語－かな入力」を選択し，「追加」しておく．入力ソース画面に戻るので，そこであらためて「日本語－かな入力」を選択する．

図 1.2.11 日本語入力メニュー

(2) 文字入力

・ひらがなの入力：あらかじめキーボードの「かな」キーを押した後，文字を入力する．または，マウスでステータスメニューの日本語入力メニューから「あ　ひらがな」を選択する．文字入力後のひらがな変換は，「control」＋「J」キーで行う．

・カタカナの入力：ひらがなで文字を入力した後，「control」＋「K」キーを同時に押すとカタカナに変換できる．

・英数字の入力：あらかじめキーボードの「英数」キーを押した後，文字を入力する．または日本語入力メニューから「A　ABC」を選択する．かなで文字入力した後の英字変換は，全角英字は「control」＋「L」，半角英字は「control」＋「：」キーで行う．

逆に，英数モードで入力している途中でひらがなモードに変更したい場合は，「かな」キーをすばやく 2 回押す．

(3) 漢字変換

漢字変換は，ひらがなで入力した場合のみ行うことができ，カタカナは変換できない．ひらがなで読みを入力した後「スペース」キーで変換できる．続けて「スペース」キーを押すと，複数の候補が表示されるので希望の漢字のところで「return」キーを押して確定する．

変換対象になっている文節には太い下線がついている．変換対象は「◀」「▶」キーで選択範囲を変更できる．変換文字の長さを変更する場合は，「shift」キー＋「◀」「▶」キーで確定する．

すでに漢字変換確定済みの文節を再変換して修正するには，修正する範囲を選択した後，「かな」キーをすばやく 2 回押すと変換候補が表示されるので，正しい漢字を再選択して確定する．また，範囲を選択した後日本語メニューから「再変換」を選択してもよい．

1.2.5　アプリケーション

　iMac にインストールされている主なアプリケーションを以下に示す.

　標準の内臓アプリケーションとして,写真(アルバム),iMovie(ビデオ編集),GarageBand (デジタル音楽作成),Pages(文書作成),Numbers(表計算),Keynote(プレゼン),Safari (Web ブラウザ),メール,メッセージ,FaceTime,カレンダー,メモ,ミュージック,ブック,Podcast,プレビュー,QuickTimePlayer,アップル TV, マップ,Siri などを備えている.

　そのほか,Microsoft Office (Word, Excel, PowerPoint など),Adobe Acrobat ReaderDC, さらに,Adobe Creative Cloud (Photoshop, Illustrator, Animate, Dreamweaver),Mozilla Firefox(Web ブラウザ),mi(テキストエディタ),Cyberduck(FTP),FileZilla(FTP),Maxon Cinema 4D R22, Xcode など,デザインや動画作成に関わるソフトがインストールされている. これらは,Finder のアプリケーションフォルダ(図 1.2.6 を参照)にあるので,対応するアイコンをクリックして立ち上げて使用する.

第2章

アプリケーションソフトウェア

2.1 表計算（Excel）

　表計算ソフトは，強力な作表機能と計算機能をもち，学術研究において必要となるデータの集計や分析，グラフの作成，シミュレーション等を簡単にこなすことができる大変優れたアプリケーションソフトウェア（[アプリ]）である．このソフトウェアは，学術研究の世界だけでなく，ビジネスの世界では，例えば売り上げ集計・予測，パーソナルの世界では，強力な作表機能を活用した予定表の作成など，その応用範囲はとても広く，PC の利用用途を大幅に拡張する可能性を秘めたアプリでもある．現在，大学等の研究機関をはじめ，オフィス業務においても，最も多用されているソフトウェアであるともいわれている．

　Excel は，もともと，1985 年に Apple の Macintosh 用に誕生した表計算ソフトであり，現在は，Microsoft が開発，販売している表計算ソフトの商品名である．PC 用の OS として多くのシェアを占める Windows と同じ Microsoft のアプリケーションソフトウェアであることから，PC にバンドルされていること（あらかじめインストールされていること）も多く，表計算ソフ

生徒No.	学級	氏名	レポート	中間テスト	期末テスト	テスト合計	評価点	テスト順位	評価点順位	判定
1	山組	A	20	10	30	40	50.0	19	20	D
2	山組	B	50	20	40	60	85.0	12	13	C
3	山組	C	40	30	30	60	80.0	12	14	C
4	山組	D	20	30	30	60	70.0	12	16	D
5	山組	E	70	10	10	20	55.0	20	19	D
6	山組	F	80	50	60	110	150.0	1	2	A
7	山組	G	24	80	30	110	122.0	1	6	A
8	山組	H	67	65	25	90	123.5	9	4	A
9	山組	I	76	34	15	49	87.0	16	12	C
10	山組	J	99	24	82	106	155.5	3	1	A
11	海組	K	34	85	13	98	115.0	7	9	B
12	海組	L	54	65	15	80	107.0	10	10	B
13	海組	M	68	12	60	72	106.0	11	11	B
14	海組	N	50	15	30	45	70.0	18	16	D
15	海組	O	30	80	25	105	120.0	4	7	A
16	海組	P	50	80	25	105	130.0	4	3	A
17	海組	Q	55	12	80	92	119.5	8	8	B
18	海組	R	32	19	30	49	65.0	16	18	D
19	海組	S	25	40	20	60	72.5	12	15	D
20	海組	T	45	50	50	100	122.5	6	5	A

			レポート	中間テスト	期末テスト	テスト合計	評価点
	山組平均		54.6	35.3	35.2	70.5	97.8
	海組平均		44.3	45.8	34.8	80.6	102.8
	全体平均		49.5	40.6	35.0	75.6	100.3

評価ごとの度数	
A	7
B	4
C	3
D	6

図 2-1-1　課題　最終的に完成させる成績表のイメージ

トウェアといえば，Excel というようなシェアを確立するに至っている．近年では，Google ス
プレッドシートのように，Web 上にてリアルタイムで共同編集することを意識した表計算ソフ
トも普及している．本項では，図 2-1-1 に示す成績表を作成しながら Excel の基本的な使い方を
学ぶことにする．

2.1.1　Excel の起動と画面の確認

(1)　起動方法・・以下の①～③のいずれかの方法で Excel 起動する

　　①　［スタート］－［すべてのアプリ］－［Excel］を選択する．

　　②　デスクトップに，［Excel］のアイコンがある場合は，ダブルクリックする．

　　③　Excel で保存したファイルを編集する場合は，そのファイルをダブルクリックする．

(2)　新しいブックの作成（図 2-1-2）と Excel の画面構成（図 2-1-3）

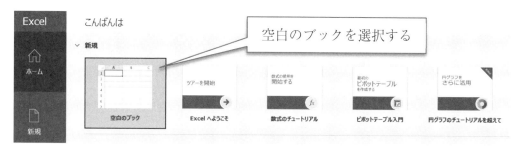

図 2-1-2　新しいブックの作成

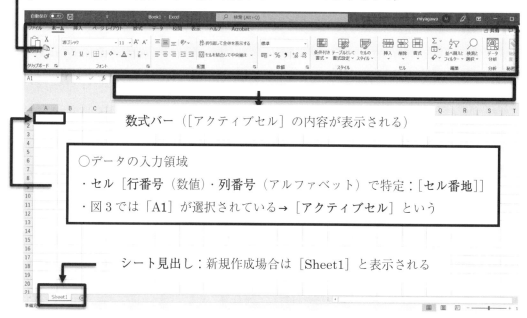

リボン（様々な操作をする際に利用するメニューのようなもの）

数式バー（［アクティブセル］の内容が表示される）

○データの入力領域

・セル［**行番号**（数値）・**列番号**（アルファベット）で特定：［**セル番地**］］

・図 3 では「A1」が選択されている→［**アクティブセル**］という

シート見出し：新規作成場合は［Sheet1］と表示される

図 2-1-3　Excel の画面

2.1.2　［シートの見出し］の変更とワークシートの追加

Excel では，［空白のブック］を作成すると，リボン中央上部［タイトルバー］に「Book1」と表示される．新しいブックには，［シートの見出し］に「Sheet1」という名前がつけられたワークシートが1枚だけ表示される．自分の目的に合わせて，ワークシートを追加していくことができる．つまり，一つファイル（ブック）を複数のワークシートで構成することができる．

①　［シートの見出し（Sheet1）］の部分を右クリックするとメニューがポップアップする．
②　［名前の変更(R)］をクリックすると，「Sheet1」の部分が黒くなる．
③　「Sheet1」を削除して「実習シート」と入力して，［シート見出し］を変更する．
④　「実習シート」の横の　＋印　をクリックして，ワークシートを追加してみる．

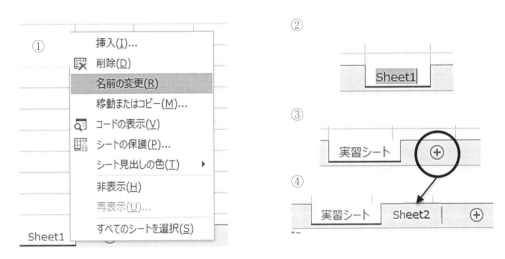

図 2-1-4　［シート見出し］の変更とワークシートの追加

※シート名の変更は，［シート見出し］の部分を 2 回クリックまたは，ダブルクリックすると，上記と同様に「Sheet1」の部分が黒くなるので，変更できる．この方が素早くできる．

2.1.3　データの入力と表作成の基本

図 2-1-1 の成績表は，最終的に完成させる課題である．最初に，生徒 No，学級，氏名，中間テスト，期末テスト，テスト合計，テスト順位の 7 列からなる成績表を作成する．

この課題では，[C3]セルに「生徒 No.」を入れて，1 列ごとに見出しを入力する．

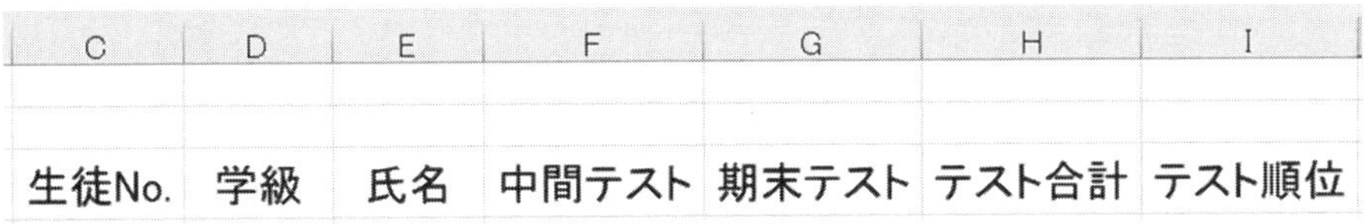

C	D	E	F	G	H	I
生徒No.	学級	氏名	中間テスト	期末テスト	テスト合計	テスト順位

図 2-1-5　成績表の見出し

(1) 表の見出し文字の入力　（[文字列] の入力）

　セル [C3] をアクティブセル（マウスで [C3] をクリックする）として，ここに「生徒No.」と入力する．同様に，右横のセルに「学級」「氏名」「中間テスト」「期末テスト」「テスト合計」「テスト順位」と入力していく．

(2) 列幅の調節（列幅の数値で指定する方法）

　入力した文字が一部セルに収まらない（図-2-1-5）．そこで，[列幅の調節] を行う．

　① 　マウスカーソルを列番号 [C] のところに移動させ，そのまま [E] までドラッグする．
　　行・列番号をクリックすると，その [行・列全体をアクティブにする] ことができる．

　② 　この状態で右クリックをすると [コンテキストメニュー] がポップアップしてくる．
　　　[列の幅(W)...]をクリックする（図2-1-6）．

図 2-1-6　コンテキストメニュー　操作①～②

　③ 　図 2-1-7 のウィンドウがポップアップしてくるので，「8」と入力して OK ボタンをクリックする．

　④ 　①～③と同様の方法で，F・G・H列の [列幅] を「12」に調整する．

図 2-1-7　列幅の調節　操作③

(3) 数値データの入力

　セルには，[数値][数式][文字列（テキスト）][関数] など，様々な形式のデータを入力することができる．

　この内，[数値] データは，Excel が最も得意とする計算に直接利用できるデータ形式である．

　数値データとして活用するためには，数値を [半角文字] として入力する．[全角文字] で入力された数字は，[数値] ではなく [文字列] として認識される．

　① 　半角入力モードにする．
　② 　「中間テスト」「期末テスト」の列に，図 2-1-8 の数値データを入力する．

注）　[セル番地] と [セル参照] という用語
　最近の Excel では，ワークシート上のセルの位置を示す [セル番地] を [セル参照] ということが多い．

中間テスト	期末テスト
10	30
20	40
30	30
30	30
10	10
50	60
80	30
65	25
34	15
24	82
85	13
65	15
12	60
15	30
80	25
80	25
12	80
19	30
40	20
50	50

図2-1-8　数値データの入力

（4）文字列データの入力とコピー＆ペースト

① 日本語入力モードにする．

② セル番地［D4］をアクティブセルにして，ここに「山組」と入力する．

③ アクティブセルの右下の角の部分に表示されている■の部分にマウスカーソルをもっていく．

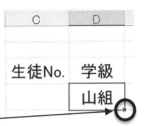

図2-1-9 文字列データの入力

④ マウスポインタの形が ■ から ＋ に変化する．
この ■ や ＋ を「フィルハンドル」という．

⑤ そのまま，セル番地［D13］までドラッグする．
そのままエンターキーを押すとコピー＆ペーストが完了する．

⑥ セル番地［D14］に「海組」と入力する．

⑦ ③〜⑤の方法を用いて，［D23］まで「海組」という文字列をコピーする．
（以後，［コピー＆ペースト］を単に［コピー］と記述する場合がある．）

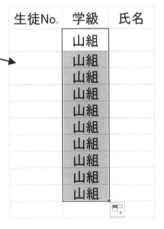

図2-1-10 文字列データのコピー

（5）連続データの入力1

① セル番地［C4］に数値データ「1」（半角文字）を入力する．

② 文字をコピーした方法と同様に，「1」を［C23］までコピーする操作をおこなう．

③ ドラッグを終える（マウスのボタンを放す）と，コピーした右下に， 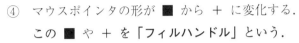 ［オートフィルオプション］が表示される．

④ この［オートフィルオプション］をクリックすると図2-1-11のメニューが表示される．

⑤ ［連続データ(S)］をクリックする．

⑥ 「生徒No」の列に，「1」〜「20」までの数字が自動的に入力される．

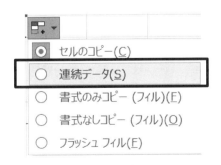

図2-1-11 連続データの入力 ―［オートフィルオプション］―

(6)　連続データの入力2　－オプションの設定：自分の仕様にカスタマイズする－

　氏名の列に，「A」～「T」の文字列を入力する．ただし，「A」のみを入力して，残りは(5)と同様の方法で入力することにする．Excelは，「A」～「Z」までを［連続データ］として入力するデータ群が登録されていない．そこで，このデータ群をExcelに登録して，アルファベットを［連続データ］として入力する．ただし，今回のように20件程度のデータ数であれば，「A」～「T」まで直接入力した方が簡単ではあるが，学習ということで，以下の内容を実施する．

①　［ファイル］タブをクリックする．

②　左の緑色の領域から［オプション］をクリックする．

③　図2-1-12のウィンドウ［詳細設定］をクリックし，右側の表示内容をスクロールして［全般］を表示して，［ユーザー設定リストの編集(O)...］をクリックする．

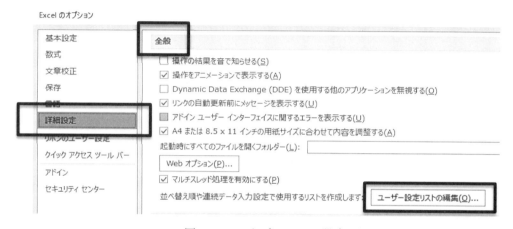

図2-1-12　オプションの設定

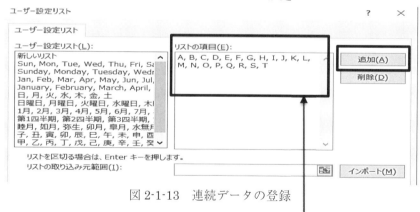

図2-1-13　連続データの登録

④　［ユーザー設定リスト(L)］が表示される（図2-1-13）ので，図のようにA, B, C, D, E, F, G, H, I, J, K, L, M, N, O, P, Q, R, S, Tと入力して，［追加(A)］をクリックする．

⑤　［ユーザー設定リスト(L)］に「A」～「T」が登録されていることを確認して，［OKボタン］をクリックする．

⑤　セル番地［E4］に「A」のみを入力し，図2-1-11の方法で連続データを作成する．

(7) セル内の表示位置を整える ―センタリング―

セルに［数値］を入力すると右寄せ，［文字列］を入力すると左寄せに配置される．ここでは，入力したデータがセルの中央に表示されるように調節する．

① セル番地［C3］のセルから［I3］までを，ドラッグ（指定）する（図 2-1-14）．

② ［センタリング］のアイコンをクリックする．［左寄せ］・［右寄せ］のアイコンもある．

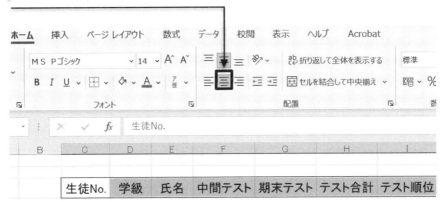

図 2-1-14 センタリング

③ 生徒 No，学級，氏名の列に入力されているデータも，同様にセンタリングする．

(8) **文字色を黒から他の色に変更する，セルに色を付ける**

① 中間テストと期末テストに入力されている［数値］データをドラッグする．

② ［ホーム］リボンの［Av］の「v」部分をクリックして，色パレットを出し「青色」（青色ならどれでもよい）をクリックする．

③ 「学級」の「山組」のセルをドラッグ

図 2-1-15 セル・文字の設定

して，![塗りつぶしアイコン]の「v」をクリックして，

薄い青色にする．同様に「海組」を薄いオレンジ色に設定する．

2.1.4 ファイルの保存

① ［ファイル］のリボンをクリックして，［名前を付けて保存］を選択する．

② 指定された場所（例えば，**M ドライブ**）へ［名前を付けて保存］する．

※ ファイルを保存する場合，ドライブ直下に保存するのでなく，フォルダを作成して保存することが，ファイル管理上望ましいとされている．

③［タイトルバー］に，自分が付けたファイル名が表示される．

※ 以後，各自で適宜ファイルを保存する．

2.1.5　［数式］と［関数］の基本

　Excel のセルには，［数値］，［文字列］の他に［数式］，［関数］を入力することができる．
例えば，ある数値の合計を求める場合には，以下の3方法（a・b・c）がある．
　a：セルに直接，［数値］と［演算子］を入力する　・・・　例）＝　30＋45
　　　結果は，数式を入力したセルに「75」という［定数］（［数値］）が返される．
　　　セルそのものが，電卓の役割をしていることが確認できる．
　b：［セル番地］と［演算子］を利用する．　　　・・・　例）＝C4＋D4
　　　仮に，［C4］に「30」と［D4］に「45」と入力されている場合には，［数式］を入力した
　　　セルには，「75」という数字が返され表示される．
　　　結果は，aのように「75」となるが，入力されているものはあくまで［**数式**］である．

Excel　数式の入力の基本ルール

　＝○○＋○○　というように　＝記号（演算子）　を先頭に入れる．

演算子・・コンピュータの世界では数学とは異なる文字が使われる場合がある

　例　加算：＋　減算：－　乗算：＊　除算：／　べき乗：＾　（半角文字）

　　　　　　　（※記号にどのような意味があるのかは扱うソフトにより異なる）

---

　c：［関数］を利用する　　　　　　　　　　　　　・・・例）＝SUM(C4:D4)
　　　bの方法だと計算対象となるセルが少ない場合には対応できるが，例えば，扱うセルの
　　　数が100とか1000などと増えてしまうと，入力が大変になる．

(1)　Excel の［関数］とは

　Excel には該当する範囲［引数（ひきすう）］を指定するとその結果を返してくれる［**関数**］
が多数用意されている．Excel を使いこなす第一段階は，この［**関数**］を上手に利用することで
ある．しかしながら，その種類は多岐にわたるため，通常は，自分が必要とする処理を実現し
てくれる［関数］が用意されているかどうかをヘルプや参考文献で調べる．

　例えば，「合計を求める関数」の場合，コンピュータに何を知らせておかないと，コンピュー
タは合計を求められないのであろうか．それは，「何を合計するのか」という対象となるデータ
である．このように［**関数**］を利用する場合，「合計を求める命令」と「対象となるセルやデー
タ」という［**引数**］（ひきすう）が必要となる．<u>［**関数**］によっては，複数の［引数］を指定す
る必要があり，利用する［**関数**］固有のルールがある</u>と思えばよい．

(2)　Excel で数値の合計を求める［関数］　―SUM 関数のルール―

　　具体例　　　＝SUM（K5：K58）

　「[k5]～[k58]までのセル番地に入力された［数値］の合計を求めて，この［関数］の記
述されたセルにその結果を表示しろ」という命令となる．

　　　<u>合計を求める関数　→　＝　SUM(引数)</u>

※［引数］は［値］［セル番地］［セル範囲］，またはこれらすべての組み合わせたものを入れる．

（3）　合計を求める

①　セル番地［H4］（氏名Aのテスト合計欄）をクリックして，アクティブにする.

②　［ホーム］タブの右側［Σオート SUMv］のvをクリックする.よく使用される関数が表示される（図 2-1-16）.

③　［Σ合計(<u>S</u>)］をクリックする.

　　・vの部分ではなく［Σオート SUM］をクリックすれば，④の手順へ進むことができる.

　　※　図 2-1-16 に示されていない関数は「その他の関数(F)...」から検索できる.

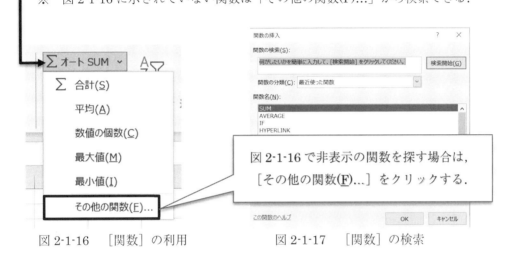

図 2-1-16　［関数］の利用　　　　図 2-1-17　［関数］の検索

図 2-1-18　［関数］SUM の［引数］設定

④　Excel が自動的に範囲指定をするので，これでよければ[Enter]キーを押して確定する.

　　・範囲が違う場合は，図 2-1-18 の状態で，正しい範囲をドラッグ（指定）する.

⑤　［H4］以下の合計を求めるセルには，［H4］を単純にコピーすればよい.

＜重要！＞　［セル参照］の方法　　－その1　　［相対参照］－

　コピーした内容を確認するとわかるが，［数式］や［関数］をコピーすると，表示されている数値がコピーされるのではなく，［数式］・［関数］がコピーされる.<u>同時に，［数式］［関数］指定する範囲［セル番地］が自動的に移動している</u>ことも確認する.

　例えば，コピー元の SUM(F4:G4)範囲指定は，「F4」－「G4」であるが，一つ下のセルに記述されている［関数］の範囲は，「F5」－「G5」となっており一行にズレている.言い換えると，<u>通常記述する［セル番地］は，［数式］や［関数］が記述された位置からみて，どの位置になるのかを参照しているにすぎない.これを［相対参照］という.</u>

2.1.6　データベース機能の活用　―［並べ替え(ソート)］と［抽出(フィルター)］―

　［データベース］とは，端的にいうと「検索等が簡単にできるよう整理された情報の集まり」である．Excel は，表計算ソフトウェアという分類ではあるが，［データベース］ソフトウェアとしての機能も一部有している．ここでは，その代表的な機能としての［並べ替え(ソート)］と［抽出(フィルター)］を学ぶことにする．

　［データベース］の世界では，表の見出し，例えば，「学級」「氏名」等を［フィールド］，各行（一人一人のデータ）を［レコード］という．現在作成している成績表は，20件の［レコード］で構成されている［データベース］と考えることもできる．

(1)　［並べ替え］（ソート）をする

　20件の［レコード］をテスト合計点数の高い順に並べ替え，「テスト順位」をつける．

① ワークシートの［フィールド］［レコード］すべて（［C4］から［I23］）をドラッグ（指定）する．

② ［ホーム］リボンの右側［並べ替えとフィルター］をクリックする．

③ 図 2-1-19 のメニューが表示されるので，［ユーザー設定の並べ替え(U)...］をクリックする．

④ 図 2-1-20 に示すメニューが表示される．

　　図 2-1-19　　［並べ替え］

　［最優先されるキー］の右側をクリックすると［フィールド］の項目一覧が表示される．

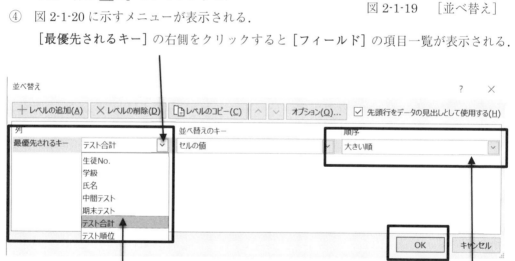

図 2-1-20　　［フィールド］項目の選択

⑤ 何について［並べ替え］をするのか，［フィールド］の項目を選択する．
　　今回は，［最優先されるキー］から，「テスト合計」を選ぶ．

⑥ 次に，「テスト合計」の点数に対して，どのように並べ替えるのかを指定する．
　　［順序］から，「降順」を選択する．　　［昇順］‥小さい順　　「降順」‥大きい順

⑦ ［OK］ボタンをクリックする．

　・［レコード］（各行のデータ）が入れ替わり，テスト合計点順になったことを確認する．

(2)　連続データの入力　ーテスト順位の入力ー

① 　［I4］をアクティブセルとして，順位を「1」と入力する．

② 　図 2-1-11 のように連続データ機能を使い，順位付けをする．

> ＜考えよう＞
> ・この方法による順位付けの問題点は何か？
> （［レコード］の数が 20 ではなく，1,000 とか 10,000 という場合を想定して考えよ．）
> ・この問題の解決方法は後に学ぶので，ここでは問題意識をもっておく．

(3)　生徒 No 順に［並び替え］をする

・順位付けができたところで，(1)の方法を活用して，［生徒 No］順に並び替えをする．

(4)　抽出をする

　多数の［レコード］の中から，［フィールド](表の見出し)の特定項目に該当する［レコード］のみを抽出したい場合がある．この時に役立つ機能が［抽出(フィルター)］である．

　具体的な例として，海組のみのレコードを抽出してみる．

① 　［フィールド］（表の見出し）または行（行番号 3）全体をドラッグして指定する．

② 　［ホーム］リボンの右側［並べ替えとフィルター］をクリックする．

③ 　前ページ図 2-1-19 のメニューが表示されるので，［フィルター］をクリックする．

④ 　表の見出し「学級」横の▼をクリックすると，図 2-1-21 のメニューが表示される．

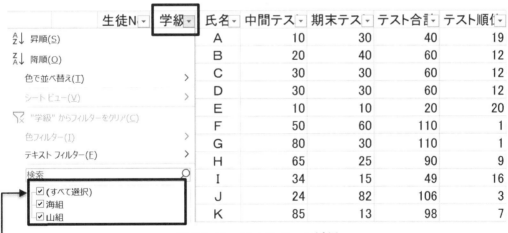

図 2-1-21　フィルターの活用

⑤ 　（すべて選択）の左横のチェックをクリックして，すべてのチェックを外す．

⑥ 　（海組）の左横のチェックをクリックして，☑として，OK ボタンを押す．

　※　（海組）のレコードのみ抽出されていることを確認する．

⑦ 　元に戻すために，（すべて選択）の左横のチェックをクリックして，☑とする

　※　［レコード］全体が再び表示される．**第 1 段階が終了．上書き保存をしておく．**

2.1.7　［数式］・［関数］の応用

　第1段階の成績表を活用して，最終段階までの成績表の作成を進める．これまで，説明した内容と同じ操作の説明は基本的に行わない．

（1）　新しい［列］を挿入してデータを入力する．

　「氏名」と「中間テスト」の間に［新しい列］を挿入して，「レポート」の列を作成する．

① 　新しい列を挿入したい［列番号］（今回は「F」）をクリックして，F列を指定する．

② 　右クリックをすると［コンテキストメニュー］がポップアップしてくるので，［挿入(I)］をクリックする．

③ 　セル番地「F3」に「レポート」と入力する．

④ 　「F 列」が選択されたまま再度，右クリックして［コンテキストメニュー］から［列の幅(W)..］を選び，列の幅を「10」とする．

　　※このように指定しなくても列の幅を整える方法として，列名の境目をダブルクリックすると入力されている文字列にあわせて自動調整してくれる．これでもよい．

⑤ 　「テスト順位」の右横から，「評価点」，「評価点順位」，「判定」の見出しを入力する．

⑥ 　「評価点」，「評価点順位」，「判定」の列幅を整える．

⑦ 　「レポート」列のデータを入力する．データは下図 2-1-22 を参照のこと．

⑧ 　「レポート」を含めた点数のデータはすべて「右寄せ」にしておく．

> 列と列の間をダブルクリックするとセルに入力された文字が全部表示されるよう列幅が調整される．

生徒No.	学級	氏名	レポート	中間テスト	期末テスト	テスト合計	テスト順位	評価点	評価点順位	判定
1	山組	A	20	10	30	40	19			
2	山組	B	50	20	40	60	12			
3	山組	C	40	30	30	60	12			
4	山組	D	20	30	30	60	12			
5	山組	E	70	10	10	20	20			
6	山組	F	80	50	60	110	1			
7	山組	G	24	80	30	110	1			
8	山組	H	67	65	25	90	9			
9	山組	I	76	34	15	49	16			
10	山組	J	99	24	82	106	3			
11	海組	K	34	85	13	98	7			
12	海組	L	54	65	15	80	10			
13	海組	M	68	12	60	72	11			
14	海組	N	50	15	30	45	18			
15	海組	O	30	80	25	105	4			
16	海組	P	50	80	25	105	4			
17	海組	Q	55	12	80	92	8			
18	海組	R	32	19	30	49	16			
19	海組	S	25	40	20	60	12			
20	海組	T	45	50	50	100	6			

図 2-1-22　新しい項目とデータの追加

(2) 「評価点」の入力 ― ［数式］をつくる―

① この課題における［評価点］は次のようにする.

・「レポート」「中間テスト」「期末テスト」の満点をそれぞれ 100 点と想定する.

○ 算出方法は,「レポート」のみ 1/2 に圧縮, 中間・期末テストは素点とする.

つまり 評価点 ＝ テスト合計 ＋ レポート×0.5 （250 点満点）

② ①に示した計算式は, 今回の課題固有の計算方法である. このような固有の計算式は,
［関数］として登録されていないので自作する. なお, これまで, 便宜上［関数］と［数
式］を並列に説明してきたが,［関数］は［数式］の一種である.

③ 「評価点」を算出する［数式］を, **Excel** のルールに基づき以下のように入力する.

> ＝ I4 ＋ F4 ＊ 0.5 Excel のセルに入力する数式

④ No1 の生徒（A）の「評価点」のセルに「50」が表示される.

⑤ この［数式］をコピーして全員の「評価点」を算出する.

(3) ［セル参照］の方法2

> **＜重要！＞ ［セル参照］の方法 －その2 ［絶対参照］－**
>
> ［相対参照］は,［数式］をコピーした場合, 参照する［セル番地］が自動的に変更され
> る利点があった. ところが, この［相対参照］によって, 逆に不都合が生じる場合がある.
> 簡単な例で考える. 図 2-1-23 は, ある 5 名の大学講義への参加回数と出席率の一覧表である.
> 「青森リンゴ」さんの出席率を Excel の［数式］を用いて求める.［C5］に以下の数式を入
> 力する. ＝ B5 / C2
>
> この数式を, コピーして他の学生の出席率を求める
> とうまくいかない. なぜならば,「講義回数」を参照
> する［セル番地］「C2」も一つずつズレてしまうから
> である. このケースでは, 各自の出席数を参照する
> ［セル番地］が一つずつズレでほしい一方で,「講義
> 回数」を参照する［セル番地］はズレてほしくないわ
> けである. このような場合に, 使用する参照方式, そ
> れが ［絶対参照］という方法である. 具体的には
>
> ＝B5 / $C$2 ※ 「$」を列番号・行番号の前につける
>
> 図 2-1-23 ［絶対参照］
>
> 「B5」の部分［相対参照］,「$C$2」の部分［絶対参照］となる.［相対参照］の指定は一
> 見すると, シート上の絶対的位置を示しているように見えるが,［数式］が入力された位置か
> ら見て, どの位置なのかを参照している相対的な位置関係を表現しているにすぎないことを
> 思い出してほしい. シート上の絶対的な位置表示には,［絶対参照］という方法を使用する.

	A	B	C
2		講義回数	15
3			
4	氏名	出席数	出席率
5	青森リンゴ	15	
6	秋田コマチ	14	
7	岩手さんさ	15	
8	宮城政宗	13	
9	福島磐梯	13	
10	山形花子	15	

(4)　セルの書式設定　—表示形式—

①　K4〜K23（「評価点」）の範囲をドラッグする.

②　「ホーム」のリボンに「数値」図 2-1-24 があるので，右下をクリックする.

③　図 2-1-25「ダイアログボックス」が表示されるので，［表示形式］タブ［数値］が選択されていること確認する.

⑤　［小数点以下の桁数(D)...］の数値を「1」として，OK ボタンをクリックする.

⑥　「評価点」の表示が小数第 1 位までとなったことを確認する.

図 2-1-24　「セルの書式設定」ダイアログボックスを表示させる

図 2-1-25　　「セルの書式設定」ダイアログボックス

［セルの書式設定］

　数値の桁数のみならず，選択した（ドラッグした）［セル］の様々な書式，罫線（後述）等は，この［コンテキストメニュー］から設定することができる.

＜方法＞

　対象とするセルをアクティブにして，右クリックすると図 2-1-26 の［コンテキストメニュー］が表示される. この中から「セルの書式設定(F)...」を選択しても図 2-1-25 が表示される.

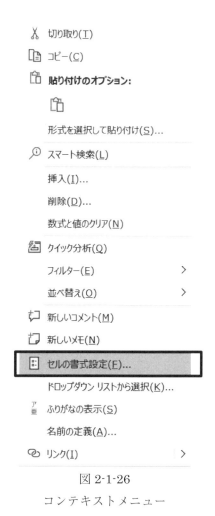

図 2-1-26
コンテキストメニュー

（5）「評価点順位」の入力　―［関数］の利用と［セル参照］の方法 2―

　　［並べ替え］－［コピー（連続データ）］で順位をつけようとすると，同点の順位者を手動で修正する必要がある（＜問い＞に示した内容）．今回のように，20 件の［レコード］であれば，この方法でもよいが，例えば，1,000 件の［レコード］となると，手間もかかるし，単純な作業となるのでミスが生じるリスクも高まる．

　　このような，よくある不便な点を解消する何かしらの方法は，用意されている場合が多い．Excel には「順位付け（重複順位が付く）」をする［関数］（［**RANK.EQ 関数**]）が用意されている．この［**RANK.EQ 関数**］において，［引数］として［セル番地］を指定する際に，先に述べた［**絶対参照**］を用いる必要がある．以下，実習を通して確認する．「評価点」に基づく順位付け（降順）を「評価点順位」に［**RANK.EQ 関数**］を用いて入力する．

　①　　［L4］をクリックして，アクティブにする．

　②　　［ホーム］タブの右側［Σオート SUMv］のvをクリックする（図 2-1-16 を参照）．

　③　一番下の［**その他の関数(F)...**］をクリックする（メニューの後部に　...　と表示されているメニューはクリックすると次のメニューが表示される記号）．

　④　［関数の検索(**S**):］の欄に「rank」と入力して，［**検索開始(G)**］ボタンをクリックする．

　⑤　［関数名(**N**)：］に今回使用する［**RANK.EQ 関数**］があるので選択して OK を押す．

```
関数の挿入                              ?    ×

関数の検索(S):

 rank                               検索開始(G)

関数の分類(C): 候補                        ▾

関数名(N):

 RANK
 RANK.AVG
 RANK.EQ
 CUBERANKEDMEMBER
 PERCENTRANK
 PERCENTRANK.EXC
 PERCENTRANK.INC

RANK(数値,参照,順序)
この関数は Excel 2007 以前のバージョンと互換性があります。
順序に従って範囲内の数値を並べ替えたとき、数値が何番目に位置するかを返します。

 この関数のヘルプ            OK      キャンセル
```

図 2-1-27　関数の検索

<重要！＞　多数ある中から使える関数を自分で探す・関数の［書式］を調べる

・［関数の検索(**S**):］の欄へ，<u>何がしたいかを入力</u>すれば<u>関連する［関数］が表示</u>される．

・［関数］を使用するには，［機能］，［書式］（［引数］の設定方法）を知らないと使用することはできないので，わからない場合は図 **2-1-27** の左下［この関数のヘルプ］をクリックして調べる．マイクロソフトのサポートページがブラウザに表示される．

表 2-1-1　RANK.EQ 関数の［書式］

書式　　　**RANK.EQ(数値,範囲,[順序])**

RANK.EQ 関数の書式には，次の引数があります.

数値　　必ず指定します．範囲内での順位（位置）を調べる数値を指定します.

範囲　　必ず指定します．数値の範囲の配列またはその範囲への参照を指定します．参照
　　　　に含まれる数値以外の値は無視されます.

順序　　省略可能です．範囲内の数値を並べる方法を指定します.

　　　　順序に 0 を指定するか，順序を省略すると，範囲内の数値が ..3，2，1 のように
　　　　降順に並べ替えられます.

　　　　順序に 0 以外の数値を指定すると，範囲内の数値が 1，2，3，.. のように昇順で
　　　　並べ替えられます.

Microsoft :Excel for Microsoft 365 Excel for Microsoft 365 for Mac Excel for the web Excel 2021 より

　これをみると，［**RANK.EQ 関数**］の［引数：ひきすう］は，3 点となっている．このうち，「数値」，「範囲」は必ず設定する必要がある［引数］であり，**第 3 引数である「順序」は，省略することが可能**となっている．省略した場合は，自動的に「降順」で順位付けされる．これは，この関数を利用する場合「降順」で順位付けするケースが多いため，特に指定をしなれければ，自動的に「降順」とするように［**初期設定**］されている．この［**初期設定**］のことを［デフォルト］という．［**RANK.EQ 関数**］の場合［書式］の第 3 引数に指定する［引数］は，［デフォルト］で「**0**」（降順）が指定されており，入力を省略しても自動的に「降順」で順位付けを行う．具体的に，前ページの続きから設定してみる.

⑥　図 2-1-27 では［**RANK.EQ 関数**］の［引数］を指定するためのメニューが表示されている．確認するが，<u>今やろうとしていることは，[k4] のセルに表示されている評価点「50」が，20 名の評価点中何位であるのかを知りたい</u>のである.

⑦　図 2-1-28 の「数値」欄に［**カーソル（点滅する縦棒マーク）**］があることを確認する．違う場所になっていれば，「数値」という欄をクリックして［カーソル］を表示させる．表 2-1-1 では，「数値」欄には，「範囲内での順位（位置）を調べる数値を指定します.」と指示されている．この状態で，「**50**」が入力されている［セル］をクリックして，［数値］の［引数］として，該当する［セル番地］を指定する．テキストの通りに実施すると［K4］という［セル番地］の指定となる.

⑧　「参照」の欄をクリックして［カーソル］を表示させる．表 2-1-1 では，「参照」欄には「数値の範囲の配列またはその範囲への参照を指定します.」となっている．今回の場合，20 名の「評価点」が入力されている範囲を指定する．具体的には，「参照」欄にカーソルが表示されている状態で，「評価点」の入力されている［セル］をドラッグする．テキストの通りに実施すると［K4:K23］という［セル番地］の範囲指定となる.

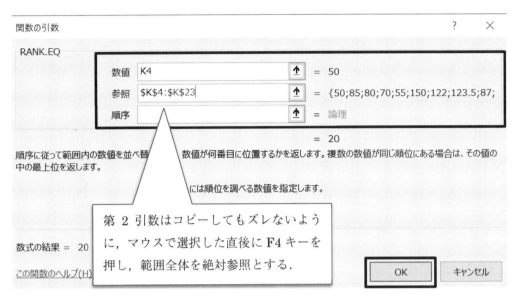

図 2-1-28 ［RANK.EQ 関数］の［引数］の設定

⑨ 「参照」の欄の［セル番地］指定を［絶対参照］にする．

・キーボードの **[F4] キーを押す**と，指定した範囲指定に$マークが追記され［絶対参照］
となる．テキスト通りに進めていると $K$4:$K$23 と表示される．

⑩ 「順序」の欄は，「降順」の順位を求めたいので，「0」を入力するのであるが，先にも述
べたように［デフォルト］では「0」と認識されているので省略する．

⑪ 図 2-1-28 の OK ボタンを押すと，一人目の順位が記入される．

⑫ 一人目の順位を求める［関数］をコピーして，残りの 19 名の「評価点順位」を記入する．
この際，⑨の手続きでどうして［絶対参照］にしないといけないのか確認する．

※ ［関数］の書式を知っていれば，［数式バー］へ図 2-1-29 のように関数を直接入力して
もよい．また，入力を間違えた場合など［数式バー］に入力されている文字を操作する．

※ 関数名を完全に入力しなくても，［数式バー］に= 記号を入力し，続けて関数の 1 文字目
を打ち込み始めると，候補となる関数が表示される．この機能を活用していく場合は，
「Enter」キーではなく，「Tab」キーで諸々を確定していくところがポイントとなる．

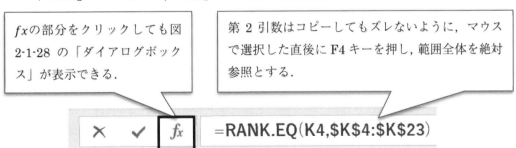

図 2-1-29 ［関数］の数式バーへの表示・編集

2.1.8　「評定」の入力

判定の欄に，以下の基準でA，B，C，Dの判定（文字列）を入力する．

ここでも，「生徒A」の「判定」欄に数式を入力して，残りの生徒の「判定」欄には，「生徒A」の［数式］をコピーする（A，B，C，Dを直接入力しないこと）．

<u>＜判定の条件「評価点」＞</u>　表 2-1-2 およびヘルプ等を参考にして自分で考える

120 点以上・A　100 点以上 120 点未満・B　80 点以上 100 点未満・C　80 点未満・D

この条件を，**Excel** の［**IF 関数**］を活用して，自動的にA，B，C，Dの判定を入力する．

表 2-1-2　IF 関数の［書式］

書式　　**IF(論理式,真の場合,偽の場合)**

IF 関数の書式には，次の引数がある．

論理式　　　必ず指定します．真偽を判定する論理式を指定する．

真の場合　　必ず指定します．論理式が正しい［真］の場合の処理を指定する．

偽の場合　　論理式が正しくない場合［偽］の場合の処理を指定する．

　　　　　　省略した場合は，論理式にて「偽」と判定された数値場合は，自動的に「FALSE」
　　　　　　という文字が返される．

　　　　　　=IF(L4>=120,"A")　この場合，120 未満の場合は，「FALSE」と表示されます．

※　以上と以下の［（比較）演算子］　　　<u>以上　・・・　>=</u>　　　　<u>以下　・・・　<=</u>

<u>＜具体例 1　・・　「K4」に入力されている数値で二択の判定する例＞</u>

・60 点以上は「合格」と表示され，そうでない場合は，「不可」と記入される［数式］

　　＝　IF　（　K4　>=　60　,　　"合格"　　,　　　"不可"　　）
　　　　　　　　a：論理式　　　　　　*b：真の場合*　　　*c：偽の場合*

　この場合，「K4」に入力された数値を第 1 引数で判定する．そして，

【もし「60」以上であれば（a），この［数式］が入力されているセルに「合格」という文字を表示しろ（b），そうでなければ「不可」と入力しろ（c）】と命令を実行する．

　この例のように，セルに直接文字を返したい（記入させたい）場合は，記入したい［文字列］を“　”（ダブルクォーテーション）で囲む．［数式］では，記入したい［文字列］以外は，すべて半角文字として，文字と文字の間には「空白」を入れない．

<u>＜具体例 2　・・　「K4」に入力されている数値で三択の判定する例＞</u>

　さらに，第 2 引数［真の場合］や第 3 引数［偽の場合］には，［数式］［関数］を入れて，多数の条件分岐や様々な処理を実行することができる．

・80 点以上は［優秀］，60 点以上は「合格」と表示され，そうでない場合は，「不可」と記入される［数式］は，以下の通り．ただし，実際には式に「空白」は入れない．

＝　IF　（　K4>=80　,　"優秀"　,　<u>　IF（K4 >= 60 ,"合格","不可"）</u>　）
　　　　　　　　論理式　　　真の場合　　偽の場合に（［IF 関数］を入れ込んでいる．)

2.1.9 「度数」「平均」を Excel の［関数］を利用して求める

(1) 「度数」をカウントする

① ［L25］に「評価ごとの度数」と入力する.

② ［L25］と［M25］をドラッグして指定し，［ホーム］リボンの［セルを結合して中央揃え］（図 2-1-30）をクリックする．二つのセルが結合されて，文字がセンタリングされる.

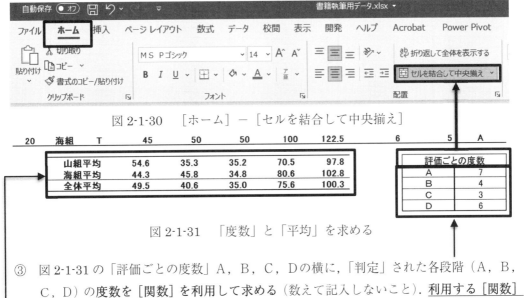

図 2-1-30 ［ホーム］－［セルを結合して中央揃え］

20	海組	T	45	50	50	100	122.5		6	5	A

山組平均	54.6	35.3	35.2	70.5	97.8
海組平均	44.3	45.8	34.8	80.6	102.8
全体平均	49.5	40.6	35.0	75.6	100.3

評価ごとの度数	
A	7
B	4
C	3
D	6

図 2-1-31 「度数」と「平均」を求める

③ 図 2-1-31 の「評価ごとの度数」A，B，C，Dの横に，「判定」された各段階（A，B，C，D）の度数を［関数］を利用して求める（数えて記入しないこと）．<u>利用する［関数］は，ヘルプ等で調べて自分で考える.</u>

(2) 各種「平均」を求める

図 2-1-31 の「山組平均」「海組平均」「全体平均」を，［関数］を用いて求める．<u>利用する［関数］は，ヘルプ等で調べて自分で考える.</u>

① 見出し行の項目をドラッグ指定する.

② ［ホーム］タブ［罫線］のアイコン 右▼をクリックして，図 2-1-32 のメニューから，［上罫線＋下二重線(U)］を選択する.

③ 図 2-1-31，図 2-1-32 を参考にして，以下のように表を整える.

・図 2-1-31 を参考にして，「山組平均」「海組平均」「全体平均」の罫線を引く.

・平均の数値に［文字色］として，「赤」（濃さの設定は好みでよい）を設定する.

・「判定」のA，B，C，Dはセンタリングする

④ ファイル（ブック）を保存する.

<u>第 2 段階終了！</u>

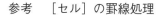

参考 ［セル］の罫線処理

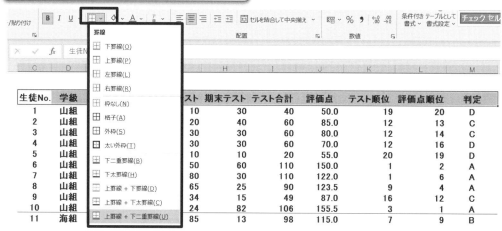

生徒No.	学級	...	...スト	期末テスト	テスト合計	評価点	テスト順位	評価点順位	判定
1	山組		10	30	40	50.0	19	20	D
2	山組		20	40	60	85.0	12	13	C
3	山組		30	30	60	80.0	12	14	C
4	山組		30	30	60	70.0	12	16	D
5	山組		10	10	20	55.0	20	19	D
6	山組		50	60	110	150.0	1	2	A
7	山組		80	30	110	122.0	1	6	A
8	山組		65	25	90	123.5	9	4	A
9	山組		34	15	49	87.0	16	12	C
10	山組		24	82	106	155.5	3	1	A
11	海組		85	13	98	115.0	7	9	B

図 2-1-32 ［罫線］－［上罫線＋下二重罫線］を引く

［セルの書式設定］－［罫線］タブ の利用

［セルの書式設定］から，［罫線］タブをクリックすると図 2-1-33 が表示される．このタブでは，選択したセルに対して罫線を細かく設定できる．

一般的に Windows のアプリケーションでは，**このような事の設定を次の手順**で行う．

① 操作対象となっている［セル］や［セル］内のデータ（［対象］）を選択する．

② 選択した［対象］に対して何をするのか指定する（図 2-1-33）.

図 2-1-33 ［セルの書式設定］－［罫線］タブ

※ 選択した［セル］の「**どの場所**」に「**どのような種類**」の［罫線］を引くか指定

2.1.10　ピボットテーブル *(pivot table)*

(1)　クロス集計とは

　クロス集計とは，項目を「クロス」して作成した表のことをいう．この表を用いることにより，項目相互の関係を明らかにすることができる．アンケート調査の集計など様々なデータの分析において，広く用いられている集計・分析手法である．

　クロスさせるデータは，2項目でもよいし，それ以上でもよい．例えば，図2-1-34に示す表（一種のデータベース）から，「部活動名」「月」の2項目に着目したクロス集計表を作成する（後述の例題）．すると，「4月はサッカー部の支出が多い」ということが明確に示される．つまり，**図2-1-34のワークシート上にある単なる［データ］から，「4月はサッカー部の支出が多い」という新しい［情報］を可視化**することができたのである．

(2)　Excelによるクロス集計表　　―ピボットテーブル *(pivot table)*とは―

　例題として，以下のような表から，簡単なクロス集計表を作成する．Excelでは，このような表を［ピボットテーブル］という．**データ可視化要約機能の一つ**である．

　例題の表は，ある架空の大学におけるサークル活動経費の支出一覧である．例えば，年度が始まり，支出の会計管理を日ごとに行う表をExcelで記録しているとする．

	A	B	C	D	E	F
1	No	月	日	支出項目	部活動名	金額
2	1	4	11	協会登録費	サッカー部	¥10,000
3	2	4	13	協会登録費	ソフトテニス部	¥8,000
4	3	4	16	協会登録費	バスケットボール部	¥5,000
5	4	4	18	協会登録費	バレーボール部	¥7,000
6	5	4	23	消耗品	吹奏楽部	¥2,159
7	6	4	24	通信費	野球部	¥880
8	7	4	28	旅費（貸し切りバス）	サッカー部	¥45,000
9	8	4	28	雑費	ソフトテニス部	¥380
10	9	4	30	消耗品	バスケットボール部	¥28,500
11	10	5	3	大会参加費	サッカー部	¥12,000
12	11	5	3	大会参加費	ソフトテニス部	¥22,000
13	12	5	3	大会参加費	バスケットボール部	¥13,000
14	13	5	3	大会参加費	バレーボール部	¥10,000
15	14	5	5	大会参加費	野球部	¥25,000
24	23	6	6	通信費	吹奏楽部	¥980
25	24	6	10	通信費	ソフトテニス部	¥1,430
26	25	6	28	大会参加費	野球部	¥3,000

> ―ピボットテーブルを利用するために必要となる元データの条件―
> ・1行目にタイトル行があること．
> ・2行目以降のデータが連続していること．
> ・利用データ以外に何かが入力されたセルがないこと．

図2-1-34　［ピボットテーブル］を作成するための使用する［データベース］

（3）　［ピボットテーブル］の作成の準備

　図 2-1-34 のデータを活用して，各部が各月（4 月〜6 月）に使用した活動費を集計するためのクロス集計表を，［ピボットテーブル］という Excel の機能を活用して作成する．

① 　サポートサイトまたはアイアシスタントから，この表を含んだ Excel のファイル（ブック）をダウンロードして，適当な場所に，適当なファイル名を付けて保存する．

② 　［シート見出し］（「集計」）にマウスカーソルを移動して右クリックする．

③ 　図 2-1-35［コンテキストメニュー］から［移動またはコピー(**M**)...］をクリックする．

④ 　図 2-1-36［末尾に移動］をクリック，［コピーを作成する］に ☑ を入れ，OK ボタン．

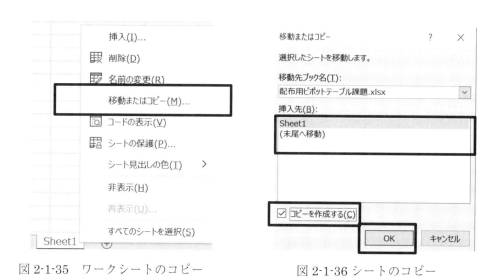

　　　図 2-1-35　ワークシートのコピー　　　　　図 2-1-36 シートのコピー

⑤ 　「Sheet1 (2)」というシートが追加されるので，「例題 2」というシート名にする．

⑥ 　同様の手順で，シートを 3 枚追加する．それぞれ追加したシートの名前［シート見出し］を「課題 1」，「課題 2」，「課題 3」とする．図 2-1-37 のようになり，それぞれのシートに図 2-1-34 のデータの表があることを確認する．

※　シートを移動させたい場合は，［シート見出し］の部分をドラッグして，移動させたい場所（［シート見出し］間）にドロップする．

図 2-1-37　シートを追加した状態

（4）　例題 1　　　　　—「部活動名」×「月」のクロス集計表（合計金額）—

① 　図 2-1-37 のように，「Sheet1」をアクティブ（選択されている状態）にする．

② 　［セル番地］［H2］をアクティブにしておく．

③　［挿入］タブをクリックして，左の［ピボットテーブル］をクリックする（図2-1-38）.

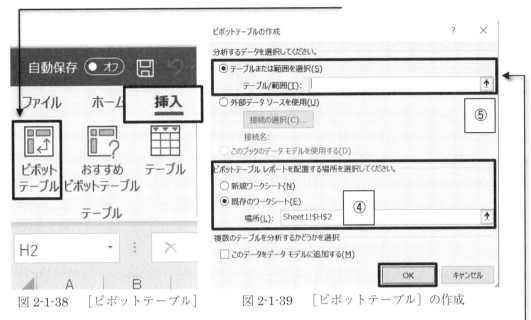

図2-1-38　［ピボットテーブル］　　　図2-1-39　［ピボットテーブル］の作成

④　次に，図 2-1-39 が表示される.今回は［ピボットテーブル］を［既存のワークシート］（つまり，現在のシート）上に作成するので，［ピボットテーブルの配置する場所］については，［既存のワークシート］－［Sheet1!$H$2］となっていることを確認する.
※［ピボットテーブルの配置する場所］を変更したければ，この部分を操作する.

⑤　［ピボットテーブル］を作成する際に参照するデータの範囲指定を行う.［テーブル／範囲（T）:］の空欄横のアイコン（上矢印のアイコン）をクリックする.

⑤　図 2-1-40 のようにウィンドウが小さくなるので，この状態で表全体（見出しを含んだデータの部分）をドラッグして指定する.

⑥　範囲指定の右のアイコン（下矢印のアイコン）をクリックすると範囲指定済みの図 2-1-39 の状態に戻る.

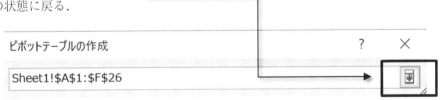

図2-1-40　［テーブル／範囲（T）:］の指定

⑦　図 2-1-39 の OK ボタンをクリックする.
⑧　図 2-1-41［ピボットテーブルのフィールド］が表示される.
⑨　［ピボットテーブル］で使用する項目を選択する.
この例題では「部活ごとの月別活動費」となるので，項目としては，「部活動名」「月」「金額」の 3 列のデータを使用する.図 2-1-41 の該当項目を☑する.

図 2-1-41 ［ピボットテーブルのフィールド］

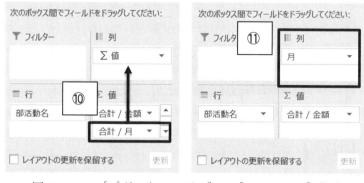

図 2-1-42　［ピボットテーブル］の［フィールド］指定

⑩　この課題では「列に部活動ごとの月別の支出を表示させたい」ので，「合計/月」をドラッグして，「列」フィールドへドロップする．

⑪　図 2-1-42　の右のような「列」のフィールドとなる．

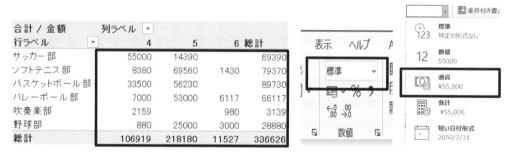

図 2-1-43　形成されたピボットテーブル

⑫　図 2-1-43（左）が[H2]にできあがるので，金額表示すべき部分をドラッグする．

⑬　［ホーム］の［数値］リボンの「標準」右 V をクリックして候補一覧を表示して，［通貨］を選択する(図 2-1-43（右))．

(5)　例題 2　　　―「部活動名」×「月」のクロス集計表（件数）―

　(4)の例題 1 では，「Sheet1」に「各部が各月（4 月～6 月）に使用した活動費を集計するためのクロス集計表」を作成した．図 2-1-43 の状態から「集計する観点を変える」と別の情報が簡単に得られる．例題 2 として，「**各部が各月（4 月～6 月）に使用した活動費の件数を集計する**ためのクロス集計表」をデータベース**(A1:F26)**から作成する．

図 2-1-44　シート例題 2 をアクティブにした状態

① 図 2-1-44 のように，「例題 2」シートをアクティブ（選択されている状態）にする.

② ［セル番地］［H2］をアクティブにする（[H2]にピボットテーブルを作成する）.

③ 前ページの図 2-1-43 までは，同一の手順で進める.

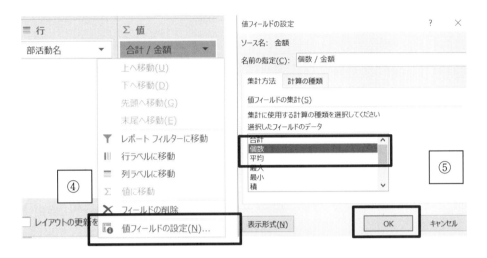

図 2-1-45　行列のクロスする部分の値を「合計/金額」ではなく「個数」に変更する

④ ［Σ値］の「合計/金額」の右▼をクリックして，［コンテキストメニュー］表示して，「値フィールドの設定(N)...」をクリックする（図 2-1-45 左）.

⑤ 例題 2 のクロス集計するべき数値は「個数」であるので，値フィールドメニュー(図 2-1-45 右)から「個数」選択して，「OK」をクリックする.

○ 演習問題

① ［課題 1］のシートに，図 2-1-46 に示すクロス集計表を作成しなさい.

合計 / 金額 行ラベル	列ラベル 協会登録費	雑費	消耗品	大会参加費	通信費	旅費（貸し切りバス）	総計
サッカー部	¥10,000		¥2,390	¥12,000		¥45,000	¥69,390
ソフトテニス部	¥8,000	¥380	¥4,560	¥22,000	¥1,430	¥43,000	¥79,370
バスケットボール部	¥5,000	¥230	¥28,500	¥13,000		¥43,000	¥89,730
バレーボール部	¥7,000	¥445	¥5,672	¥10,000		¥43,000	¥66,117
吹奏楽部			¥2,159		¥980		¥3,139
野球部				¥28,000	¥880		¥28,880
総計	¥30,000	¥1,055	¥43,281	¥85,000	¥3,290	¥174,000	¥336,626

図 2-1-46　課題 1 の完成クロス集計表

＜条件＞ 総計が¥70,000 を超えるセルには色付けされるようにする.

1) 各部の総計の金額が入力されているセルを指定する.

2) ［ホーム］の［条件付き書式］▼をクリックしてメニューを表示させる.

3) ［セル強調の表示ルール(H)］－［指定の値より大きい(G)...］を選択する(図 2-1-47).

　4)　条件の値を入力する．ここでは，70,000　としておこう．

図 2-1-47　［条件付き書式］　　　　　図 2-1-48 条件の入力画面

②　［課題 2］のシートに，図 2-1-49 に示すクロス集計表を作成しなさい．
　　＜条件＞ 総計が 20 を超えるセルには色付けされるようにする．

合計 ／ 月 行ラベル	協会登録費	雑費	消耗品	大会参加費	通信費	旅費（貸し切りバス）	総計
サッカー 部	4		5	5		4	18
ソフトテニス 部	4	4	5	5	6	5	29
バスケットボール 部	4	5	4	5		5	23
バレーボール 部	4	6	6	5		5	26
吹奏楽部				4		6	10
野球部					11	4	15
総計	16	15	24	31	16	19	121

図 2-1-49　課題 2 の完成クロス集計表

③　　［課題 3］のシートに，図 2-1-50 に示すクロス集計表を作成しなさい．

合計 ／ 金額 行ラベル	4	5	6	総計
⊟サッカー 部	¥55,000	¥14,390		¥69,390
協会登録費	¥10,000			¥10,000
消耗品		¥2,390		¥2,390
大会参加費		¥12,000		¥12,000
旅費（貸し切りバス）	¥45,000			¥45,000
⊟ソフトテニス 部	¥8,380	¥69,560	¥1,430	¥79,370
協会登録費	¥8,000			¥8,000
雑費	¥380			¥380
消耗品		¥4,560		¥4,560
大会参加費		¥22,000		¥22,000
通信費			¥1,430	¥1,430
旅費（貸し切りバス）		¥43,000		¥43,000
⊟バスケットボール 部	¥33,500	¥56,230		¥89,730
協会登録費	¥5,000			¥5,000
雑費		¥230		¥230
消耗品	¥28,500			¥28,500
大会参加費		¥13,000		¥13,000
旅費（貸し切りバス）		¥43,000		¥43,000
⊟バレーボール 部	¥7,000	¥53,000	¥6,117	¥66,117
協会登録費	¥7,000			¥7,000
雑費			¥445	¥445
消耗品			¥5,672	¥5,672
大会参加費		¥10,000		¥10,000
旅費（貸し切りバス）		¥43,000		¥43,000
⊟吹奏楽部	¥2,159		¥980	¥3,139
消耗品	¥2,159			¥2,159
通信費			¥980	¥980
⊟野球部	¥880	¥25,000	¥3,000	¥28,880
大会参加費		¥25,000	¥3,000	¥28,000
通信費	¥880			¥880
総計	¥106,919	¥218,180	¥11,527	¥336,626

図 2-1-50 課題 3 の完成クロス集計表

＜重要！＞　「サンプル作成して通しての学び」
　　　　　　で気をつけること

　本テキスト 2.1 では，「サンプルの作成を通して，Excel の基本機能を学習」してきた．大切なことは，「一つ一つの操作・状態の意味理解を怠らないこと」である．

　意味がわからないままにしておくと，この「学び」が単なる「作業」になってしまい，研究活動において Excel を活用することができない状態に留まってしまう．このことは，ぜひ気をつけて欲しい．

※　　［ピボットテーブル］の課題は終了！

2.1.11　Excel で学ぶ統計解析の基礎

　数理，データ活用及び人工知能に関する科目は，大学の教養科目としてすべての学生が学ぶべき科目として位置付けられつつある．これらの背景学問の一つに**統計学*(statistics)***がある．

　近代統計学の理論は，「現象の法則性に対する人間のあくなき実際的関心」を具現化した**記述統計学*(descriptive statistics)***と，確率論*(theory of probability)*という数学理論をよりどころとして，記述統計学の上に構築された方法論の体系である**統計的推測*(statistical inference)***の二分野からなる(東京大学教養学部統計学教室編：統計学入門，東京大学出版会，1991，p.2).

（1）　統計データ　―量的データと質的データ―

　① 　量的データ：データが定量的に与えられているデータ

表 2-1-3　量的データの例（学生の身長）

学生	A	B	C	D	E	F	G	H	I	J
身長（cm）	170.6	170.5	170.5	170.5	171.2	171.1	170.3	169.9	170.4	170.3

　② 　質的データ：あるカテゴリに属している，ある状態にあることだけがわかるデータ

表 2-1-4　質的データの例（学生の所属学部）

学生	A	B	C	D	E	F	G	H	I	J
学部	人社	理工	教育	教育	教育	理工	農学	人社	人社	農学

（2）　統計データ　―1 次元，2 次元，多次元のデータ（2 次元以上のデータのこと）―

　① 　1 次元データ *(1-dimensional data)*

　　単一の変数 x についてn 個のデータを得る．

　　度数分布表を描いたり平均値などの代表値，散らばりの尺度である分散などを求めてたりして分析を行う．

　② 　2 次元データ *(2-dimensional data)*

　　単一の変数 x だけでなく 2 変数 x,y というの変数についてn セットのデータを得る．

　　相関や回帰といった属性間の相互関係の分析を行うことが大切となる．

　③ 　多次元データ *(multi- dimensional data)*

　　2 変数 x,y あるいは 3 変数x,y,z 等を観測して n 個のデータを得る．

表 2-1-5　2 次元のデータの例（顧客の来店回数と売上額）

顧客	A	B	C	D	E	F	G	H	I	J
来店回数	11	9	7	12	4	12	13	10	2	15
売上額（¥）	240,900	165,000	185,420	252,150	239,800	60,500	285,020	73,500	79,600	116,980

(3)　時系列データとクロスセクション・データ

①　時系列データ *(time series data)*

　　同一対象の異なった時点における観測値で構成されるデータのこと.

表 2-1-6　時系列データの例（日本における平成 22 年～令和元年の出生率）

年　次	平成22	平成23	平成24	平成25	平成26	平成27	平成28	平成29	平成30	令和元
出生率	8.50	8.30	8.20	8.20	8.00	8.00	7.80	7.60	7.40	7.00

※出生率：人口1,000人あたりの割合(%)[総務省統計局：https://www.stat.go.jp/data/nihon/02.html]より作成

②　クロスセクション・データ　*(cross-section data)*

　　異なった対象から得られた観測値で構成されるデータのこと.

表 2-1-7　クロスセクション・データの例（令和元年における都道府県（1 都 9 県）の人口）

都道府県	青森	岩手	宮城	秋田	山形	福島	埼玉	千葉	東京	長野
人口	1,246	1,227	2,306	966	1,078	1,846	7,350	6,259	13,921	2,049

※単位：1,000人[総務省統計局：https://www.stat.go.jp/data/nihon/02.html]より作成

(4)　1 次元データ (*1-dimensional data*)　度数分布表とヒストグラム

①　度数分布の構成

　　　実験・調査等からデータを得た場合，最初に行う手続きは度数分布表を作成することである. 度数分布表を作成することにより，全体の分布の状況が明らかになる.

表 2-1-8　度数分布表

階	級	階級値	度数	相対度数	累積度数	累積相対度数
0点以上	10点未満	5	0	0.000	0	0.000
10点以上	20点未満	15	4	0.008	4	0.008
20点以上	30点未満	25	23	0.046	27	0.054
30点以上	40点未満	35	55	0.110	82	0.164
40点以上	50点未満	45	119	0.238	201	0.402
50点以上	60点未満	55	117	0.234	318	0.636
60点以上	70点未満	65	99	0.198	417	0.834
70点以上	80点未満	75	63	0.126	480	0.960
80点以上	90点未満	85	13	0.026	493	0.986
90点以上	100点以下	95	7	0.014	500	1.000
合　　計			500	1.000		

○　階級 *(class)*：測定値の存在する実数範囲を，連続するいくつかの範囲に分割したもの．

○　階級値 *(class mark)*：階級を代表する値．

○　度数 *(frequency)*：それぞれの階級で観測値がいくつあるのかを示した数値．

○　相対度数 *(relative frequency)*：各階級に属する観測値の個体の全体中での割合．

○　累積度数 *(cumulative frequency)*：度数を下の階級から積み上げたときの度数．

○　累積相対度数 *(cumulative relative frequency)*：相対度数の累積和．

②　度数分布表の作成　－サンプルサイズ 500 のテスト得点のデータ(ダミー)を使用－

　1)　階級値として階級の中央値，階級境界値として各階級の最大値を入力する．

階　　　級		手順① 階級値	手順③ 度数	手順④ 相対度数	手順⑤ 累積度数	手順⑥ 累積相対度数	手順② 階級境界値
0点以上	10点未満	5					9
10点以上	20点未満	15					19
20点以上	30点未満						
30点以上	40点未満						
40点以上	50点未満						
50点以上	60点未満						
60点以上	70点未満						
70点以上	80点未満						
80点以上	90点未満						
90点以上	100点以下						

> 階級値，境界階級値ともに，**2つのセルに数値を入力したら**フィルバンドルでコピーする．2つの入力された数値の規則性に基づいて，連続データが自動的に作成される．
> 境界階級値「90点以上 100 点以下」のみ 100 と入力し直す．
> ※この階級に 100 点を入れているため．

図 2-1-51　階級値と階級境界値の入力

　2)　度数を［Frequency 関数］を使用して自動的に度数をカウントする．

例題演習 1　度数分布表を作成する				
		手順① 階級値	手順③ 度数	手順④ 相対度数
階　　　級				
0点以上	10点未満	5	=FREQUENCY(	
10点以上	20点未満	15	FREQUENCY(データ配列, 区間配列)	
20点以上	30点未満	25		
30点以上	40点未満	35		
40点以上	50点未満	45		
50点以上	60点未満	55		
60点以上	70点未満	65		
70点以上	80点未満	75		
80点以上	90点未満	85		
90点以上	100点以下	95		

図 2-1-52　Frequency 関数の利用

　ア)　<u>関数を入力するすべてのセルをドラッグして範囲指定</u>する．

　イ)　=fr と入力すると，候補として［Frequency 関数］がポップアップしてくるので［Tab キー］で確定する．

　ウ)　第 1 引数に全データの範囲を指定する．多数のデータ範囲を指定する場合にはマウスでドラッグするのではなく，一番上をクリックしたら，ショートカットキー[Shift]+[Ctrl]+[↓]を押すと一気に範囲指定することができる．

　エ)　, を入力し，第 2 引数は 1)で作成した階級境界値の範囲を指定する．

オ)　第 2 引数まで指定したら，<u>[Shift]+[Ctrl]+[Enter]で最終確定</u>する．

3) 相対度数，累積度数，累積相対度数を定義に基づいて数式を入力して求める．

　※この課題では，表 2-1-8 のように相対度数，累積相対度数は小数第 3 位まで表示させる．

③　ヒストグラム (*histogram*) の作成

1) ［Ctrl］キーを押しながら，階級と度数の列を範囲指定する．

2) ［挿入］－［おすすめグラフ］を選択して［集合縦棒］グラフを選択する(図 2-1-53)．

3) グラフの棒の部分を右クリックして［コンテキストメニュー］を表示して［データ系列の書式設定(<u>F</u>)...］を選択する(図 2-1-54 左)．

4) データ系列の書式設定(図 2-1-54 中央)［要素の間隔(<u>W</u>)］を「0%」にする．**棒グラフの間隔がなくなり**ヒストグラムとなる．

5) データ系列の書式設定(図 2-1-54 右)の［バケツのアイコン］をクリックして，棒グラフの［枠線］－［線(単色)(<u>S</u>)］をクリックすると**棒グラフの境界に黒い線が入る**．

　※　必要に応じてグラフタイトル等を入れて完成させる．

　※　横軸と縦軸のラベルは自動的につけられる．一般的に論文に掲載する図表のタイトルはワープロ段階で作成するが，**グラフの軸ラベルはこの段階で作成しておく**．

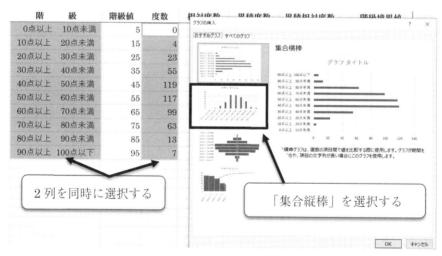

図 2-1-53　グラフの選択

図 2-1-54　データ系列の書式設定

④　度数分布とヒストグラムの階級数・階級の幅について

　　階級数は多くても少なくてもデータの真の分布は失われる．

　　一方，階級数をどのようにして決めるのかという厳格なルールはない．

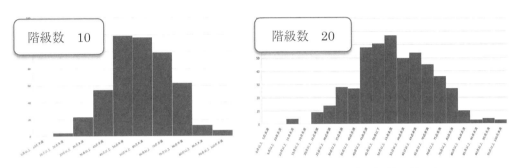

図 2-1-55　同じ $n = 500$ のデータのヒストグラム（階級数の違い）

階級数や階級の幅を算出する幾つかの方法（あくまで目安）が提案されている．

A：スタージェスの公式 *(Sturges' formula)*　　階級数を算出する

$$k \fallingdotseq 1 + \log_2 n = 1 + \frac{\log_{10} n}{\log_{10} 2}$$　　　k: 階級数　　n: サンプルサイズ

B：スコットの選択 *(Scott's choice)*　　　　　階級の幅を算出する

$$h = \frac{3.49\,\sigma}{n^{\frac{1}{3}}}$$　　　h: 階級の幅　　n: サンプルサイズ　　σ: 標準偏差

<演 習>　n=500 のデータを直接指定して Excel にヒストグラムを描かせる

　　※サンプルデータ　$n = 500$　$\sigma = 15.428$

　　Excel は階級の幅を定めるアルゴリズムとして「スコットの選択」を利用している．

　　自動的に作成した後，階級の［軸の書式設定］で調節もできる．

　　［軸のオプション］に示されている「ビン」とは階級のことである．

> 500 のデータを対象に直接描いたヒストグラム．階級幅が 6.8 に設定されており，スコットの選択が適用されていることが確認できる．

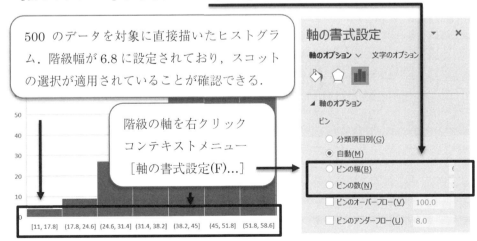

図 2-1-56　サンプルサイズ 500 のデータからヒストグラムを作成する

⑤　ヒストグラムが描く分布の形

○峰が一つの場合

単峰型(*unimodal*)

○分布の偏り(図 2-1-57 の場合)

「**左に歪んだ分布**」

　もしくは「**右に偏った分布**」

○峰が二つ以上ある場合

双峰型(*bimodal*)

この場合適当にグループ分けすると峰が一つになる場合が多い. この操作を**層別**という. 有名な例では,男性と女性を混在させた集団で身長のヒストグラムを描くと一般的に双峰型になるという.

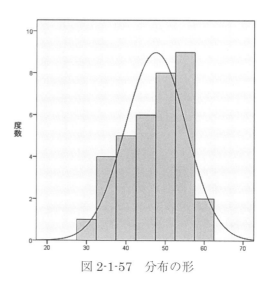

図 2-1-57　分布の形

<発 展>　統計解析ツール「R」

　研究で統計解析を行う場合,Excel ではなく専用の解析ツールを利用する場合が多い.統計解析用ツールは有料・無料のものが多数ある. 図 2-1-58 はフリーで使用できる R(アール)と RStudio でヒストグラムを描いた図である. データファイルを csv 形式で用意しておけば,ヒストグラムは2行程度のコードで描ける. コードの方が圧倒的に楽である.

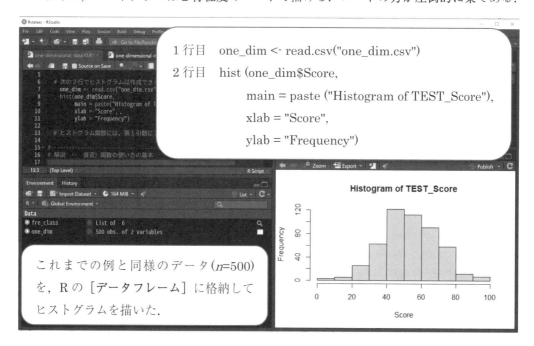

1 行目　　one_dim <- read.csv("one_dim.csv")

2 行目　　hist (one_dim$Score,

　　　　　　　main = paste ("Histogram of TEST_Score"),

　　　　　　　xlab = "Score",

　　　　　　　ylab = "Frequency")

これまでの例と同様のデータ(*n*=500)を,R の [データフレーム] に格納してヒストグラムを描いた.

図 2-1-58　R と RStudio によるヒストグラム

(5) 1次元データ（*1-dimensional data*） 代表値（*averages*）

① 平均値（***mean***）

1) 算術平均（*arithmetic mean*） = 相加平均（*arithmetic mean*）

$$\bar{x} = \frac{x_1 + x_2 + \cdots + x_n}{n} = \frac{1}{n}\sum_{i=1}^{n} x_i$$

2) 幾何平均（*geometric mean*） = 相乗平均（*geometric mean*）

$$x_G = \sqrt[n]{x_1 \cdot x_2 \cdot \cdots \cdot x_n}$$

3) 調和平均（*harmonic mean*）

$$\frac{1}{x_H} = \frac{1}{n}\left(\frac{1}{x_1} + \frac{1}{x_2} + \cdots + \frac{1}{x_n}\right)$$

② 中央値・メディアン （***median***）

中位数ともいう．観測値を小さい順（大きい順も可）に並べた時の中央の値．平均値と同様に中間の値を知る目的で使う．平均年収のように一部の高額所得者によって平均値が上昇し，現実の実態と大きくかけ離れる解釈をされる危険性があるために中央値が用いられることがよくある．

奇数の場合 $n = 2m + 1$ $m + 1$番目の観測値 $x_{(m+1)}$ がメディアン

偶数の場合 $n = 2m$ mと$m + 1$番目の観測値の平均 $\frac{(x_{(m)} + x_{(m+1)})}{2}$ がメディアン

③ 百分位点（***percentile***）・四分位点（***quartile***）

メディアンの考え方を拡張した百分位点（*percentile*）の中でも，小さいものの順に並びかえられたデータを4等分する四分位点（*quartile*）がよく用いられる．四分位点の求め方（アルゴリズム）には，ヒンジ（*hinges*）と呼ばれるアルゴリズムの他，様々なアルゴリズムがある．

第1四分位点（Q_1） ・・・ 25%分位点

第2四分位点（Q_2） ・・・ 50%分位点 ［= *median*］

第3四分位点（Q_3） ・・・ 75%分位点

> 下図の場合，ヒンジで求めた四分位点がQUARTILE.INC関数で求めた点の少し外側になる．

四分位点 ［*hinges*と Excel *QUARTILE.INC* 関数との違い］

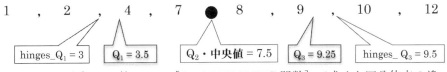

図 2-1-59 ヒンジ（*hinges*）と Excel ［QUARTILE.INC 関数］ で求めた四分位点の違い

④　**最頻値・モード(*mode*)**

　分布の峰に対応する値. 度数分布表においては, その度数が最大である階級の階級値になる. ただし, 一般的に階級の取り方によっては異なった値となる. 双峰型の場合においては代表値にはなり得ない.

　図 2-1-60(左に歪んだ分布)の場合の平均値, メディアン, モードの関係は, 以下のようになる.

Mean < *Median* < *Mode*

※辞書に出てくる順番に書いて, 偏っている側(歪んでいる側とは反対)へ不等号 (<) を書くというように覚えておけばよい.

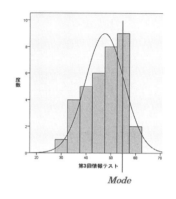

図 2-1-60　Mode

⑤　**ミッド・レンジ(*mid-range*)**

　分布の最大値と最小値の範囲の中間点で定義される.

$$Mid\_range = \frac{1}{2}\{\max(x_1, x_2, \cdots, x_n) + min(x_1, x_2, \cdots, x_n)\}$$

⑥　**五数要約(*five-number summary*)**

　分布の特徴を最大値, 最小値, 中央値, 上側・下側ヒンジの 5 つの値で表すことをいう. 一般的に, 五数要約は「箱ひげ図」(*box plot*)で図示される.

⑦　**演習　1 次元データ(*1-dimensional data*)の代表値(*averages*)**

1) 用意されたデータに対するサンプルデータのサイスと各代表値について, Excel の関数を用いて求める.
2) データ全体をドラッグして, [挿入] － [グラフ] － [箱ひげ図] を選択する.

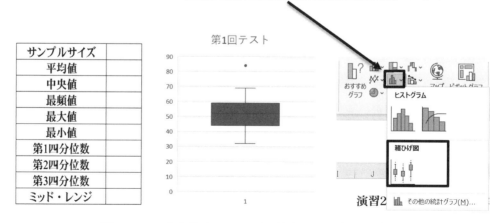

サンプルサイズ
平均値
中央値
最頻値
最大値
最小値
第1四分位数
第2四分位数
第3四分位数
ミッド・レンジ

図 2-1-61　代表値を Excel の関数を用いて求める演習

（6）　1次元データ（*1-dimensional data*）　　散らばり（*dispersion*）の尺度

① レンジ*(range)*

　最大値と最小値にのみ依存する．このためデータの中に極端な異常値(外れ値)がある場合，これらに大きく左右されることになるため，特別な場合を除いてあまり用いられることはないとされる．定義式は以下の通り．

$$Range = max(x_1, x_2, \cdots, x_n) - min(x_1, x_2, \cdots, x_n)$$

② 四分位偏差*(quartile deviation, semi-inter-quartile range)*

　データの第3四分位点（Q_3）と第1四分位点（Q_1）の隔たりの半分で定義される．これが大きいほど散らばった分布と解釈される．また，データの両端を切り落とすため，異常値による影響を受けにくいという特性をもつ．

$$Quartile\_deviation = \frac{1}{2}(Q_3 - Q_1)$$

③ 偏差*(deviation)*　　各データ(変量)の平均からの隔たり

$$Deviation = x_i - \overline{x}$$

④ 平均偏差*(mean deviation)*　　偏差の平均

$$d = \frac{1}{n}\{|x_1 - \overline{x}| + |x_2 - \overline{x}| + \cdots + |x_n - \overline{x}|\}$$

Excel 関数：AVEDEV(数値1, [数値2], ・・・)関数

⑤ 分散*(variance)*

　平均偏差は各データの平均からの隔たりを示しているが，絶対値を取るために様々な計算を行う際に面倒となる．このため，平均からの隔たり(ズレ)を測定する尺度としては，偏差を2乗することによって符号を打ち消し，それらの平均を求める**分散*(variance)***を利用する．2乗することになるため，**測定単位が変わる**(平均偏差は単位が変わらない)．

$$S^2 = \frac{1}{n}\{(x_1 - \overline{x})^2 + (x_2 - \overline{x})^2 + \cdots + (x_n - \overline{x})^2\} = \frac{1}{n}\sum_{i=1}^{n}(x_i - \overline{x})^2$$

　　Excel 関数：VAR.P(数値 1,[数値 2],..)関数

※この関数を求めて分散を算出した場合，n個が母集団であると仮定していることになる．母集団からn個の標本を抽出しているという考えに基づいて母集団の分散を求める(推定する)場合には上記定義式ではなく，以下の**不偏分散*(Unbiased variance)***を使用する．

$$U^2 = \frac{1}{n-1}\{(x_1 - \overline{x})^2 + (x_2 - \overline{x})^2 + \cdots + (x_n - \overline{x})^2\} = \frac{1}{n-1}\sum_{i=1}^{n}(x_i - \overline{x})^2$$

　　Excel 関数：VAR.S(数値 1,[数値 2],..)関数

⑥　**標準偏差**(*standard deviation, SD*)

　分散は各データの偏差を 2 乗した値の平均をとっている．このため，もとのデータとは次元が異なったものとなっている(測定単位が変わっている)．これをもとのデータの次元に戻すために**分散の正の平方根**をとる．この値を**標準偏差**(*standard deviation*)という．

$$S = \sqrt{S^2} = \sqrt{\frac{1}{n}\sum_{i=1}^{n}(x_i - \overline{x})^2}$$ 　ただし，分散の定義式に基づく．

　Excel 関数：STDEV.P (数値 1,[数値 2],..)関数　　第1引数を母集団と仮定する．

　不偏分散から標準偏差を求める場合は以下のようになる．

$$S = \sqrt{U^2} = \sqrt{\frac{1}{n-1}\sum_{i=1}^{n}(x_i - \overline{x})^2}$$ 　　（小文字の s が使われることもある）

　Excel 関数：STDEV.S (数値 1,[数値 2],..)関数　　第1引数を母集団からの標本とする．

⑦　**偏差平方和**(*sum of squared deviation*)

　各変量の偏差を 2 乗して足し合わせたもののこと．

$$SS = \sum_{i=1}^{n}(x_i - \overline{x})^2$$

　　Excel 関数：DEVSQ(数値 1, [数値 2], ..)

(7)　　1 次元データ(*1-dimensional data*)　一次変換とデータの標準化 (*standardization*)

　　各データ $x_1, x_2, \cdots, x_n$ を $z_i = a \cdot x_i + b$ のように位置(b だけ)，尺度(a 倍)にして一次変換する．この場合の $z_1, z_2, \cdots, z_n$ の平均値，分散，標準偏差を考える．

　　○平均値　　・・・　$\overline{z} = a \cdot \overline{x} + b$
　　○分散　　　・・・　$S_z{}^2 = a^2 \cdot S_x{}^2$
　　○標準偏差　・・・　$S_z = a \cdot S_x$

　　データの一次変換で重要なもの

□　平均値　　　$\overline{z} = 0$
□　標準偏差　　$S_z = 1$
データ x の標準化(*standardization*)

$$\boldsymbol{a = \frac{1}{S_x}} \quad \boldsymbol{b = -\frac{\overline{x}}{S_x}} \quad \boldsymbol{z_i = a \cdot x_i + b = \frac{1}{S_x} \cdot x_i - \frac{\overline{x}}{S_x} = \frac{x_i - \overline{x}}{S_x}} \quad \underline{\boldsymbol{z_i \cdots z \text{ 得点}}}$$

変換後の平均値　　　　　　　　　　　　　　　変換後の分散

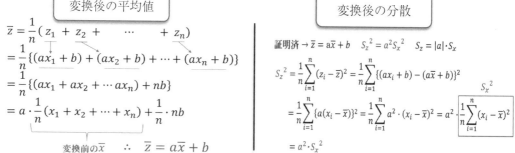

$$\overline{z} = \frac{1}{n}(z_1 + z_2 + \quad \cdots \quad + z_n)$$
$$= \frac{1}{n}\{(ax_1 + b) + (ax_2 + b) + \cdots + (ax_n + b)\}$$
$$= \frac{1}{n}\{(ax_1 + ax_2 + \cdots ax_n) + nb\}$$
$$= a \cdot \frac{1}{n}(x_1 + x_2 + \cdots + x_n) + \frac{1}{n} \cdot nb$$

変換前の$\overline{x}$　　∴　$\overline{z} = a\overline{x} + b$

証明済 → $\overline{z} = a\overline{x} + b$　　$S_z{}^2 = a^2 S_x{}^2$　　$S_z = |a| \cdot S_x$

$$S_z{}^2 = \frac{1}{n}\sum_{i=1}^{n}(z_i - \overline{z})^2 = \frac{1}{n}\sum_{i=1}^{n}\{(ax_i + b) - (a\overline{x} + b)\}^2$$

$$= \frac{1}{n}\sum_{i=1}^{n}\{a(x_i - \overline{x})\}^2 = \frac{1}{n}\sum_{i=1}^{n}a^2 \cdot (x_i - \overline{x})^2 = a^2 \cdot \underbrace{\frac{1}{n}\sum_{i=1}^{n}(x_i - \overline{x})^2}_{S_x{}^2}$$

$$= a^2 \cdot S_x{}^2$$

図 2-1-62　一次変換後の平均値と分散

（8）　「データの標準化」を活用した演習　2次元データ　－散布図(*scattergram*)－

	顧客名	来場回数	買上金額			顧客名	来場回数のZ値	買上金額のZ値
1	浅倉　南	11	240,900			浅倉　南		
2	麻生　次郎	9	165,000			麻生　次郎		
3	岡村　貴子	7	185,420			岡村　貴子		
4	加藤　浩幸	12	252,150			加藤　浩幸		
5	菊地　貞子	4	239,800	$=\dfrac{x_i-\bar{x}}{S_x}$		菊地　貞子	② ・ ④	
6	佐々木　淳一	12	60,500			佐々木　淳一		
7	須藤　元気	13	285,020			須藤　元気		
8	滝沢　森子	10	73,500			滝沢　森子		
9	手塚　治	2	79,600			手塚　治		
10	細川　安信	15	116,980			細川　安信		
	平均値	①				平均値	③	
	標準偏差					標準偏差		

図 2-1-63　標準化したデータによる分析

① 　図 2-1-63 左の顧客「来場回数」と「売上金額」の平均値と標準偏差を算出する．

② 　それぞれの値の平均値との差を標準偏差で割る．つまり Z 得点を求める．
　　Excel 関数：STANDARDIZE(x, 平均, 標準偏差) を使用してもよい．

③ 　Z 得点の平均値と標準偏差を求める．平均値は 0，標準偏差は 1 となることを確認する．

④ 　各顧客の 2 つの標準化された得点領域をドラッグで選択する．

⑤ 　［挿入］ － ［グラフ］から［散布図］を選択する．

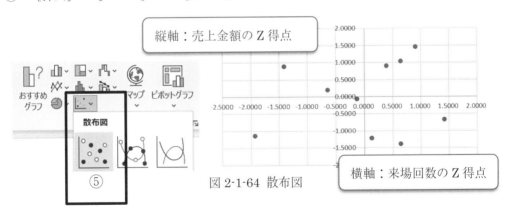

図 2-1-64 散布図

⑥ 　プロットされたデータをクリックしてアクティブにし，右クリックする．

⑦ 　コンテキストメニューから［データラベルの追加(B)］ － ［データラベルの追加(B)］を選択する．

⑧ 　プロットされた点に Y 軸の Z 得点が表示される．

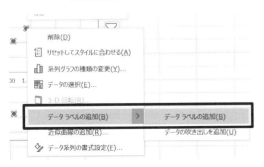

図 2-1-65　データラベルの追加(B)

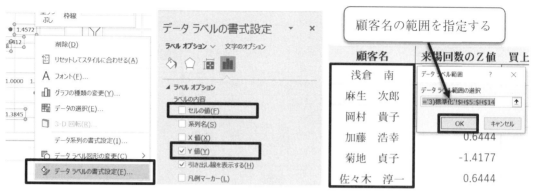

図 2-1-66　データラベルの書式設定

⑨　表示された Z 得点を右クリックする．コンテキストメニューが表示される(図 2-1-66 左)

⑩　［データラベルの書式設定(<u>F</u>)…］を選択するとウィンドウの右に［データラベルの書式設定］のメニューが表示される(図 2-1-66 中央)．

⑪　［□セルの値(<u>F</u>)］の□に，☑を入れると［データラベル範囲の選択］が表示される．

⑫　顧客名の範囲をドラッグして指定する．OK ボタンを押して確定する(図 2-1-66 右)．

⑬　散布図に顧客名が表示される．ここで，［☑Y 値(<u>Y</u>)］のチェックを外す．

⑭　対象とする軸等を右クリックして，それぞれの書式を適宜整える．

⑮　適当なタイトルを入力して完成させる．名前のラベルはドラッグで移動できる．

※2 次元データでは 2 変量の関係を視覚化する散布図*(scattergram)*を描くことが大切とされる．

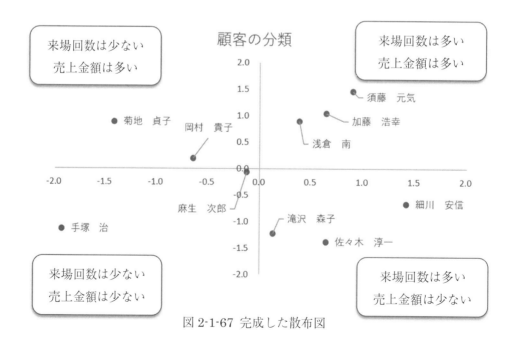

図 2-1-67　完成した散布図

※(8)の課題に関する参考文献　日花弘子：Excel で学ぶ統計解析本格入門，SB Creative,pp.83-92

2.1.12 マクロ機能 ―操作の自動化―

　［マクロ機能］（以下，［マクロ］）とは，「複数の手順をあらかじめ記憶させておき，自動的に実行させる機能」のことをいう．Excel にもこの機能があり，Microsoft の標準的なプログラム開発環境（プログラム言語）の一つである「Visual Basic」を Office 上で起動させるものである．この Office 上で起動させる「Visual Basic」のことを，特に［VBA］（*Visual Basic for Applications*）という．［マクロ］という表現は慣用的な名称といわれ，Office シリーズ上の［マクロ］は，［VBA］が正式名称といわれている．

　［VBA］を活用することで，様々な処理を自動化することができる．Excel という表計算機能を土台として，自分なりの新しい一種のアプリケーションソフトウェアを作り出してしまうことも可能となる．［VBA］は大変奥が深く，本項のみではとても扱いきれない機能であるが，入門としてよく行われる「自動記録」機能の学習を行う．「自動記録」は，Excel の「手続き記憶」機能で，ユーザーの Excel 上における操作を記録し，その機能を一つのコマンドで再生実行するというという機能である．

＜注意！＞　　［マクロ］と［セキュリティ］

　［マクロ］は，単純な繰り返し作業からユーザーを解放してくれる便利な機能である．

　一方，［マクロ］，例えば今回取り上げる［VBA］は広義の［プログラム］となる．つまり，［マクロ］を活用している Excel のワークシート，その集まりファイル（ブック）は，Excel のワークシート上のデータと，そのデータの処理を実行する［プログラム］とで構成されることになる．残念ながら，この機能を悪用した［マルウェア］－［マクロウイルス］という Excel のファイルに付随するプログラムも存在する．よって，Excel は安易な［マクロウイルス］の感染を防ぐために，いろいろなセキュリティ機能が用意されている．

　このため，一般的な<u>デフォルトの設定では，ユーザーの確認なしでは［マクロ］が実行されない</u>ようになっている．

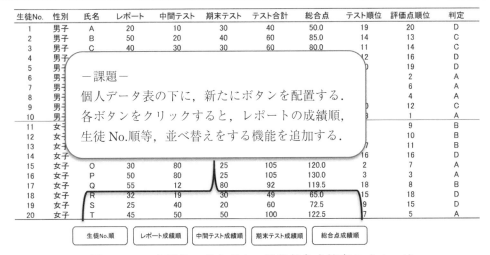

図 2-1-68　各種並べ変えボタン機能付き成績表のイメージ

(1) 準備

① 2.1.9 までに作成した成績表のファイルを利用する. このため, 保存してあるファイルをコピーする（例えば［マクロ成績表］というファイル名にしておく）.

② このファイルをダブルクリックして Excel を立ち上げる

③ 各自の成績表の下部にある平均値, 度数を示している行を削除する.

④ Excel の［リボン］を確認して, ［開発］リボンが表示されていない場合は, 以下の手順（⑤～）で, 表示させる. 図 2-1-69 は, 表示された [開発] リボンをクリックしたもの.

図 2-1-69　［開発］リボンの表示

⑤ ［ファイル］－［オプション］(ウィンドウの左下に表示)をクリックする. 続けて, 図 2-1-70 の左側に表示されているメニューから［リボンのユーザー設定］をクリックする.

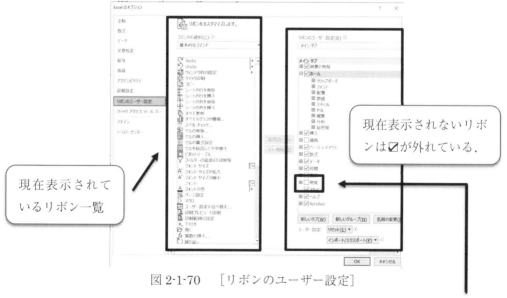

図 2-1-70　［リボンのユーザー設定］

⑥ 図 2-1-70 の右側に表示される［リボンのユーザー設定(**B**):］の中段にある［開発］に☑を入れ, OK ボタンをクリックする.

⑦ ［開発］リボンから［マクロのセキュリティ］をクリックする（図 2-1-69）.

⑧ ［マクロの設定］を推奨しないとなっているが, 一端［すべてを有効にする］とする.

※ ⑦の設定は, この学習のみの設定と心得る. ただし, 大学の PC を使用して本課題に取り組む場合は, 毎回この設定を［すべてを有効にする］としてから始めること.

(2)　操作手順を記録する

「レポート」の点数をキーにして，［降順］で並べ替えをする．これを［マクロ］として記録するところから始める．

① 　［開発］リボンをアクティブにする．

② 　［マクロの記録］をクリックする．

③ 　図 2-1-71 の［マクロ名(**M**):］の「Macro1」を削除して，「レポート成績順」としておく．（任意に名前を付けることができる）

④ 　OK をクリックする．

図 2-1-71　［マクロ］の記録

　図 2-1-72 のように，②の［マクロの記録］が［記録終了］ボタンに変化している．

　※　録音・録画開始，終了をイメージする．

　※　以後，すべての操作が，［VBA］のコードとして記録される．なお，間違えた操作手順も記録される．

⑤ 　「レポート」の点数をキーとして，［降順］(大きい順)に各自のデータを並べ変える．

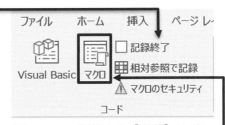

図 2-1-72　記録中の［開発］リボン

⑥ 　図 2-1-72 の［記録終了］ボタンをクリックする．

　［記録終了］ボタンが，再び［マクロの記録］となることを確認する．

⑦ 　登録された［マクロ］を確認するため，図 2-1-72 の［**マクロ**］アイコンをクリックする．

⑧ 　図 2-1-73［編集］をクリックする．

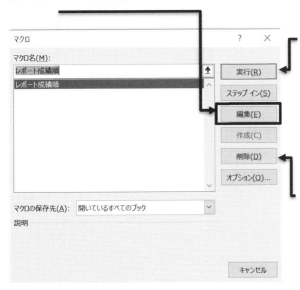

図 2-1-73　登録された［マクロ］の確認

＜左図に示されたボタンの各機能＞

※［実行］

マクロ名を指定してこのボタンを押すと該当［マクロ］が実行される．

※［編集］

記述された［マクロ］（VBA）のコードを編集する．［VBA］が立ち上がり，編集可能となる．

※［削除］

登録した［マクロ］を削除する．

○間違えた［マクロ］を登録してしまった場合は削除して，新規に登録してしまう方法もある．今回の実習レベルであればこの方法が良い．

図2-1-74 は，Excel ［ *Visual Basic for Applications* ］が起動して，「レポート成績順」の操作手順が［マクロ］（コード）として記述されている様子である．

図2-1-74　*Visual Basic for Applications* の起動

> **＜重要！＞**　何が行われているのか？
>
> 　名前の付いた一つの［マクロ］は，**「Sub ～ End Sub」の間に記述**されている．ある名前の付けられた（例えば，「レポート成績順」）［マクロ］を実行すると，基本的に，**「Sub ～ End Sub」の間に記述されているコード（命令）を，順番（上から下へ）にコンピュータが実行**していく．記述されているコードには，一つ一つに意味がある．この意味理解をするためには，［VBA］というマクロ言語について学習する必要がある．
>
> 　ここでは，時間・紙面の関係で詳細な解説はしない．

（3）　演習問題

操作手順を記録する方法で，中間テストの成績順を「中間テスト成績順」という［マクロ］名を付けて作成する．

- ・図2-1-74 に「中間テスト成績順」が追加される．次にどちらかの［マクロ］名を選択して［VBA］を起動（図2-1-74）する．「Sub ～ End Sub」のブロックが追加されていることを確認する．
- ・図2-1-73 の状態で，「レポート成績順」，「中間テスト成績順」のどちらかを選択して，「実行」ボタンをクリックすると，瞬時に［降順］の成績順となることを確認する．
- ・この時点でうまく動作しない場合は，一旦［マクロ］を［削除］して再度作成する．

（4）　コードをコピー・修正 して他の動作をする［マクロ］を作成する．

　次に，「期末テスト成績順」（期末テストの点数をキーにして降順で並び替え）の［マクロ］を作成する．これまでのように，記録を取ることで作成することができるが，ここでは，既存の［マクロ］（コード）を活用して作成してみる(既存のコードをコピー&ペースト&修正)．

　「レポート成績順」と「中間テスト成績順」のコードを比較すると，3カ所しか異なっていないことがわかる（図2-1-75）．ここで，両者の操作で異なった点は何であったのか考えてみる．

・［マクロ名］の命名に関する情報2カ所（図2-1-75　1)・2)）

・並び替える際に指定したキー（「レポートの点数」ではなく「中間テストの点数」で並び替えたということ）（図2-1-75　3)）

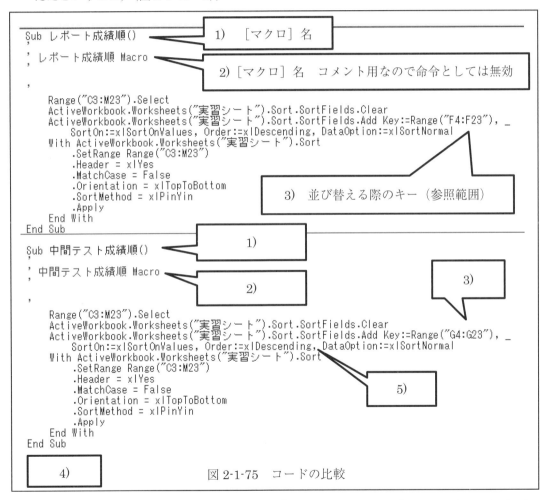

図2-1-75　コードの比較

・［マクロ］（コード）の緑部分は命令ではなく「コメント」である．「コメント」は，例えば，ある部分がどのような機能を備えているか，作成された日付けなどを自由に記述できる「メモ機能」であり，「コメント」自体は「命令」としては実行されない．行頭に「'」を付けることで「コメント」行となり，その行は「命令」ではなくなる．

・図2-1-75において，「命令」として影響のない部分は2)である．

① 図 2-1-75 の「中間テスト成績順」のコード全体 「Sub 中間テスト成績順 ()　〜　End Sub」までをコピーする.

② 図 2-1-75 の 4)にマウスカーソルを持って行き, ①の内容をペーストする.

③ ペーストされた,「中間テスト成績順」の [マクロ] (コード) を以下のように変更する.

 1)　　[マクロ] 名の定義の部分

  Sub 中間テスト成績順 ()　　　→　　　Sub 期末テスト成績順 ()

 2)　　「コメント」の [マクロ] 名の部分

  ‘ 中間テスト成績順　Macro　　→　　‘ 期末テスト成績順　Macro

 3)　 並び替える際のキー(参照範囲)の部分

  G4：G23　　　→　　　H4：H23

  期末テスト成績の点数が記入されている [セル参照] に変更するということ.

④ Excel のワークシートへ戻り, [開発] リボンから [マクロ] を選択すると,「期末テスト成績順」という [マクロ] 名が追加されている.

⑤ 「期末テスト成績順」を選択肢, [実行] ボタンをクリックする.

 ※ 期末テスト点数順(降順)に並び替えが行われていればうまく実行されている

＜重要！＞　作成した [マクロ] を部品化(モジュール化)するという考え方

 このように, <u>既存の [マクロ] をコピーしてその一部を変更していく</u>ことにより, 効率よく [マクロ] を作成していく方法もある.

---

(5)　演習問題

 既存の [マクロ] を再利用 (コピー&ペースト及び修正) する方法で, 評価点の成績順 (降順) で並べ替える [マクロ] を追加する. なお, [マクロ] 名は「評価点成績順」とする.

(6)　「生徒 No」順に並び替える　—昇順—

 生徒の名簿順 (生徒番号順) に並び替える [マクロ] 名を「生徒 No 順」として追加する.

① (4)の手順のように,「Sub 中間テスト成績順 ()　〜　End Sub」(どこかの一つのブロックでよい) をコピー&ペーストする.

② 並び替えのキー([セル参照] の部分)は,「生徒 No」の範囲となる.

③ [降順] ではなく [昇順] となるので,「図 2-1-75　5)」の部分を以下の通り変更する.

 SortOn:=xlSortOnValues, Order:=**xlDescending**, DataOption:=xlSortNormal

[降順]

 SortOn:=xlSortOnValues, Order:=**xlAscending**, DataOption:=xlSortNormal

           [昇順]

※ [SortOn] の中の [Order:=] の設定で, [昇順] [降順] をコントロールできる.

（7）　登録してある［マクロ］を，ワークシート上に作成するボタンと関連付ける

作成した［マクロ］をワークシート上に配置する［図形］と関連付ける．これにより，［開発］タブをクリックして［マクロ］を実行せず，編集しているワークシートシート上から作成した［マクロ］を実行することができる（図 2-1-68 の完成イメージを参照）．

①　［挿入］リボンを表示して［図形］から，四角形を選択する（図 2-1-76）．

②　そのまま，ワークシートの適当な場所で，ドラッグして図形を作成する．

③　作成した図形を右クリック（（図形が選択された状態））して，［コンテキストメニュー］－［テキストの編集(X)］をクリックして「レポート成績順」と入力する．

④　再度，図形を右クリック（図形が選択された状態））して，［コンテキストメニュー］－［マクロの登録(N)...］をクリックする．

⑤　図 2-1-73 のように，登録された［マクロ］名の一覧がでてくるので，作成済みの［マクロ］名・「レポート成績順」を選択する．OK を押す．

⑥　ここでワークシートの適当な場所をクリックして，図形が選択されていない状態にする．

⑦　マウスカーソルを作成した図形にもっていくと，マウスカーソルが「指の形」に変化する．この状態でクリックすると「レポート成績順」の［マクロ］が実行される．

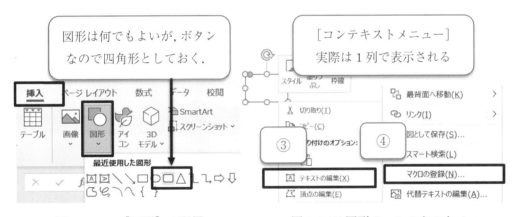

図 2-1-76　［図形］の配置　　　図 2-1-77 図形のコンテキストメニュー

（8）　演習問題

(7)の手順をもとに，これまでに作成した他の［マクロ］,「中間テスト成績順」・「期末テスト成績順」・「評価点成績順」・「生徒 No 順」に対するボタンを作成し，マクロ有効のブックとして保存し直す．［ファイル］－［名前を付けて保存］から図 2-1-78 のようにファイルの種類を［Excel マクロ有効ブック(*.xlsm)］として保存し直して［マクロ］の課題階終了！！

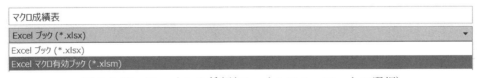

図 2-1-78　ファイルの種類(ファイルフォーマットの選択)

2.2　文書作成（Word）

2.2.1　ワープロソフト

　コンピュータで文書を入力・編集し印刷できるシステムをワードプロセッサ（ワープロ．word processor）とよぶ．現在では，ワープロ専用機は殆ど用いられておらず，パソコンのソフトウェアとしてワードプロセッサの機能を実現するワープロソフトが主流になっている．ワープロソフトは大学ではレポートの作成や論文の執筆に，社会人になってからは企画書や報告書等，様々な文書作成で幅広く利用される．

　ワープロソフトを使って文書を作成する場合には，文書の内容だけではなく，見た目や形式にも注意する必要がある．場合によっては文書の形式が指定されている場合もあるだろう．ワープロソフトには，見た目の設定と形式設定のための多くの機能が用意されている．

　現在日本で用いられている主なワープロソフトとして，Microsoft 社の Word，JustSystems 社の一太郎，オープンソース方式で開発されている LibreOffice および Apache OpenOffice の Writer，PC だとブラウザ上での利用となるが Google Workspace ドキュメントがあげられる．本稿では Microsoft 社の Windows 版 Word 2019（以下 Word）を例に挙げ，ワープロソフトの基本的な利用方法を学ぶことにする．

　演習問題は 2.2.5 課題にまとめて記載している．Word の機能を定着させたい場合は，該当する問題に取り組むとよい．

2.2.2　基本操作

(1)　Word の起動と画面構成

　Word の起動方法は Windows のバージョンにより異なる．Windows 10 の場合で示す．

　［方法 1 ］Windows デスクトップ上の Word 2019 のアイコンを左ダブルクリックする．

　［方法 2 ］Windows デスクトップ下部タスクバーの Word 2019 のアイコンを左クリックする．

　［方法 3 ］Windows スタートメニューから，Word 2019 のアイコンを左クリックする．

　Word が起動するとロゴ画面の表示の後，図 2.2.1 のようなウィンドウが（おそらくは全画面で）表示される．画面上部はタイトルバー（作成中のファイル名 - Word）とクイックアクセスツールバーが表示され，その下に各種操作を行うためのリボンメニューが表示されている．リボンメニューは Microsoft 社のオフィスソフト（Word, Excel, PowerPoint 等）では共通のインタフェースである．リボンをクリックすると表示されるタブが切り替わり，関連する機能のアイコンがグループごとに表示される．クイックアクセスツールバーには，よく使う機能のアイコンがいくつか表示されている．ステータスバーには，現在表示されているページ数や文書全体の情報（文字数，使用言語）などが表示される．リボンと機能を表 2.2.1 に示す．

　なお，ディスプレイ設定や拡大設定（DPI の変更やアクセシビリティの設定等）が有効の場合，表示面積の関係でリボンの表示が変わることがある．この結果リボンメニューの一部分が隠れる（折り畳まれる）場合があるので注意して欲しい．これは，Windows の仕様である．

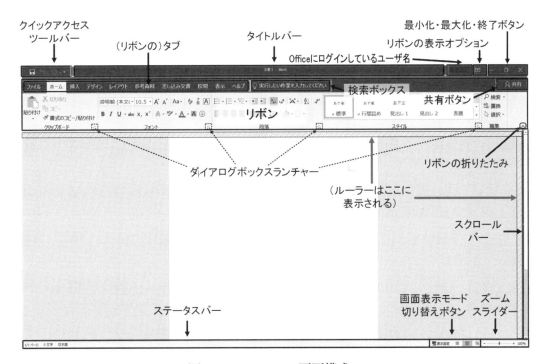

図 2.2.1　Word の画面構成.

表 2.2.1　リボンと機能.

リボン名称	機能
ファイル	ファイルを開く・保存する・印刷・Wordの終了など.
ホーム	クリップボード・フォント・段落・スタイル・編集（検索，置換）
挿入	ページ・表・図（画像・図形など）・アドイン・ヘッダー・フッター・数式・記号など
描画	ペンなど
デザイン	テーマ・ドキュメントの書式設定・透かしなど
レイアウト	ページ設定・原稿用紙・段落・配置
参考文献	目次・脚注・調査・引用文献と文献目録・図表（図表番号）・索引など
差し込み印刷	（差し込み印刷の）作成・印刷など
校閲	文書校閲・読み上げ・アクセシビリティ・コメント・変更履歴・比較など
表示	表示（画面の表示モード）・ルーラー・グリッド線・ズーム・マクロなど
ヘルプ	ヘルプ

(2)　文書を開く・文書の保存

　文書を開くには，「リボン」から「ファイルタブ」→「開く」　　　　　を選択する（図 2.2.2）.

　文書を保存するには，リボンからファイルを選択し保存する方法と，クイックアクセスツールバー（通常はウィンドウの左上）のフロッピーディスクの形をしたアイコン　　　をクリックする方法がある（図 2.2.3）. Word の終了も，リボンの［ファイル］から終了を選択する方法と，ウィンドウ右上の終了ボタンを選択する方法がある. 名前をつけていない文書の場合は，名前をつけて保存するように促される. 名前をつけ，保存する場所を指定して保存するとよい.

備考　ファイル，フォルダ（ディレクトリ），ドライブについては第 1 章を参照してほしい．

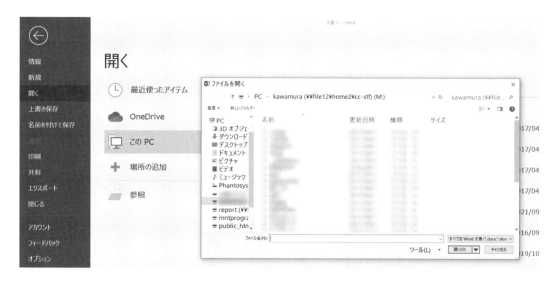

図 2.2.2　ファイルを開く．ファイルタブを選択すると表示される．

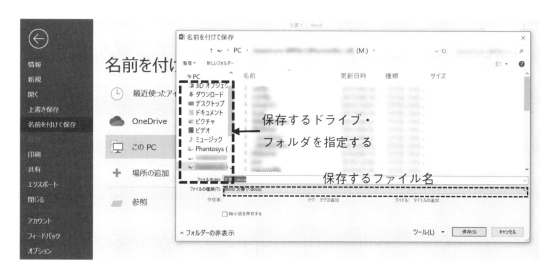

図 2.2.3　ファイルを保存する．

　保存するファイルの形式を変更する場合は，「名前をつけて保存」ダイアログの，「ファイルの種類」で選択することが出来る（図 2.2.4）．互換性のために Word の古い形式で保存しなければならない場合や，入出力のためにテキスト形式にしなければならない場合，PDF で出力しなければならない場合，いずれも，ファイルの種類で指定することが可能である（エクスポートから PDF を出力しても良い）．また，Word 独自の形式ではなく OpenDocument で出力したい（しなければならない）場合も，ファイル形式から「OpenDocument テキスト形式」を選択して保存する．テンプレートを作成して保存する場合も，テンプレートを選択して保存すれば

良い.

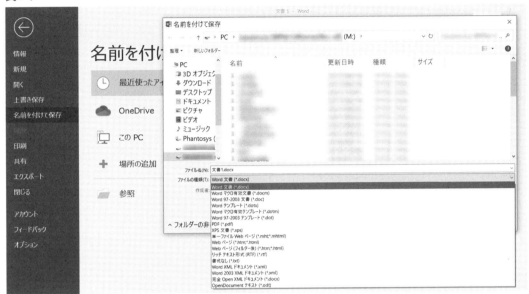

図 2.2.4　保存するファイルの種類の選択.

　Word ファイル（文書ファイル）を開く方法は二種類ある．エクスプローラーなどで開きたい文書をダブルクリックして開く，Word のファイルメニューから開く，のいずれかである．

［ファイルを開く］手順

1．［ファイル］タブをクリックし，［開く］をクリックする．一度開いたことのあるファイルであれば，ファイルタブの［ホーム］や［開く］に表示されているファイル名を選択してもよい．

2．図 2.2.2 の［開く］の表示に切り替わる．最近使った文書には履歴が表示されている．履歴の中に開きたい文書が存在する場合，その文書をクリックして開くことが出来る．

3．履歴の中に開きたい文書が存在しない場合．当該文書の存在する場所を選択する．

例　USB フラッシュメモリの文書を開く場合

「ファイルを開く」ダイアログボックスの［PC］から USB フラッシュメモリを選択する．

4．開きたい場所をクリックすると，［ファイルを開く］ダイアログボックスが表示される．開きたいファイルを選択して開く．

　既存のファイルを開いた場合は，上書き保存でもよいだろう．新規に作成した場合や，名前を変えて保存したい場合の手順は以下の通りである．図 2.2.3 も参照いただきたい．

［ファイルに名前をつけて保存］手順

1．リボンの［ファイル］タブをクリックする．

2．ファイルメニュー（画面左側）の［名前を付けて保存］をクリックする．

3．画面右側［名前を付けて保存］で，ファイルを保存する場所（フォルダ）を選択する．

保存したい場所が表示されていない場合は，[参照] をクリックする．

4．選択した保存先で [名前を付けて保存] ダイアログが開く．ファイル名を指定する．

5．ファイルの形式・出力形式を変更して出力するには，ファイル形式　**ファイルの種類(T):**　で
指定する．通常は [Word 文書] のままでよい（図 2.2.4）

6．[保存] ボタンをクリックする．これでファイルが保存される．

7．Word を終了するために，ファイルメニューの [終了] をクリックする．
　　または，Word ウィンドウの右上の　 ✕ 　をクリックする．

　更新された文書を保存していない状態で Word の終了処理を行った場合には，「保存します
か？」というメッセージウィンドウが表示される．文書を保存する場合は，[保存] ボタンをク
リックすること．通常は，保存するファイルの種類は標準のままで良い（変更せずとも良い）．
また，既に保存済みの文書，または既存の文書を読み込んで更新して更新された文書を保存す
る場合には，[ファイル] タブの [上書き保存] をクリックしてもよい．上書き保存される．

(3)　文書を新規に作成する

　既存のファイルを開かずに Word を立ち上げた場合，Word は新規文書を作成する状態で起動
する．現在開いている文書とは別の文書を新規に作成する場合の操作を示す．

[文書を新規に作成する] 手順

1．[ファイル] タブをクリックし，[新規] をクリックする．

2．[白紙の文書] をクリックし [作成] ボタンをクリックする．白紙の文書が開く．

　2．で白紙の文書を選択しているが，作成する文書によっては，Word に標準で用意されてい
るテンプレート（文書の体裁のひな形）を利用することもできる．

(4)　Word を終了する

　Word を終了するには，ウィンドウの右上の×アイコン　 ─ ⬜ ✕ 　を左クリックするか，
[ファイル] タブの下の方にある「閉じる」　 閉じる 　を選択すれば良い．

　ファイルを保存していない場合は，保存するかどうかを訪ねるダイアログボックスが表示さ
れるので，保存／保存しない／キャンセル　を選択するとよい．

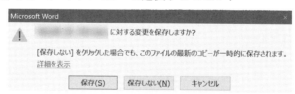

図 2.2.5　ファイルを保存していない状態で閉じるを選択した場合の選択画面．

2.2.3　文書の作成

(1)　文書作成の流れ

　文書を作成する前に，作成しようとする文書に適した書式にしておくと作業しやすいだろう．

文書によっては，厳密な規定が指定されている場合があるので，作業のやり直しなどを防ぐためにも初期設定は重要である．

文書の書式に関わる設定項目を列挙する．

> 用紙サイズ，向き　　文字の向き（縦書き，横書き）
>
> 用いるフォントとポイント数　および　行数
>
> スタイルまたはデザイン（文書の書式等を一括して整える機能．使わない場合もあるだろう）

Word で文書を作成する場合を想定して，はじめに書式の設定を行った後に，文字・表・画像・描画を入力するという流れで，関係する Word の機能を説明する．

(2)　ページレイアウト，段組みの設定

文書の用紙サイズと向き，余白，文字の方向（縦書きと横書き），標準で使用するフォントとサイズ，ページの行数などが指定できる．印刷の向きは用紙の向きと捉えてほしい．

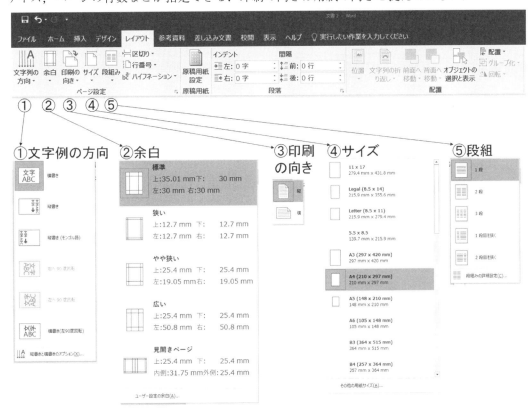

図 2.2. 6　レイアウトタブでの設定項目．

図 2.2.6.に示すように，文書全体のレイアウトを整えることが出来る．

より詳細に設定する場合は，ページ設定を開いて設定する．次ページ図 2.2.7 に示すように，

① ［レイアウト］タブ→ページ設定と選択 の ②ページ設定の左下の ⌐ を選択する．⌐ を選択すると③ページ設定ダイアログボックスが表示される．

図 2.2.7　ページ設定ダイアログボックス．タブを切り替えて設定する．

　段組の設定は，前ページ図 2.2.6. の⑤から設定する．範囲指定をしないで段組の設定をすると，文書全体が段組される．よって，文書の一部分だけを段組にする場合は，段組にする部分をドラッグする等で選択された状態としてから，段組を設定すると良い．

(3)　文字の入力

　キーボードの文字を打鍵することで文字を入力する．日本語を入力する（かな漢字変換する）ためにはローマ字入力された文字例を日本語に変換するプログラムが必要である．Word の標準状態では，起動時に日本語入力システムが有効になっている．このため，入力したい日本語をローマ字入力すればよい．

　キーボードや文字入力についての解説は第 1 章を参照のこと．

(a) 日本語入力システム

　ローマ字などで入力された文字例を日本語に変換するプログラムのこと．Windows で標準として搭載されているのが Microsoft 社製 MS-IME である．

　このほかには，JustSystems 社製 ATOK などが有名であろう．

　なお，無償の IME の中には，キーボードの入力情報や変換結果などをネットワーク経由で開発会社などへ送信するものがある．利用の際にはこの点に留意したい．組織によっては個人情

報や業務情報などの機密情報の流出を防ぐため利用禁止にしている場合もある．注意しよう．

　ローマ字入力などで適当な長さ（複数文節など）を入力したら，［スペースキー］または［変換キー］を押し，日本語に変換する．表示された変換候補が正しければ［Enter（Return）キー］を押し，確定する．望ましくない変換候補が表示された場合，カーソルキーの［←］［→］（左右）で文節の長さを調整し再度変換する．

　　　　│文字の入力│　ローマ字入力　　　│文字の変換│　　［スペース］キーまたは［変換］キー
　　　　│文節の切り替え│　［カーソル］キー（左右）　　　│変換結果の確定│　　［Enter（Return）]

（b）文字の修正

　入力した文字は，キーボードの［Del（Delete）］キーまたは［Backspace］キーで削除できる．

　　　　│［Del］キー│　カーソルの右側の文字が一文字削除される．
　　　　│［Backspace］キー│　カーソルの左側の文字が一文字削除される．

（4）コピー・貼り付け・カット

　コピーや貼り付けは，OS のクリップボード機能（ソフトウェア間で情報をやりとりできる）に準拠したものとなっている．準拠としたのは，Word の機能（たとえばフォントなどの文字属性）も含めて取り扱えるためである．また，コピー・カット・フォントの指定など，様々な操作において，操作を施したい部分をマウスでドラッグしてから選択する．このように，選択してから施したい操作をするのは Windows アプリケーションの一般的な操作である．自分のものにしてほしい．なお，詳述はしないが，キーボードでドラッグに相当する範囲指定を行うことも可能である．

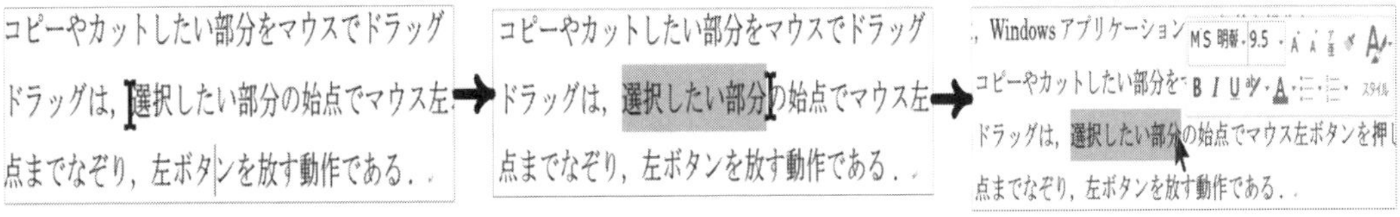

図 2.2.8　マウスによるドラッグ（範囲選択）操作.

コピーや切り取り（クリップボードへ取り込み）　手順

１．コピーや切り取りしたい部分をマウスでドラッグ（範囲選択）する．
ドラッグは，選択したい部分の始点でマウス左ボタンを押したまま，選択したい部分の終点までなぞり，左ボタンを放す動作である（図 2.2.8）．
２．選択された部分の上（色が変わっている部分）で右クリックする．
３．図 2.2.9 のような選択項目が表示されるので，選択したい動作を左クリックする．
　　　　コピー　　選択した部分がクリップボードに取り込まれる．
　　　　切り取り　選択した部分が切り取られる（削除される）．

　貼り付けを行う場合，まずクリップボードに情報を取り込んでおく必要がある．クリップボードへの情報の取り込み（コピー）の手順は，前の説明を参照のこと．

貼り付け（クリップボードから貼り付ける）　手順

１．貼り付けたい場所をマウスで右クリックする．

２．表示されたメニューから，貼り付けを選ぶ．

　貼り付けの方法はいくつかあるので，それぞれの動作の違いについて実際に試してみること．

　これ以外の方法として，［ホーム］タブの［クリップボード］を使う方法もある．右クリックメニューに比べて機能が拡張されているので，必要に応じて使い分けてほしい．

図 2.2.9　右クリックで表示されるメニュー．

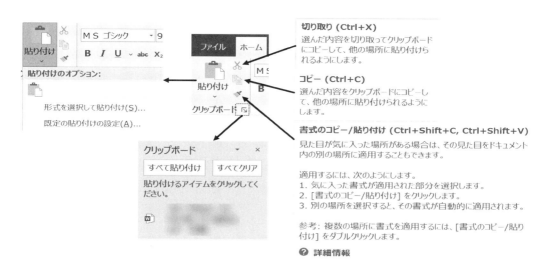

図 2.2.10　クリップボード．

（5）　フォントの設定，文字の修飾

　フォントを設定する場合，変更したい文字例を選択しておく必要がある．マウスでドラッグして選択すること．選択された範囲に対して，フォントの設定や修飾を行うことができる．

フォントの設定，文字の修飾　手順

１．フォントを設定したい文字例をドラッグするなどして選択しておく．

２．［ホーム］タブ（図 2.2.11）で直接指定するか，［フォント］をクリックして設定する．図 2.2.11 は，［フォント］グループで指定できるフォント設定を示している．

　文字色を変える場合や，**太字**，*斜体*，<u>下線</u>，~~取り消し線~~，下付き文字，上付き文字，囲み線，文字の網掛け，囲み文字，などについても，［フォント］タブから指定できる．

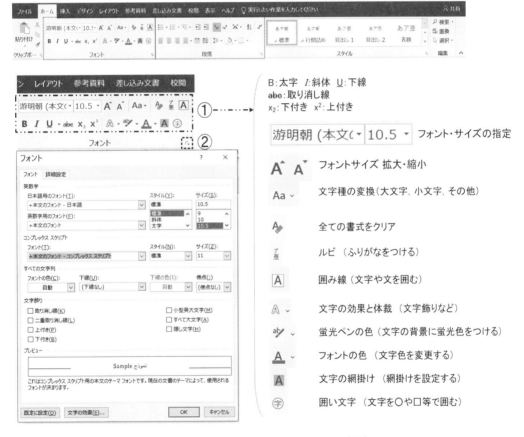

図 2.2. 11　フォントや文字効果の指定.

太字　　　*斜体*　　　<u>下線</u>　　　取り消し線　　下付き　　上付き

飾りの例　　蛍光ペン　　色 色 色　　網掛け　　ルビ　　囲み線　　囲み文字

図 2.2. 12　フォントや文字効果を指定した例.

(6)　文字の左寄せ，中央寄せ，右寄せ，両端揃え

　文書を作成する場合，文字の位置をどこに揃えるかが重要になる．形式が定まっている文章では，構成要素（日付，タイトル，文書の作成者，など）について，行のどの位置（左寄せ，中央寄せ，右寄せ，通常，両端揃え）に位置取りするかが指定されている場合が多い．

　　　　　　　　　　　　　　　　　　　　　a.日付（右寄せ，フォントサイズ若干小さめ）

b. 宛名

　　　　　　　　　c. タイトル（中央寄せ，フォント若干大きめ）

　　　　　　　　　　　　　　　　　　　　　　　d. 作成者（右寄せ）

図 2.2.13　文書の書き出し部分の例．

　文書では，a.～d.の要素はこの例の順番・位置取りで作成されることが多い．
　Word で文字の位置取り（左寄せ・中央寄せ・右寄せ）を設定する方法を示す．

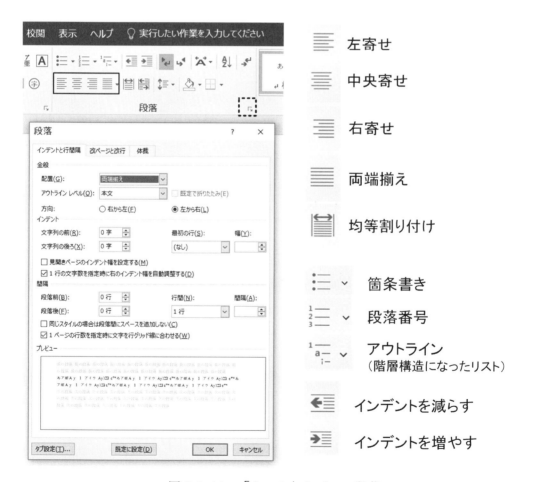

図 2.2.14　「ホーム」タブ の 段落．

左寄せ・中央寄せ・右寄せ（段落の設定）　手順

1．位置取りを設定したい文字例（行）を選択する．

2．［ホーム］タブ→［段落］で直接指定する．または，段落ダイアログを開いて指定する．段落ダイアログは，［ホーム］タブ の 段落 右下  を選択する．

(7)　段落の設定と行の設定

　文書では，文字の行中での位置だけではなく，行頭からのインデント（字下げ）・間隔（前の行との間隔や後の行との間隔や，1行の間隔）を変更する場合がある（図 2.2.15）．

　行や段落の設定も，［ホーム］タブの段落グループのアイコン　や，図 2.2.14 段落ダイアログで変更することが出来る．

図 2.2. 15　段落の設定と行の設定.

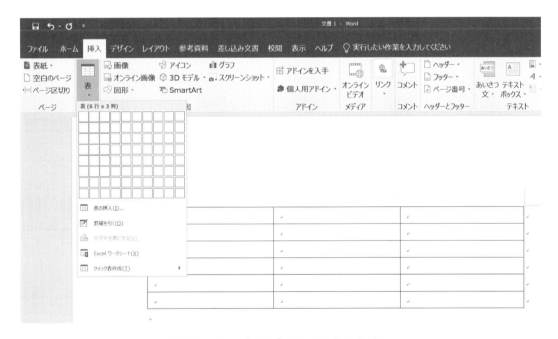

図 2.2. 16　［挿入］タブの表の作成.

(8)　表の作成

　Windows 環境以前のワープロでは，罫線文字の集まりとして表を作成していた．テキスト形式が標準である電子メールでは，テキスト文字の罫線文字などを用いて表を作成することがある．これに対し Word では，表を作るための機能が用意されている（図 2.2.16）．これにより，罫線文字などを使わずとも整った表を作成しやすくなっている．

表の作成　手順

１．表を挿入したい行を選択する（マウス左クリック）．

２．［挿入］タブ→［表］を選択．

３．作成したい表のサイズ（行×列）をドラッグ（範囲指定）．

４．表が作成される．

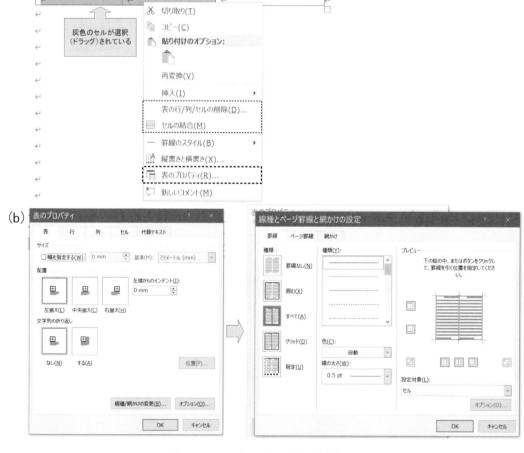

図 2.2.17　表のセル等の変更．

　作成した表の罫線を変更する場合や，セルを統合する場合は，設定したいセルを選択した状態で右クリックして操作する．「表／行／列の削除」や「セルを統合する場合」は右クリックで表示されたメニューから選択し，罫線やそのほかの表やセルの設定を変更する場合は「表のプロパティ」を選択する．図 2.2.17(b) 表のプロパティ下部「線種／網掛けの設定」を選択すると，右側「線種とページ罫線と網掛けの設定」ダイアログが表示される．

(9)　画像の挿入（貼り付け）

　画像の挿入は，クリップボード経由で行う方法と，Word の機能を用いる方法の二つがある．

画像の挿入　手順(1)

１．画像を挿入したい位置を選択（マウス左クリック）．

２．[ホーム] タブ→ [貼り付け] を選択．または「貼り付け」の 　ˇ　 をクリック．表示されるメニュー図 2.2.18 (a) から，適切なものを選択して貼り付ける．選択できる項目と動作は，クリップボードにコピーされている情報の種類により異なる．

３．ファイルを選択するダイアログ（図の挿入）が表示される．ここで挿入したい画像を選択する．画像は，Word に取り込む前に，画像処理ソフトなどで編集しておくとよい．

図 2.2.18　貼り付けのオプションと図の右クリックメニュー．

画像の挿入 手順(2)

1. 画像を挿入したい位置を選択（マウス左クリック）.

2. ［挿入］タブ→［画像］を選択.

3. ファイルを選択するダイアログ（図の挿入）が表示される. こ

こで挿入したい画像を選択する. 画像は, Word に取り込む前に, 画像処理ソフトなどで編集しておくとよい.

図 2.2. 19　画像の挿入.

(10) 図形（オートシェイブ）

　Word では, 直線や四角形など, 文書中で図を作図するための部品（オートシェイブ）が用意されている. (9)の画像の挿入（貼り付け）とは異なるので注意してほしい.

図形（オートシェイブ）手順

1. ［挿入］タブ→［図形］を選択.

2. 予め用意されている図形が表示される（図 2.2.20）. 作図に用いる図形を選択する.

3. カーソルの形が変わる. 選択した図形の始点と終点を指定する.

　所望の図形を作るためには, 複数の図形が必要になる場合が多い（複数の図形を組み合わせて, 所望の図形を作成する）. 組み合わせを考えつつ, 適切な図形を選択して配置し, 組み合わせて作成しよう.

　各図形の線の種類・色や塗りつぶしは, 右クリックで表示されるプロパティ（書式設定）で, 線の太さ・色や塗りの設定を変更できる.

図 2.2. 20　図形の追加（オートシェイブ）.

また, 複数の図形をグループ化する機能もある（CTRL キーを押しながら選択する）. 実際に試してみてほしい.

(11) 数式

　科学・技術関係の文書を作成する場合, 数式は必要不可欠な要素である. Word では, 数式を入力するための機能が用意されている. 数式作成を図 2.2.21 から図 2.2.23 に示す.

数式の作成 手順

1. ［挿入］タブを開き, ［記号と特殊文字］グループを開く.

2．［数式］をクリックする．

3．入力したい数式要素を選択し，式を完成させる．数式要素によっては，複数の入力箇所が表示されるものもある．

　ここで，選択した数式アイコンによって，表示される入力欄の数が変わる．たとえば分数は，分子と分母の入力欄が表示される．このように，分数や積分記号などでは，対応する数式要素のアイコンをクリックすると，複数の入力欄が表示される．すべての数式要素を解説するのは紙面の都合からも難しいので，教科書等に出ている様々な数式を作成するとよい．

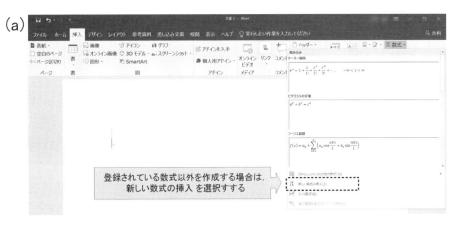

図 2.2.21　数式・記号と特殊文字・番号．

　数式を挿入するには，［挿入］タブ→記号と特殊文字　→ 数式　π　を押せば良い．ボタンを押すと，数式入力　ここに数式を入力します。　が表示されるだろう．「ここに数式を入力」に，数式を入力していく．

　図 2.2.22(b)は，数式入力で使う［数式タブ］である．分数，指数などの上付き，積分記号 ∫

や総和Σ，極限 lim 等，数式で使われる要素が準備されている．いくつかの要素を選択したときの画面の様子も示しているが，入力欄が分数の場合のように 　　　複数になるものがある．分数は分子と分母を入力することに対応している．どの記号がどのような動きをするかや，組み合わせるとどうなるか？については，組み合わせ・動作を色々と試してほしい．

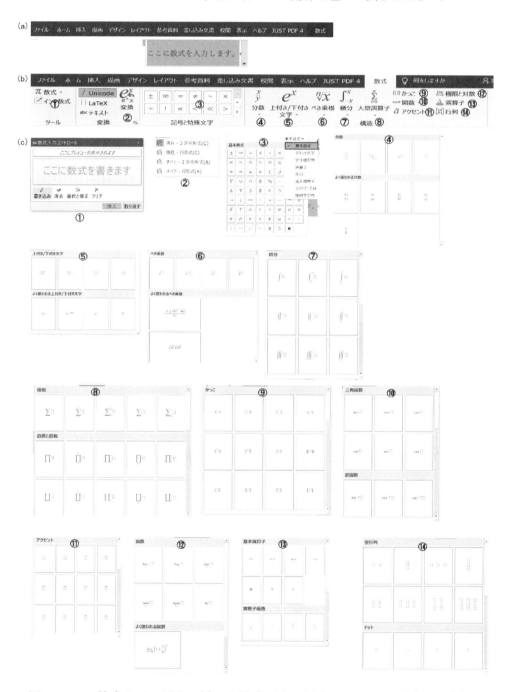

図 2.2.22　数式タブの要素．様々な数式要素が用意されている（①から⑭）．

Word 2019 では，①［インク数式］を使うことが出来る．マウスで数式を書く → Word が数式を認識→「ここに数式を書きます」に入力される機能である．マウスで数式を手書きと同じように書くと，順次文字認識されて数式となる（［書き込み］）．部分的に消去するのは［消去］を選択し消すことが出来る．やり直しは［クリア］である．数式欄へ反映させるには「挿入」をクリックすれば良い．

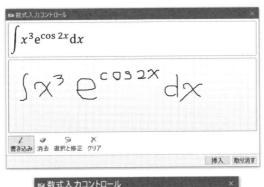

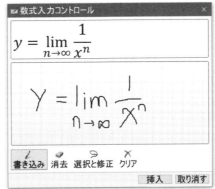

図 2.2.23　インク数式で数式を入力している様子．

図 2.2.23 では，積分・累乗・極限 lim を含む式を入力した例である．数式の各機能（部品）を使って入力するには，次のようにすればよい（図 2.2.23 下の数式を入力する）．

・　lim は，⑧大型演算子から入力．

・　n→∞は，矢印と無限大は，③記号と特殊文字から入力．

・　分数は，④分数から入力．

また，図 2.2.22 では触れていないが，版組処理システム LaTeX の文法（記述）により，GUI を用いずに数式を記述することが出来る（［数式］タブ→　{}LaTeX　をクリックすること）．

数式の作成方法は一つではないので，使いやすい方法で数式を作成するとよい．

(12)　特殊な文字，番号の入力

レポートや論文を作成する際には，ギリシア文字などの特殊な文字を必要とする場合がある．このような場合は，日本語入力システムで変換して入力するか，Word の機能を利用して入力す

る．日本語入力システムで，すべての特殊な文字が変換できるとは限らないので，Word の機能は有効であろう．図 2.2.21(b)「記号と特殊文字」を選択し，必要な文字を入力する．必要な文字がない場合は，「その他の記号」を選択すると表示される図 2.2.21(c) から入力できる．また，壱，弐，参のような様々な番号づけは，「番号」で設定することができる（図 2.2.24）．

備考　オートコレクト（入力された文字を自動的に（特定の類型に従って）校正する機能）により，自動的に記号に変換される場合もある．なお，意図と異なり変換されてしまった場合は，元に戻す（［ctrl］キー＋［Z］キー）操作を行うとよい．目的の文字がうまく表示されない場合は，［記号と特殊文字］ダイアログボックスのフォントを Times New Roman や Symbol 等に変えるとよい．

記号と特殊文字　手順

1．［挿入］タブを開き，［記号と特殊文字］グループを開く．
2．［記号と特殊文字］をクリックする．
3．［その他の記号］をクリックする．
4．いくつか表示されるが，この中に無い場合は，「その他の記号」を選択する．
［記号と特殊文字］から入力したい記号を選択して挿入をクリックする．©，®，™のような「特殊文字」を入力できる．

2.2.4　そのほかの機能

Word で用意されている機能のうち，レポート作成などで利用されそうなものについて記す．

(1)　箇条書き，段落番号（挿入タブ）

文章で要素を列挙する場合，箇条書きや段落番号（番号付きの箇条書き）が使われることがある．Word では，［ホーム］タブの［段落］グループの上部に，箇条書きと段落番号とアウトラインのアイコン 　がある．箇条書きや段落番号を指定したい行を予め範囲指定してから（ドラッグしておく），箇条書きや段落番号をクリックすればよい．

箇条書きの字下げを設定・解除するには， 　で設定する．

箇条書きの設定は，図 2.2.24 を参照してほしい．

(2)　ヘッダー，フッター，ページ番号（挿入タブ）

文書共通で，文書の上部あるいは下部に，形式の定まった情報を記載する場合がある．この教科書であれば，ページの上部に章・節とページ番号が記されている．Word におけるヘッダーはページ上部，フッターはページ下部に，定型の情報を記す機能である．［挿入］タブの［ヘッダー］や［フッダー］で設定する．

文書全体に頁番号を付ける場合，［挿入］タブの［ページ番号］を選択する．表示されるメニューから，ページ番号を選択する位置を選択すれば良い．

図 2.2.24 箇条書き．

ヘッダー・フッター 手順

1．［挿入］タブ→［ヘッダー］または［フッター］または［ページ番号］を選択．

2．挿入したい要素を左クリック．

　○○（○○＝ヘッダー，フッター，ページ番号）を編集する場合は［○○の編集］を選択する．削除する場合は［○○の削除］を選択する．

　ページ番号を追加するのはフッターで設定する．そのほかのヘッダーやフッターは，作成する文書の様式に従って設定するとよい．

図 2.2. 25　ヘッダーの追加.

(3)　スタイル（ホームタブ）およびデザイン（デザインタブ）

　スタイルでは，文書の論理構造にあわせて書式
等を指定する．この教科書では，章は大きな文字・
目立つような書式となっていて，節はそれより小
さな書式になっている．教科書全体を通じてほぼ
同じ書式になっているが，スタイルは，ある定ま
った書式スタイルを指定する機能である．章節小
項目や図表番号などをスタイルで定義しておき，
適切なスタイルとすることで体裁を整えることが
できる．

　図2.2.26は［ホーム］タブの右側を示している.
スタイルを選択すると，［スタイル］　　　　が表
示される．スタイルを設定したい部分をドラッグ
（選択）しておき，設定したいスタイルを選択
すればよい.

図 2.2. 26　スタイル.

　デザインは文書全体の様式を一括で設定する機能である．通常は標準状態のまま文書作成を
する場合が多いが，見た目を意識した文書を作成する場合，文書全体の見た目を変更すること
が出来るので便利である．ただし，状況をふまえ，派手すぎないものを使った方が良いだろう.

　［デザイン］タブを選択すると，色の組み合わせを変更する［テーマ］と，スタイルのセッ
トを選択することが出来る.

(4)　参考資料（参考資料タブ）

参考文献を引用する際は，番号を付けて引用するが，参考資料は参考文献と引用番号を管理する機能である．

この機能では，脚注（各頁の下部に若干小さめの文字サイズで説明を加える）　AB¹脚注の挿入　や，文末への脚注　文末脚注の挿入　等がある．設定した脚注荷移動するには　AB¹次の脚注　を選択しよう．

参考文献を引用し付番するために使う引用文献を指定できる．引用文献の挿入や文献目録を使うことで，文献番号の管理を Word が行うため，文献の追加や削除に伴う番号の不一致を気にしなくても良くなる．文献目録に引用文献を追加してから，必要な箇所に引用すればよい．

図 2.2.27　　［参考資料］タブ．

(5)　印刷（ファイルタブ）

文書を印刷（出力）する場合に選択する．出力先（プリンタ）を変更する場合や，印刷オプション（例：一部のページだけ印刷する，複数ページを1ページに印刷する（1ページ／枚が標準），校閲結果を印刷しない等）を変更する場合以外は，［印刷］をクリックすれば良い．

印刷物の要件（例：配布物だがページ数が多いから両面印刷，2 in 1）に合うように設定を変更するとよい．

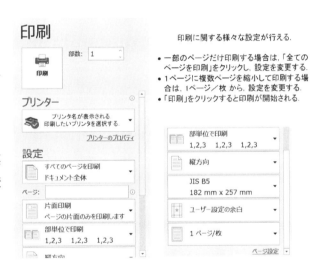

図 2.2.28　　［ファイル］→印刷．

(6)　その他の機能

差し込み印刷は，ある定まったフォーマットの文書に対し，外部ファイルを"差し込んで"印刷する機能である．封筒の宛名印刷など，定型フォーマットに従ってリストを印刷する場合に利用する．

校閲は，文書へのコメントなどを追加できる機能である．文書そのものには手を加えずに，修正箇所や査読コメントを埋め込むことが出来る．多人数で文書を作成する場合や，校閲者に文書を校閲してもらうときに利用する．

2.2.5　課題

(1)　Word の基本的な機能の演習

以下の操作を行ってみよ.

1．Word で, 白紙の文書を作成する.

2．ページ設定を以下のように設定せよ.

　　　　用紙：A4 縦置き, 横書き　　　余白：上 35mm, 下 20mm, 右 20mm, 左 20mm

　　　　行数：40 行　　　フォント：MS P ゴシック

3．適当な文字例（数行程度）を入力し, 文字の修飾を行え. 修飾する範囲をドラッグで選択し, 加飾すること.

　　　　修飾1：太字, 斜体, 下線

　　　　修飾2：フォントをゴシック体（MS ゴシック等）, 文字色を赤

修飾3：フォントサイズを14ポイント, 取り消し線

4．3 行×4 列の表, 5 行×2 列の表を作成せよ.

5．Excel で作成した表とグラフを, それぞれ Word に貼り付けよ. 貼り付け方法は, そのまま貼り付ける方法と, 形式を選択して貼り付ける方法がある.

6．以下の数式を入力せよ. インク数式でもよいし, それ以外の入力方法でも良い.

　　　数式1　$\sqrt{(x_2 - x_1)^2 + (y_2 - y_1)^2 + (z_2 - z_1)^2}$

　　　数式2　$\begin{pmatrix} a_{11} & a_{12} & a_{13} \\ a_{21} & a_{22} & a_{23} \\ a_{31} & a_{32} & a_{33} \end{pmatrix} = a_{11} \begin{pmatrix} a_{22} & a_{23} \\ a_{32} & a_{33} \end{pmatrix} + a_{21} \begin{pmatrix} a_{12} & a_{13} \\ a_{32} & a_{33} \end{pmatrix} + a_{31} \begin{pmatrix} a_{12} & a_{13} \\ a_{22} & a_{23} \end{pmatrix}$

　　　数式3　$\frac{u_i^{n+1} - u_i^n}{dt} = D \frac{u_{i-1}^n - 2u_i^n + u_{i+1}^n}{\partial x^2}, \ i = 0,1,\cdots,N, \ n = 0,1,\cdots$

7．作成したファイルに, 名前をつけて保存せよ.

8．上書き保存せよ.

9．USB フラッシュメモリ等, 場所を指定しかつ（別の）名前を付けて保存せよ.

10．保存したファイルを, Word から開いてみよ. 方法は複数ある.

(2)　簡単な文書（画像入り）

　Word を使って次ページ図 2.2.29 のような簡単な案内文を作成してみる. 研究室での懇親会の案内である.

　Word を立ち上げ, 新規→白紙の文書を選択する. 次に, 文書の体裁を整えるため, 以下の設定を行うこと.

　　　［ページ設定］　ページ設定ダイアログで設定する.

　　　　文字数と行数　方向：横書き　　行数：42 行　　フォントは標準のままで良い

　　　　余白　上：35mm　下：20mm　右：20mm　左：20mm

　　　　用紙　A4

懇親会の会場は空欄となっている. 各自検索し, 好みの店を追記して欲しい.

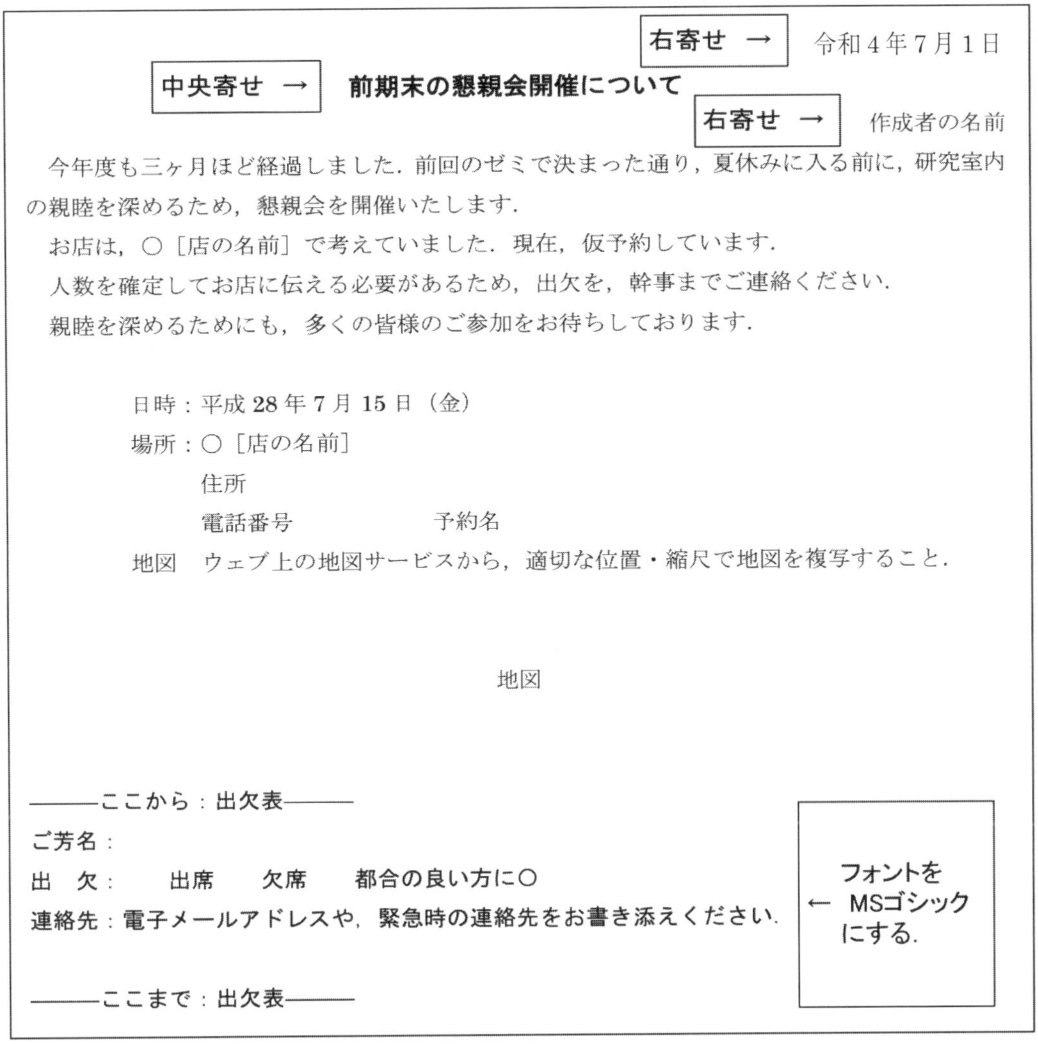

中央寄せ → **前期末の懇親会開催について**

右寄せ → 令和 4 年 7 月 1 日

右寄せ → 作成者の名前

　今年度も三ヶ月ほど経過しました．前回のゼミで決まった通り，夏休みに入る前に，研究室内の親睦を深めるため，懇親会を開催いたします．

　お店は，○［店の名前］で考えていました．現在，仮予約しています．

　人数を確定してお店に伝える必要があるため，出欠を，幹事までご連絡ください．

　親睦を深めるためにも，多くの皆様のご参加をお待ちしております．

　　　　　日時：平成 28 年 7 月 15 日（金）

　　　　　場所：○［店の名前］

　　　　　　　　住所

　　　　　　　　電話番号　　　　　　　予約名

　　　　　地図　　ウェブ上の地図サービスから，適切な位置・縮尺で地図を複写すること．

　　　　　　　　　　　　　　地図

————ここから：出欠表————

ご芳名：

出　欠：　　出席　　欠席　　都合の良い方に○

連絡先：電子メールアドレスや，緊急時の連絡先をお書き添えください．

フォントを
← MSゴシック
にする．

————ここまで：出欠表————

図 2.2. 29　簡単な文書（画像入り）．お店は検索して貼り付けること．

(3)　表組みおよび作図機能等を使った文書

　集計結果や計画などをわかりやすく示すために，情報を整理した表で表すことが多い．Word の作表機能を使った文書を作ってみよう．文書の例として，実験レポートを想定した文書とした．作成に用いるデータと文書は，次ページの表 2.2.2 および図 2.2.30 および図 2.2.31 を参照してほしい．文書の体裁を整えること，必要なデータを見やすく掲載すること，構成が論理的であること，参考文献が引用してあること，に留意して欲しい．

　なお，Word ではなく Excel で表を作成しておき Word に貼り付ける方法もあるが，本節では，Word に慣れるためにも Word の作表機能を使うこと．

注意　演習問題用の文面であるため，厳密な記述ではない点に注意して欲しい．

実験データ　値の例をいくつか示している．どれかを用いて文書を完成させること．

表 2.2.2　文章作成用の実験データの値の例．実測値ではない（演習用の値）．

データ1	重さ	0	10	20	30	40	50
	伸び	0	5	11	18	26	34
データ2	重さ	0	10	20	30	40	50
	伸び	0	9.61	17.4	25.5	35	43.4
データ3	重さ	0	10	20	30	40	50
	伸び	0	10.7	21.6	31.9	42.7	52

［表紙］　A4, 縦置き．1ページ目に, 以下の内容を記載する．
　　　　　文字の修飾, 中央寄せ, フォント指定等をうまく用いて, バランス良く仕上げること．

基礎実験入門1　レポート
<u>1A. フックの法則</u>

実験日時：令和 xx 年 yy 月 zz 日　　（講義時間またはコマ数）

レポート提出日：令和 XX 年 YY 月 ZZ 日

共同実験者：（学籍番号）（氏名）　　　（学籍番号）（氏名）

　　　　　　（学籍番号）（氏名）

　　　　　<u>（自分の学生番号）　　（自分の氏名）</u>

図 2.2.30　レポートの表紙（例）．文字の位置揃えやフォントサイズを適切に設定しよう．

［本文］　文書の2ページ目から本文を記載する．
　　　　　この記述内容はレポートとしては十分ではない．
　　　　　章のタイトルや, 図・表のキャプション（説明文）は, 適当な書式とすること．
　　　　　表, 図については, 各自修正を加えてもよい．
　　　　　なお, タイトルと本文を改ページせずに, 続けて記述する場合もある．

1．目的

　弾性体は, 荷重を加えると変形を起こす．加える荷重が限界を超えるまでは, 加えていた荷重を除荷すると元の形状に戻る性質がある．即ち, ばねの伸びと弾性限度以下の荷重は正比例するという近似的な法則であるフックの法則（Hooke's law）または弾性の法則が成り立つ．

　本実験では, ばねに荷重を加え, フックの法則が成り立つか検証する．

> 章は，[ホーム]タブの[段落]から，段落番号を用いて作成するとよい．文字は太字にしている．

2．原理

　フックの法則（Hooke's law）または弾性の法則は，以下の式で表される[1], [2]．加えた加重に従って，ばねの伸びる長さが決まる．

$$F = kx \tag{1}$$

> 数式を使うか，文字を斜体にすること．

　F：弾性力の大きさ [N]．

　k：ばね定数 [N/m]．個々のばねに固有の値．

　x：ばねの伸び（または縮み）[m]．

3．実験方法

　ばねを垂直な状態で固定する．ばねの先端部におもりをつるし，ばねの伸びを計測する．1回計測するごとにおもりを取り除き，おもりによって伸びたばねの長さが元にもとるまで待つ．長さが初期値に戻ったことを確認してから，次のおもりをつり下げ，ばねの長さを計測する．おもりは，0g（初期状態）から50gまで，10g刻みで計測を行う．

　図1に，実験装置の概要図を示す．

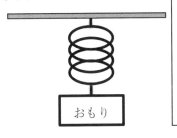

> 実験装置の模式図．作図機能で，適当なパーツを組み合わせて作成すること．
> 　上　四角，塗りつぶし
> 　　　線
> 　　　丸を4つ
> 　　　線
> 　下　四角のなかに文字

図1　実験装置の概要．

4．実験結果

　表1に計測された結果を，図2に計測結果のグラフを示す．

表1　おもりによるばねの伸び．

おもりの重さ[g]	ばねの伸び[mm]	おもりの重さ[g]	ばねの伸び[mm]	おもりの重さ[g]	ばねの伸び[mm]
0.0		20.0		40.0	
10.0		30.0		50.0	

> (2)の冒頭にあるデータのどれかを表の空欄に入れること（他のデータでも良い）．また，荷重とばねの伸びのグラフをExcelで作成し，貼り付けること．考察の文面に合わせるためには，Excelで近似曲線を引く必要がある．

図2　ばねの伸びのグラフ．

5．考察

　表 1 および図 2 から，おもりの重さが増すに従ってばねの伸びが増えていることがわかる．図 2 では，測定値についての近似直線も記した．この結果から，ばねに加えられたおもりの重さとばねの伸び（長さ）は比例関係にあり，フックの法則が成り立っていると示唆される．

　弾性限界を超えた場合はフックの法則が成立しないことが知られている[2]が，この実験で用いた加重では重さが十分ではなかったため，確認できていない．

6．まとめ

　弾性体におけるフックの法則について，ばねとおもりで実験を行った．おもりの重さとばねの伸びの関係から，おもりの重さとばねの伸びは比例関係があることが示された．

　弾性限界以上の場合の振る舞いを調べること，また，ほかのばね（巻き数が異なるばねや，材料が異なるばね）でも調査すること，他の条件下（高温条件下など）で追加実験を行うと，より理解が深まると考えられる．

参考文献

[1] 基礎実験入門テキスト編纂委員会，「基礎実験入門」実験テキスト，○○大学，2010.
[2] 長倉三郎ら編集，岩波 理化学辞典，岩波書店，第 5 版，1998.

図 2.2. 31　レポート本文（例）.

(4)　チラシなどの DTP 文書

　簡易な DTP（DeskTop Publishing）を Word で行うことも多い．これまでに紹介している機能以外にも，ワードアートなど，より見栄えをよくするための機能が用意されている．

　新聞などへの折り込み広告やチラシを参考にしつつ，Word の様々な機能を使って，同等のものを作成してみよう．ポスターなどでよく見かけるグラデーションのかかった文字は，フォントを変更するだけではなく，ワードアートや様々な文字の効果と体裁等を駆使して作成すると良い．本格的なデザインソフトほどではないが，見栄えのする文書を作成できるはずである．ただし，凝ったデザインのものは，Word で作成するのは難しいので，本演習課題には適さない．

　ポスター的な文書の例を図 2.2.32 に示す．Word で，この文書を作成してみよう．

備考　CSIRT＝Computer Security Incident Response Team の略. 情報セキュリティに関する緊急対応チームのことを指す.

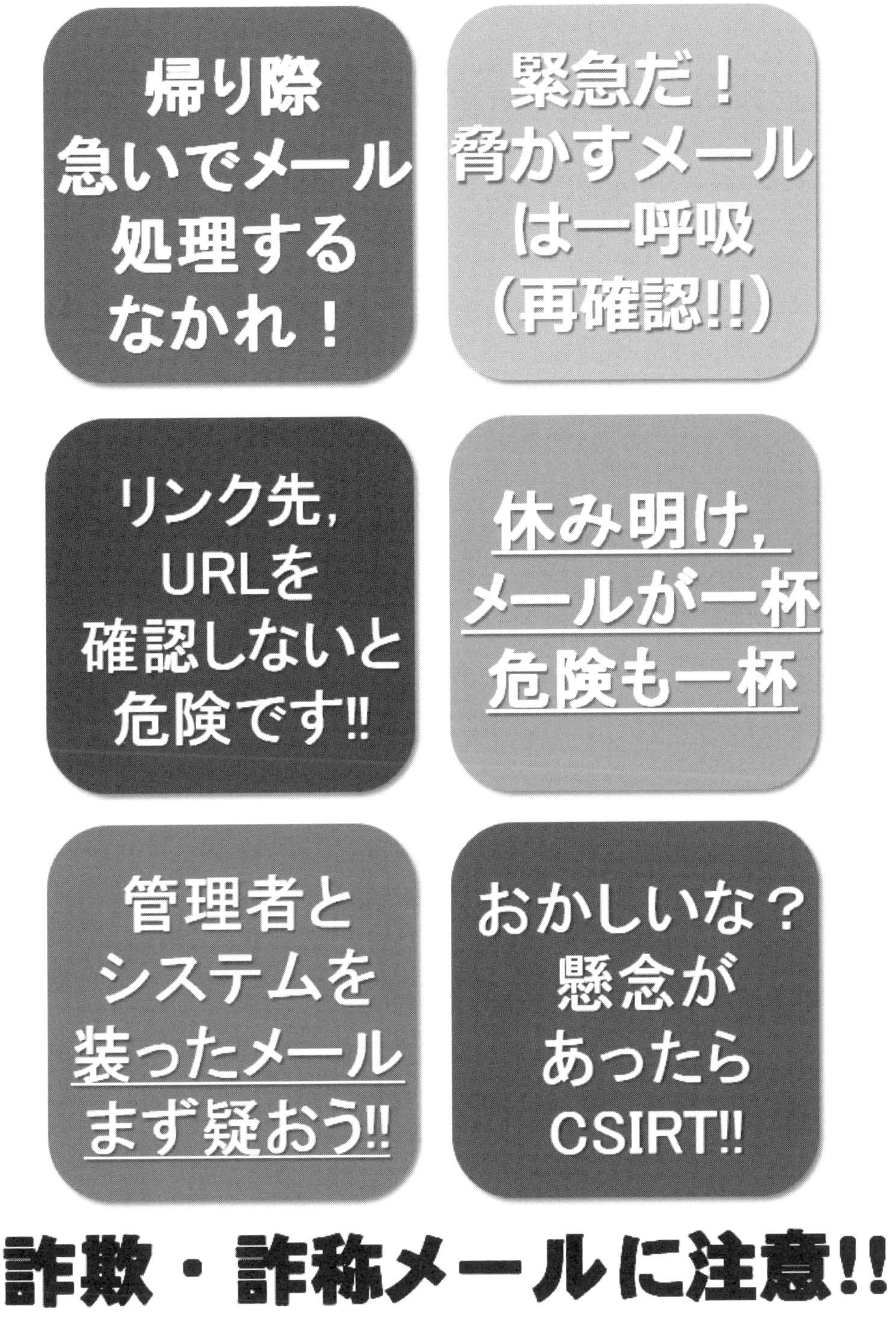

図 2.2. 32　情報セキュリティの周知のポスター（例）.

ワンポイント：オートシェイプの活用

　Word, Excel, PowerPoint のいずれでも，四角形や線などのさまざまなオートシェイプ（図形）を活用して装置図，実験図などを描くことができる．

　ここでは例として，三脚台，ガスバーナー，ビーカーからなる実験図を作成する手順を紹介する．

（1）三脚台を描く

　　（a）［挿入タブ］の［図形］から四角形の正方形/長方形を選択し，マウスの左クリックを押したまま大きさを決定する．

　　（b）次に脚の部分を描く．線の直線を選択し，脚を二本描く．

　　（c）最後にオブジェクトの選択をクリックし，三脚全体（四角形×１，直線×２）を選択した後，右クリックを押しグループ化を選ぶ．

（2）ガスバーナーを描く

　　（a）四角形の正方形/長方形を選択し，縦長の長方形を描く．

　　（b）基本図形の台形を選択し，1.の長方形と重なるように描く．

　　（c）四角形の正方形/長方形を選択し，横長の長方形を１個描く．

① 図形を右クリックで表示されるメニュー下部に，図形の書式設定がある

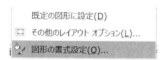

② Word右側に 図形の書式設定 が表示される．様々な設定ができる

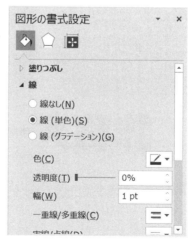

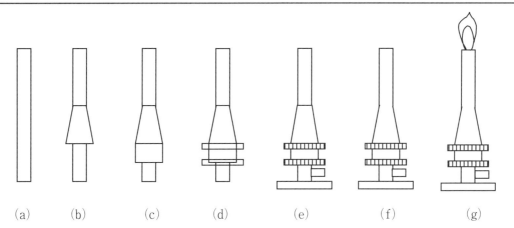

(a) (b) (c) (d) (e) (f) (g)

(d) 四角形の正方形/長方形を選択し，横長の長方形を2個描く．図形を右クリックし［図形の書式設定］を選択する．Wordの右側に表示されたメニューから，左側で［塗りつぶし］を，右側で［塗りつぶし（パターン）］を指定し，表示されたパターンの中から縦線を選択する．

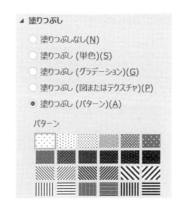

(e) 四角形の正方形/長方形を選択し，横長の長方形を2個描く．

(f) 四角形の正方形/長方形を選択し，四角形を描く．図形を右クリックし塗りつぶしの色を白に，線の色を線なしにする．そして，台形の上底が消えるように白の四角形を重ねる．

(g) 図形の フリーハンド・フリーフォーム を選択し，炎を描く．

(h) 最後にオブジェクトの選択をクリック（必要なオブイジェクトを全て選択）し，ガスバーナー全体を選択した後，右クリックを押しグループ化を選ぶ．

(3) ビーカーを描く

(a) 線の直線を選択し，ビーカーの側面を二本描く．

(b) 挿入→図形の右大かっこを選択し，ビーカーの底の部分を描く．図形を選択し，図形の上部 が表示されている状態で図形を回転させる．回転させるアイコンの上にマウスカーソルを持って行くとアイコンが変わるので，図形を回転させる．

(c) 基本図形の円弧を選択し，ビーカーの上部を2箇所描く．

（d）線の直線を選択し，ビーカーに入っている溶液の液面を描く．

（e）最後にオブジェクトの選択をクリックし，ビーカー全体を選択した後，右クリックしグループ化を選ぶ．

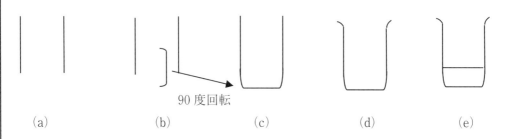

④　各器具を配置する．

今までに描いた器具を配置して，実験図が完成する．

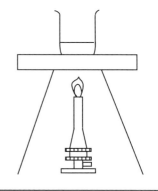

このように，

・　［挿入］→［図形］で用意されている図形

・　図形の書式設定，回転などを使う

ことで，必要な図形を作成することが出来る．

2.3 プレゼンテーション(PowerPoint)

2.3.1 何ができるか？

　研究発表や製品紹介などの発表（プレゼンテーション）を行うとき，視覚に訴える写真やグラフなどがあれば説明しやすい．Microsoft 社の PowerPoint を使うと，さまざまな情報を含むスライドを作成し，スライドショーとしてスクリーンに投影することができる．また，PowerPoint のスライドを配付資料として活用することもできる．

　本節では，PowerPoint を用いた発表資料の作成とプレゼンテーションの概要を説明する．

2.3.2 基本操作

(1) 基本画面

　PowerPoint を立ち上げると，図 2.3.1 の左図が表示される（設定によっては，表示されないこともある）．そこで，「新しいプレゼンテーション」を選ぶと，右図のような画面が表示される．PowerPoint では，①のスライドペインで各スライドを編集し，②のサムネイルペインでスライドの順番の確認・入替え・追加などを行うことで，発表用のスライドを作成していく．各スライドの編集では，後述するテキストボックスを利用したり，グラフや写真などを挿入したりする（これらは，オブジェクトと呼ばれる）．

　最初はタイトルのスライドが表示されている．スライドペインの「クリックしてタイトルを入力」と書かれたところをクリックし，プレゼンテーションのタイトルを入力する．サブタイトルには，自分の所属・名前などを入力する．

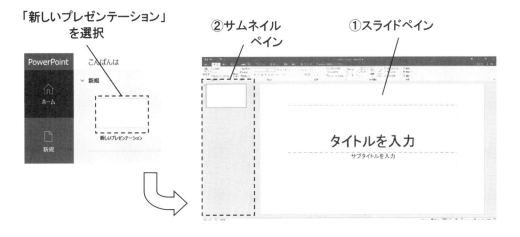

図 2.3.1　PowerPoint の基本画面

　次に，2 枚目のスライドを挿入するために，[ホーム]タブの[新しいスライド]ボタンの上半分（図 2.3.2 参照）をクリックする．新しいスライドが挿入され，サムネイルペインには 2 枚のスライドが表示される．そして，現在スライドペインに表示されている 2 枚目がハイライトされている．スライドのタイトルを上のボックスに入れ，その下に文字や図表などを入力する．他のスライドに移動するには，サムネイルペインのスライドをクリックする．このように，PowerPoint ではスライド単位で編集を行う．

図 2.3.2　新しいスライドの追加

　PowerPoint には，いくつかの表示モードがあり，[表示]タブのボタンで切り替えができる（図 2.3.3 ①〜④）．

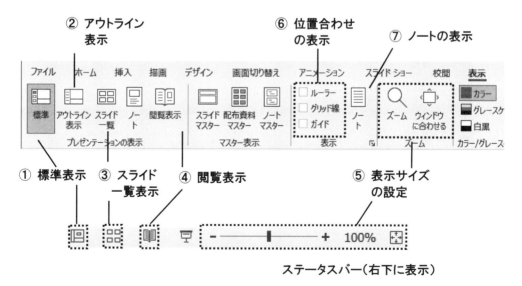

図 2.3.3　画面表示に関する項目：表示タブとステータスバー

　最初は，「標準表示」モード（図 2.3.4）になっており，左にスライドが縮小表示され，右には編集中のスライドが表示される．通常はこのモードでスライドを作成していく．

図 2.3.4　　「標準表示」モード

　「アウトライン表示」モードでは，図 2.3.5 のように，左に各スライドのタイトルやスライドに入力されたテキストが表示される（PowerPoint では，これをアウトラインと呼んでいる）．アウトラインのテキストは，キーボードから入力ができる．このテキストは階層構造になっており，「レベル」で表現されている．レベルが一番上のものが各スライドのタイトルとなり，その下のレベルのテキストがスライド内に表示される．レベルはテキスト上で右クリックして行うこともできるが，[Tab キー]でレベル下げ，[Shift+Tab キー]でレベル上げをした方が効率的である．

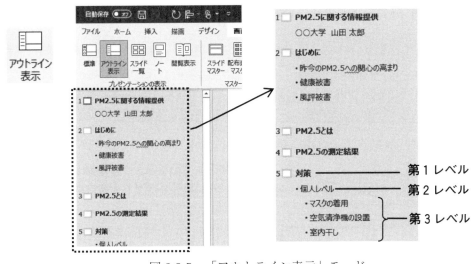

図 2.3.5　　「アウトライン表示」モード

　スライド一覧表示では，全スライドの縮小版が表示される（図 2.3.6）．目的のスライドが見つけやすく，発表後の質問に答える際に重宝する．

図 2.3.6　　「スライド一覧表示」モード

　その他，「閲覧表示」モードではスライドが一枚ずつ表示され，実際のプレゼンテーションに近い状況でスライドを確認できる（クリックで一枚ずつスライドを進めることができ，中止はEsc キーで行う）．また，「ノート」モードでは，画面の下半分にノートというメモ書きのスペースが表示される．なお，「標準」モードにおいても，図 2.3.3 の「⑦ノートの表示」でスライド下に表示させることができるが，「ノート」モードでは Word の様に各文字のフォント（下付，上付きも含め）や文字色なども設定できる．

(2)　スライドのデザイン

　スライドの全体的なデザインの設定は，[デザイン]タブで行う．始めに，スライドのサイズを設定しておく（図2.3.7，図2.3.8）．会場のプロジェクタの仕様やスクリーンの形状に合わせて設定すれば良いのであるが，作成時点ではわからないことも多い．執筆時点では「16:9」のプロジェクターやスクリーンが一般的となっている（デフォルトも「16:9」）．

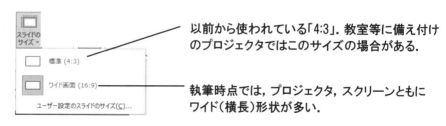

図 2.3.7　スライドのサイズ（縦横比）の設定

標準(4:3)　　　　　　　　　　　　　　　　　　　ワイド画面(16:9)

図 2.3.8　スライドのサイズ（縦横比）の違い

　スライドの背景やフォントなどの組合せを，PowerPoint では「テーマ」と呼ぶ．テーマの適用も，[デザイン]タブで行う（図 2.3.9）．テーマを適切に使うことで，見栄えの良いスライドを作成することができる．プロジェクタやスクリーンなどの画面上では，「濃い背景に薄い文字色」のような配色が見やすいと言われている．ただし，カラー印刷の配付資料にする場合，濃い背景ではトナーやインクの消費量が多くなるので注意する．なお，[表示]タブの[スライドマスター□]を使うと，オリジナルのロゴ等が入ったテンプレートが作成でき，全てのスライドに反映することができる．

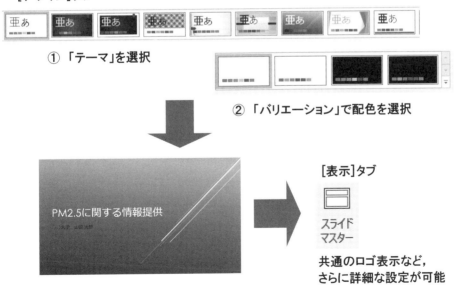

図 2. 3.9　スライドのデザインの設定

(3)　オブジェクトの作成と挿入

● スライド上に文字や図形を書く

　スライド上に図形や文字を自由に配置するには，[挿入]タブの[図形 ○]ボタンを使う．この中で，スライドに文字を入れる[テキストボックス A]は最もよく使われる（図 2.3.10 ①）．フォントの変更は，[ホーム]タブの[フォント]グループなどで行うことができる（図 2.3.10 ②）．また，図形を選択した状態で表示される[図形の書式]タブの[図形の塗りつぶし 図形の塗りつぶし]と[図形の枠線 図形の枠線]で，枠内の塗りつぶしと枠線を設定したり，[図形のスタイル]からあらかじめ決められた組合せを選択したりすることが可能である．

　同じく[挿入]タブの[図形]ボタンの中から，[角丸四角形 □]を選び，スライド上でクリックアンドドラッグをすることで，図 2.3.10 ③ような図形が描ける．また，描いた図形を選択して，キーボードから文字を入力すると，テキストが入力される．その他，[円/楕円 ○]，[右矢印 ⇨]など，いろいろな図形を描くことができる（図 2.3.10 ④）．また，[図形]ボタンの[直線 ＼]で直線，[矢印 ＼]で矢印を引くことができる（始点から終点へクリックアンドドラッグ）．ただし，この[直線]と[矢印]は図形どうしを結ぶ「コネクタ」であり，時に自動的に始点/終点が変更されてしまうため，使い勝手が良くない場合がある．そのような時は，[図形]ボタンの[フリーフォーム △]を使う（図 2.3.10 ⑤）．このツールで直線を引くには，始点と終点で左クリックした後，[Esc キー]を押す．また，Esc キーを押さずに連続して左クリックすると，折れ線を引くことができる（[Shift キー]を押しながらクリックすると，水平や垂直な線が引ける）．線種や色などを変えるには，[図形の枠線 図形の枠線]を使う．配置したオブジェクトを回転させたい場合は，オブジェクトの上に表示される ⟳ をクリックして回転させるか，[書式]タブの[回転 ⟳ 回転]を利用する．

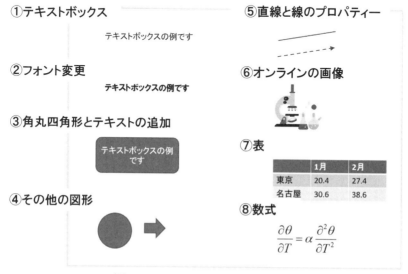

図 2.3.10　いろいろなオブジェクトの挿入

[挿入]タブの[SmartArt📁]では，さまざまな種類の「リスト」や「流れ図」などが用意されている（図2.3.11）.

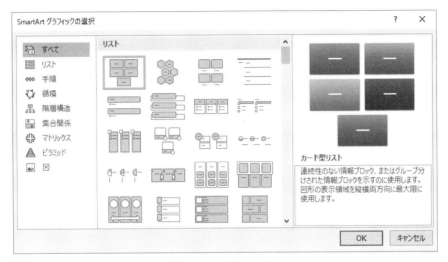

図2.3.11　SmartArt

●その他のオブジェクトを挿入する（画像，グラフ，他ウィンドウ，表，数式）

　スライドに画像を挿入する場合，[挿入]タブの[画像🖼]グループを使う（図2.3.12）. パソコンに保存されている画像ファイルを挿入するには[このデバイス🖼]を使う. また，Web上のデータベースからキーワード検索で図を挿入するには[ストック画像🔍]，または，[オンライン画像🖼]を使う（図2.3.10 ⑥は，[ストック画像🔍]から挿入したもの）. キーワードで検索し，使用したい画像があったらチェックを入れ，挿入ボタンでスライドに挿入ができる. ただし，[オンライン画像🖼]はライセンスを確認してから使うこと（写真の挿入後，下に画像のURLやライセンス情報が表示されるので，それを確認して必要な表示を入れる）. [ストック画像🔍]なら著作権フリーなので，著作権表示なしで自由に使える（ただし，種類は限られる）. なお，動画の挿入は，[挿入]タブ内の[メディア]グループの[ビデオ▢]ボタンで行う.

　その他，Excelなどで作成したグラフなどをクリップボードにコピーし，スライド上に貼り付けることもできる（[ホーム]タブの[貼り付け📋]や[Ctrl+V キー]など）.

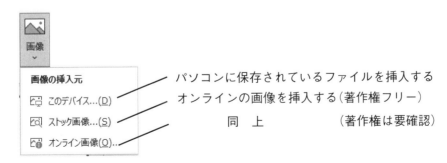

図2.3.12　画像の挿入

　オブジェクトの大きさの調整は選択した状態で端の○をクリックアンドドラッグするか，より正確な大きさを指定するには[書式]タブの[サイズ]グループにある[高さ]と[幅]の値を変更する．また，余計な端部分の切り落しには，[トリミング 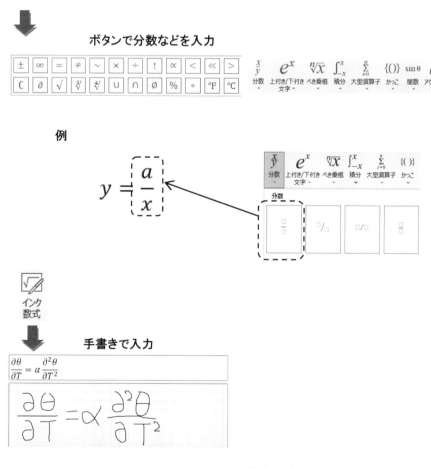]を使う．

　ブラウザ上の Web ページのように，他のウィンドウに表示されている内容を画像として切り取って挿入するには，[挿入]タブの[スクリーンショット]を押し，表示されたウィンドウの中から選択する．このとき，[画像の領域 画面の領域(C)]を選択すると，直前に表示されていたウィンドウの一部を切り取って挿入することができる．

　図 2.3.10 ⑦のような表の挿入は，[挿入]タブの[表]で行う．また，図 2.3.10 ⑧の様な数式を挿入するには，[挿入]タブの[数式の挿入 π]を選ぶ（図 2.3.13）．キーボードやボタンを使って数式を作成できるほか，[インク数式]で手書きでの入力も可能である．

図 2.3.13　数式の挿入

●オブジェクトの配置

　スライドにテキストボックスや画像などを多数配置すると，選択しづらくなったり，配置が不揃いになったりする．その様なとき，テキストボックスなどを選択した状態で，[ホーム]タブの[配置 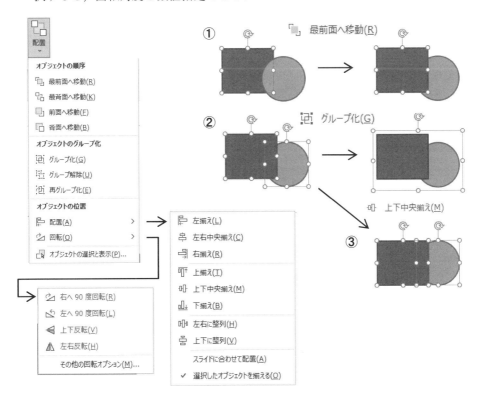]ボタンのメニューを利用する（図 2.3.14）．以下に，各操作の概要を示す．

- [オブジェクトの順序]グループの[最前面へ移動]などは，オブジェクトの重なりの順序を変更するために使う（図 2.3.14 ①）．
- [オブジェクトのグループ化]グループの[グループ化]を行うと，複数のオブジェクトを一つのオブジェクトのように扱うことができ，移動の際にも位置関係などが変化しない（図 2.3.14 ②）．複数のオブジェクトの選択は，Shift キー（または Ctrl キー）を押しながら順次クリックするか，選択したい図形を囲むように左クリックしながらドラッグする．
- [配置]をクリックして表示される[左揃え]などは，オブジェクトを整然と配置するために使用する（図 2.3.14 ③）．
- [回転]をクリックして表示される[右へ 90 度回転]などで，オブジェクトの回転と反転ができる．図形の上に表示される を選択して回転させることもできるが，決まった角度であればこれらのボタンを使った方が正確である．なお，[その他の回転オプション]を選択すると，回転角度を数値指定できる．

図 2.3.14　オブジェクトの配置に関する操作

(4)　アニメーション

　アニメーション機能を使うと，発表時に説明と合わせてテキストボックスを表示するなど，動きのあるスライドを簡単に作ることができる．[アニメーション]タブには，その設定に関するボタンがまとめられている．

　例えば，図 2.3.15 の上のような自動車の必須機能と付加機能のスライドを作成し，その中の付加機能に関する項目は話に合わせて徐々にアニメーション表示するものとする．そのためには，アニメーションを設定するオブジェクトを選択し，[アニメーション]タブの[アピール✷]，[フェード ✦]などの中から「効果」を選ぶ．設定の状況は[アニメーションウィンドウ ⊪アニメーション ウィンドウ]を押しておくと確認でき，そこで修正もできる．そして，設定が終わったら，[プレビュー☆]で動作を確認する（あるいは，後述のスライドショーを使う）．なお，複数のオブジェクトに一度に設定を行うには，[Shift キー]（または，[Ctrl キー]）を押しながら複数のオブジェクトを選択して，効果を設定する．このように，アニメーションを使うと簡単に動きのあるスライドを作成できるが，使いすぎは逆効果となるので注意した方が良い．

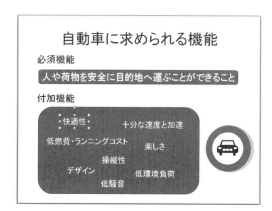

①オブジェクトをクリック

②[アニメーション]タブ
　で効果を設定

③同様に，他の
　オブジェクトも設定

④[アニメーション]タブの
　[プレビュー]をクリック

⑤発表時の動作がわかる

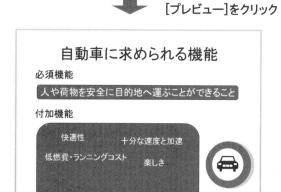

図 2.3.15　アニメーションの設定

(5)　スライドの仕上げ

スライドには番号を付けておこう．スライド番号が付いていると，プレゼンテーションの最後の質疑応答において聴講者が質問しやすくなるし，配付資料でもスライドの順番がわかりやすくなる．[挿入]タブの[ヘッダーとフッター📄]ボタンを押すとダイアログボックスが表示される（図 2.3.16）．[スライド]タブにある[スライド番号]にチェックを入れて，さらに[タイトルスライドに表示しない]にもチェックし，[すべてに適用]ボタンを押す．そうすると，1枚目以外のスライドにスライド番号が追加される．

スライド番号の書式は各スライドで直接編集できるが，[表示]タブの[スライドマスター▭]でスライドマスターを表示させ，「<#>」と書かれた箇所で設定すると一括で設定できる．なお，書式などを変更しても反映されない場合は，一度[スライド番号]のチェックを外して[すべてに適用]ボタンを押し，改めて[スライド番号]のチェックを付けて[すべてに適用]すると反映される．

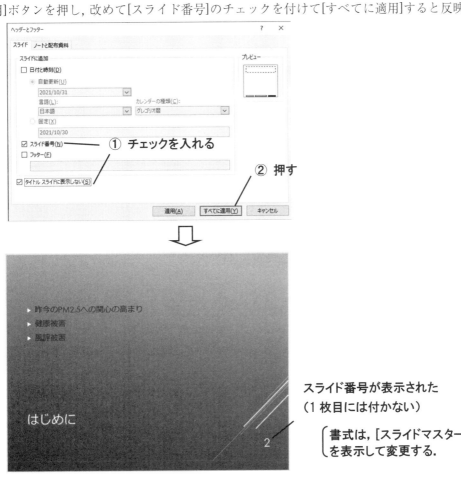

図 2.3.16　スライド番号の追加

2.3.3　発表

(1)　配付資料の作成

　聞き手に配る配付資料の印刷は，[ファイル]タブの[印刷]で行う（図 2.3.17）．スライドのレイアウトとして，用紙 1 枚当たり[1 スライド]，[2 スライド]，[3 スライド]などから選ぶことができ，画面の右半分には印刷のプレビューが表示される．なお，[3 スライド]を選んだ場合だけ，メモ欄の付いた配付資料が印刷される．配付資料の体裁は，[表示]タブの[配布資料マスター 🔳]で変更できる（日付表示の有無，配付資料のページ番号など）．

　スライドをデータとして配布する場合は，PDF ファイルに変換すると良い．PDF ファイルは，無料のビューワーなどを使って誰でも見られる．その上，一般にファイルサイズが小さくなり，パソコンやタブレットなどの種類によってレイアウトが異なるといった問題も起こりにくい．変換をするには，[ファイル]タブの[名前を付けて保存]を選び，[ファイルの種類]として[PDF(*.pdf)]を選ぶか，[ファイル]タブの[エクスポート]から[PDF/XPS ドキュメントの作成]を選択し，ファイル名を付けて保存する．なお，一旦 1 ページ 1 スライドの PDF ファイルにし，PDFの印刷時に複数ページを一枚の用紙に配置して印刷する方法もある（この方法の方が，余計な余白が入らないなど，融通が利く場合がある）．

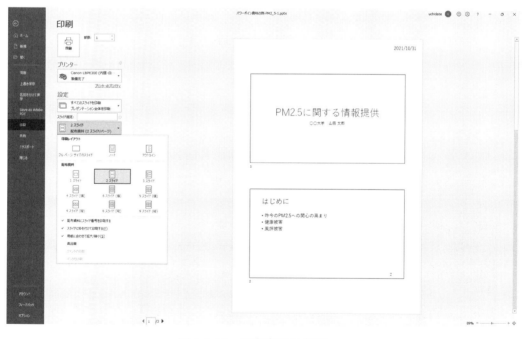

図 2.3.17　配布資料の印刷

(2) スライドショーの実行

　実際の発表やそのリハーサルでスライドを順次表示していく「スライドショー」は，[スライドショー]タブで行う．図 2.3.18 ①の[最初から 🖳]をクリックする（または，[F5 キー]を押す）と，1 枚目から各スライドが全画面表示され，[右矢印キー]などで次のスライドへ移動する（図2.3.18 の「スライドショー実行中の操作」を参照）．前のスライドへ移動するには，[左矢印キー]などを使う．スライドショーの中断は，[Esc キー]などで行う．途中のスライドから再開するには，図 2.3.18 ②の[現在のスライドから 🖳]（または，[Shift＋F5 キー]）を押す．スライドショーの最中に，スライド上でマウスを動かすと，画面左下にメニューが（薄く）表示されるので，そこから操作をすることもできる．状況によってはマウスが反応しないこともあるので，キーボードからの操作を覚えておいた方が良い．

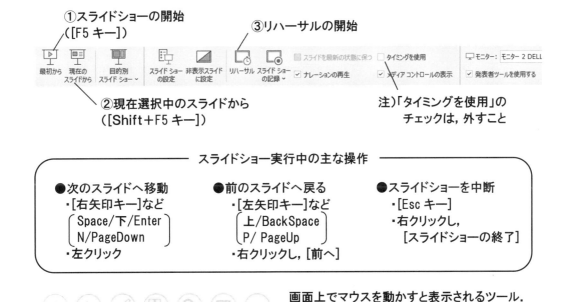

図 2.3.18　スライドショーの関連の操作

　発表の所要時間を確認しながらリハーサルをするには，各自のストップウォッチなどを使うか，[リハーサル 🖳]を押す（図 2.3.18 ③）．リハーサルを終了すると，所要時間が表示され，タイミングの記録と使用について聞かれる．ここでは[いいえ]を選ぶこと．もし，[はい]を選んでしまったら，[スライド]タブの[タイミングを使用]のチェックを外す．[タイミングを使用]がチェックされていると，スライドショーでリハーサル時のタイミングで自動的にスライドが切り替わってしまい，話とスライドが合わなくなってしまう．発表の最中に勝手にスライドが切り替わってしまう場合は，一度スライドショーを終了し，[タイミングを使用]のチェックが入っていないか確認しよう（発表会でそのようなケースを時々目にする）．このトラブルを避けるためにも，執筆者はストップウォッチ使う方が良いと考えている．繰り返しになるが，[リハーサル 🖳]

を使ったら，発表開始前に[タイミングを使用]のチェックがついていないことを確認しよう．

　スライドショーにおいて，便利な機能がいくつか用意されているので紹介する．[スライドショー]タブの[発表者ツールを使用する]にチェックが入っていると，プロジェクタに写した際に，手元のパソコンには図 2.3.19 のような「発表者ビュー」が表示される．ただし，セカンドディスプレイの設定は，「拡張」にしておく（Windows 7 以降の PC なら，[Windows キー+P キー]でディスプレイの選択ができる．この操作は是非覚えておこう．）．プロジェクタに接続していない場合は，スライドショーの画面を右クリックし，[発表者ビュー]を選ぶと表示される（なお，前述の[リハーサル🔲]では表示できない）．「発表者ビュー」には次のスライドやアニメーションが表示されるので，スムーズな発表をしやすくなる．なお，各スライドに入れておいたノートも見ることができるが，ノートを見なくても発表が出来る様，練習はしっかり行おう．

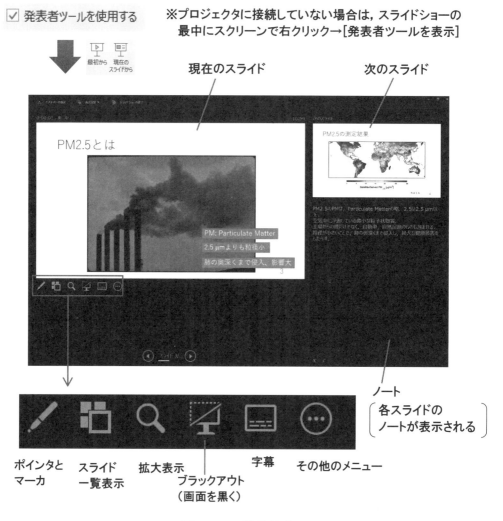

図 2.3.19　発表者ビュー

(3)　スライド作成と発表の心構え

●スライドの体裁：「見えない」「聞こえない」「わかりずらい」発表では，聞き手は早々に興味をなくしてしまう．そこで，スライドを作成する際には，「会場の最後列からでも文字が読め，図が見えること」に注意する．できればスライドが一通り完成した段階でスクリーンに投影して確認すると良いが，学会発表などで当日まで会場の様子がわからない場合，フォントは大きめとする（一般に，20ポイント以上）．スライドは，色とフォントに統一感を持たせてシンプルに仕上げたほうがセンスの良い印象を与える．また，アニメーションの使い過ぎはせわしない発表になってしまうため，特に強調したい箇所や説明がわかりやすくなる箇所でのみ活用する．

●スライドの内容：スライドを作成する際には，あらかじめ「言いたいこと」を明確にし，そのためにはどのように話を組み立てればよいかを考える．一般に，発表に与えられる時間は10〜15分程度であり，実験などで得られた知見をすべて説明することはできないため，「言いたいこと」を主張するために何が必要かを取捨選択し，発表の流れと準備すべきスライドを決める（この段階では，パソコンなどのICT機器を使うよりも，紙に手書きの方が良いと執筆者は思う）．この際，聞き手が誰かを意識し，必要に応じて用語解説を行うなどして，聞き手のほとんどが理解できるような説明を考える．話すことが多すぎて早口のせわしない発表になるよりは，限られたスライドでじっくり説明する方が良い印象を与える場合が多い．ただし，1つのスライドに情報を盛り込みすぎるのも良くないし，内容が浅すぎてもレベルが低いと見なされるので，バランスが重要となる．時間の都合で発表に組み込めなかった内容や，想定される質問への説明を補助スライドとして準備しておくと発表後の質疑応答で役立つので，最後のスライドの後に入れておこう（図2.3.20参照）．

●発表に臨む姿勢：スライドを使う発表において大切なことは，「スライドを説明するのではなく，自分の言いたいことを説明するために適宜スライドを使う」ことである．つまり，スライド中心ではなく，自分の主張を中心に話をするという姿勢である．発表に慣れない人や準備不足の場合は，どうしてもスクリーンばかりを見て，スライドの説明に終始しがちである．これでは，発表者の主張や気持ちが伝わりにくくなる．また，原稿を読み上げるような発表は，聞きにくく，準備不足の印象を与える．スライドが出来たことで安心せず，頭の中でスライドの内容を思い浮かべてリハーサルできる程度まで練習しよう．

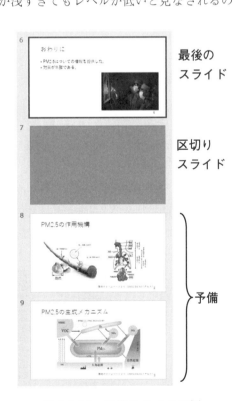

図 2.3.20　予備スライドの例

2. 4 数値解析（MATLAB®／Simulink）

2. 4. 1 ようこそ MATLAB へ

　MATLAB は，MATrix LABoratory を略したものであり，数値計算の中でも行列計算やベクトル演算，および得られた実験データのグラフ化やその 3 次元表示に優れ，対話型学習を可能とするインタプリタ型のプログラミング言語，開発環境としての機能を有する．近年では，iPhone，iPad (iPad touch)で動作するアプリ「MATLAB Mobile」も用意されている．

　MATLAB 登場の歴史は，1970 年代にニューメキシコ大学の Cleve Moler 氏が第 1 版を開発したことに始まる．Moler 氏は，学生が LINPACK や EISPACK といった Fortran ルーチンを学ばずに行列計算を可能となるよう，本ソフトを設計開発している．このアイデアはすぐに他の大学に広まるとともに，その商用的可能性があると判断した John N. Little がその開発を継続させるために MathWorks 社を 1984 年に設立した．その後，MATLAB は制御工学分野での研究開発で採用されたが，すぐに他の分野へと広まり，現在では教育にも使用され，特に線形代数や数値解析の講義に使用されるに至っている．

　このような背景のもと，岩手大学では全国の国公立総合大学として初めて 2016 年 9 月に MathWorks 社と MATLAB TAH ライセンス（包括ライセンス）契約を締結し，在籍する全ての学生・教職員が，非営利の研究活動，教育活動，課外活動などで MATLAB と Simulink，他 50 製品 を利用できるようになった．その後，2021 年 4 月より「Campus-Wide License」に変わり，MATLAB 全製品およびオンラインコースを在籍する教職員および学生が自由に利用できる環境を整備した．本節では MATLAB の一旦に触れるが，これをきっかけに今後の勉学やレポート作成におけるパワフルなツールとして MATLAB が積極的に利用されることを切に願う．なお，MATLAB オンライン学習や PC 等へのインストールには Mathworks アカウントが必要であり，発行手続きや PC へのインストール方法は情報基盤センターウェブサイト（利用案 内 → ソフトウェア → 数値解析ソフトウェア・技術計算言語（MATLAB）（https://isic.iwate-u.ac.jp/usersguide/soft/matlab/　学内限定）を参照されたい．

2. 4. 2 さっそく MATLAB を使ってみよう

　百聞は一見に如かず，早速起動してみよう．岩手大学のシステムでは，スタートメニュー：すべてのプログラム：MATLAB R2021a，あるいはデスクトップ上の MATLAB R2021a アイコンをダブルクリックすることで起動する．無事に起動すると次の画面が表示される．

図 2.4.1　MATLAB 起動中の画面（画面例は R2021a）

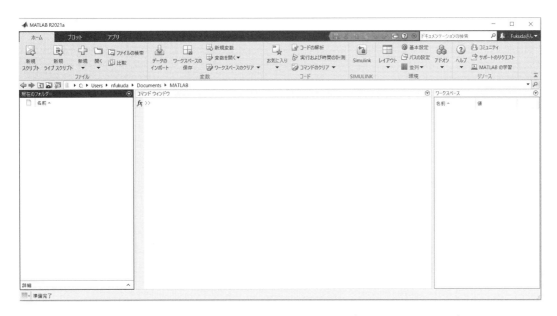

図 2.4.2　MATLAB 起動時のスタート画面（画面例は R2021a）

画面中央が「コマンドウィンドウ」と呼ばれるコマンド入力画面であり，基本的な使い方はこのウィンドウ中にキーボードから関数や数式を入力することで実施される．画面左側には「現在のフォルダー」と画面右側には「ワークスペース」があり，これらは使いながら説明する．

はじめに，MATLAB を計算機として使ってみよう．コマンドウィンドウ中の「>>」がこれから新たに入力されるコマンドが表示される．ここへ　1＋1（すべて半角）と入力しエンターキーを押してみよう．すると，コマンドウィンドウ中には次のような結果が表示される．

```
>> 1+1
ans =
    2
```

このとき，ワークスペースには「ans」という名称の行列，コマンド履歴には「1+1」がそれぞれ表示される．なお MATLAB では作成された変数はすべて行列として定義されるため，本稿でも変数は行列として取り扱うこととする．

さて，"コンピュータって電子計算機でしょ．1+1 が 2 なのは当たり前じゃないですか？"と思った学生諸君．いささか早計なので，もう少しお付き合いいただきたい．先ほどは四則演算の「和算（＋）」だったので，次は「減算」，「積算」，「徐算」の順に試してみる．なお，それぞれの計算に用いる記号は（－），（＊），（／）となる．

```
>> 10-3
ans =
    7
```

```
>> 3*3
ans =
    9
>> 10/3
ans =
    3.3333
>> 10/0
ans =
    Inf
```

　数学では「ゼロ」で割り算はできず，このルールは MATLAB でも適用され「ゼロ」での割り算は実行されずに「Inf」と結果が表示される．

　ここまででは MATLAB が本領を発揮したとは言えないため，少しレベルを上げよう．みなさんが日常生活において普段使う電卓では，括弧（　）が用いられた計算や，3 項以上からなる計算はできない．これに対し，MATLAB では多少難しい計算であっても，入力された通りの計算が実行できる．実際にコマンド入力欄に「1+2*3」と入力して実行してみると，

```
>> 1+2*3
ans =
    7
```

が得られる．同様に「(1+2)*3」と入力すると，

```
>> (1+2)*3
ans =
    9
```

が得られる．一見すると似ている計算であっても，括弧をつけることで計算手順が変わるため当然結果も変わる．MATLAB では括弧付計算や，3 項以上の計算も実に簡単に実行できることがわかるだろう．

2.4.3　行列の計算
2.4.3.1　行列の定義

　MATLAB ではすべての変数が行列として扱われると先に述べたが，具体的にはどういうことだろう．ここでは，数学的に難しいことは避けて，まずは次のように感覚的に理解して欲しい．

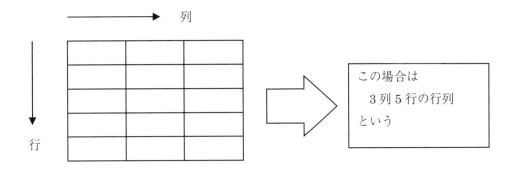

図 2.4.3 行列のイメージ.

行列では，各箱（Excel ならセル）に入力されている値を「成分」と呼び，大枠の箱の形が正方形なら「正方行列」と言う．行列は和・差・積の計算ができ，その計算練習を MATLAB で実施してみよう．

（問）正方行列 A,B について「A+B」，「A-B」を求める．

$$A = \begin{pmatrix} 5 & 6 \\ 7 & 8 \end{pmatrix}, \quad B = \begin{pmatrix} 1 & 2 \\ 3 & 4 \end{pmatrix}$$

まず，MATLAB 上で行列 A,B を定義する．書き方は次の通りとなる．

```
>> A=[5 6; 7 8]
A =
   5   6
   7   8
>> B=[1 2; 3 4]
B =
   1   2
   3   4
```

コマンドウィンドウには上記の結果が表示され，ワークスペースには下表が表示される．

表 2.4.1 ワークスペース中の表示（例）.

名前 △	値	最小値	最大値
⊞ A	[5,6;7,8]	5	8
⊞ B	[1,2;3,4]	1	4

　次にコマンドウィンドウ中に「A+B」,「A-B」をそれぞれ入力し実行する.

```
>> A+B
ans =
    6    8
   10   12
>> A-B
ans =
    4    4
    4    4
```

2.4.3.2　2元1次連立方程式を MATLAB で解いてみよう：つるかめ算に挑戦！

（問）鶴と亀が全部で 10 匹いますが, 足の数は全部で 28 本でした. このとき, 鶴と亀はそれ
　　　ぞれ何匹ずついたでしょうか？

いわゆる「つるかめ算」だが, この問題が出題されたとき小学校, 中学校ではそれぞれ解の導
き方が異なる. 小学校では,「まず全部が鶴だと仮定すると, 足が全部で 20 本だから 8 本余る.
この余りが亀の分だから 8 ÷ 2 で亀は 4 匹となり, 鶴は 1 0 － 4 で 6 匹のはず. 検算してみる
と, 6 × 2 ＋ 4 × 4 ＝ 2 8 となるので正解」と解説される. 中学生になると, 鶴を x 匹, 亀を y
匹とし,

$$\begin{cases} x+y=10 \\ 2x+4y=28 \end{cases}$$

と 2 元 1 次連立方程式を立式し, x, y について解く. 実は, MATLAB がもっとも得意とする
計算は連立方程式を解くような計算であり, 実際に MATLAB を使って連立方程式を解くこと
とする. 先ほどの連立方程式の x, y それぞれの係数, 右辺の整数項を次のように書き直す.

$$\begin{pmatrix} 1 & 1 \\ 2 & 4 \end{pmatrix} \begin{pmatrix} x \\ y \end{pmatrix} = \begin{pmatrix} 10 \\ 28 \end{pmatrix}$$

これは行列式と呼ばれ, MATLAB は行列式の計算が得意なソフトウェアである. さて, この式
の左辺の行列を A, 右辺を B とする.

$$A = \begin{pmatrix} 1 & 1 \\ 2 & 4 \end{pmatrix}, B = \begin{pmatrix} 10 \\ 28 \end{pmatrix}$$

後は左辺の行列 A で両辺の割り算を実施すれば計算終了・・・といきたい. ところが, 残念な
がら行列式の計算では「徐算」が許されておらず, これを達成するために「逆行列」とよばれ
る行列が導入される. 細かいことは抜きにしますが, 例えば, $2x-1=0$ を x について解くと
き, 定数項を右辺に移動して両辺を 2 で割ることで x を得る. これに対し, 行列式の計算では

「2 で割るのではなく，1/2 を両辺に掛ける」と考えることとする．行列 A に新たな行列 C を掛けることで係数が"1（行列式では単位行列といいます）"となるような行列 C を行列 A の逆行列と言う．そこで，MATLAB 上で A，B を作成し，逆行列 C を作成していく．

　ところで，ここまでの練習を通じて，ワークスペースやコマンド入力画面が見づらくなっているのではなかろうか．一旦，すべてを消去してみよう．ワークスペースにはこれまでに作成した行列が格納されているが，すべての行列を削除したいときは「clear」とコマンド入力するとすべての行列が削除される．コマンド入力画面にて「clc」と入力すると，MATLAB 起動時と同様に何も記述されていないコマンド入力画面となる．なお，コマンド履歴は保存されたままである．

```
>> clear
>> clc
>> A = [1 1; 2 4]
A =
    1   1
    2   4
>> B = [10;28];
```

コマンド入力画面では，実行した結果がすぐに確認できる．しかしながら，毎回結果を確認するのは鬱陶しいと感じる人も少なくない．そこで，実行したいコマンドの最後にセミコロン（;）をつけると，その結果をワークスペースに表示せずに実行することができる（ただし，ワークスペースは確認すべきである）．では，気を取り直して，行列 A の逆行列 C を作成していく．ここでは，MATLAB に自動的に生成させる方法を練習する．メニューからヘルプ：ドキュメンテーション（F1 キー押下でも同じ）を開くと，MATLAB に用意されている関数群（ツールボックス一覧）が検索できる．

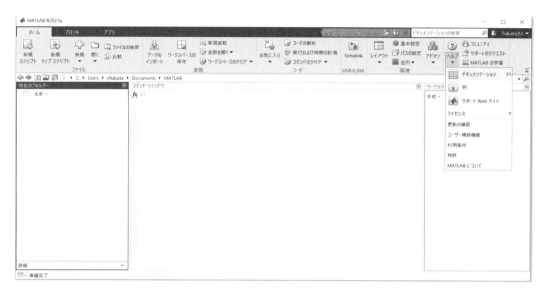

図 2.4.4　ドキュメンテーションを開く（画面例は R2021a）

図 2.4.5　ツールボックス一覧（画面例は R2021a）

　今回は逆行列が作成したいので「ドキュメンテーションの検索」バーに「逆行列」と入力しエンターキーを押す．この操作により，「逆行列」に関連する関数の一覧が表示される．

図 2.4.6 「逆行列」検索実施例（画面例は R2021a）

この一覧の中から，「inv」という関数を実行することで，行列 A の逆行列 C を作成する．

```
>> C = inv (A)

C =

    2.0000   -0.5000

   -1.0000    0.5000
```

逆行列 C と行列 A の積は "1（単位行列）" となるはずだが，一度確認してみよう．

```
>> C*A

ans =

    1    0
    0    1
```

> 2 行 2 列の正方行列の単位行列の形

これで準備が整ったので，いよいよ x, y を求める．左辺の行列 A に逆行列 C を左側から掛けたので，右辺の行列 B にも "左側" から逆行列 C を掛ける．

```
>> C*B

ans =

    6
    4
```

以上で x, y が求められるが，もう少し簡単に解を求めたいだろう．MATLAB は使いこなすほど奥が深く，特に使用頻度の高い関数や計算方法には色々と便利なやり方が用意されている．先のつるかめ算で用いた行列 A，B を 1 つの行列として定義し，次に関数「rref」を実行してみよう．

```
>> A = [1 1 10; 2 4 28];
>> rref(A)
ans =
    1  0  6
    0  1  4
```

このような便利な関数は他にもたくさん用意されている．みなさんも色々と使って「おぉ！」という感動を是非味わっていただきたい．

　本節最後に 1 つ練習問題を用意するので，逆行列を求めるなど，これまでの手順を復習しよう．次に「rref」を使って答えあわせをしていただきたい．

（問）次の 3 元 1 次連立方程式について，x, y, z を求めなさい．

$$\begin{cases} x + y + 2z = 9 \\ 2x + 4y - 3z = 1 \\ 3x + 6y - 5z = 0 \end{cases}$$

2.4.3.3　ヘルプの上手な使い方

　ドキュメンテーションはツールボックスや関数の検索以外にも利用することで，MATLAB の便利な機能や様々なサンプルを検索することができる．例えば，「演算子と特殊文字」と検索すると，四則演算子以外の関係演算子（不等号など）や論理演算子，また特殊文字（@，；，：他）の使い方が説明されているページが表示される（https://jp.mathworks.com/help/matlab/matlab_prog/matlab-operators-and-special-characters.html）．また，次節にてグラフ描画を学ぶが，「プロットのタイプ」と検索すると，MATLAB でデータをプロット（可視化）するグラフィックス関数の分類やサンプル書式が説明されているページが表示される（https://jp.mathworks.com/help/matlab/creating_plots/types-of-matlab-plots.html）．このようにドキュメンテーションを上手に利用することができれば，今後みなさんが作成するレポートを強力に支援するツールとなるでしょう．

2.4.4　グラフ描画ツールとしての MATLAB

　本節では MATLAB のグラフィック機能を使って，色々なグラフを描く練習する．はじめに，横軸を x，縦軸を y とする散布図を描く．コマンドウィンドウに，

```
>> x = 0:10
ans =
    0  1  2  3  4  5  6  7  8  9  10
```

なる行列 x を作成する．これが横軸（x 軸）を表す．縦軸（y 軸）は三角関数（sin 波）を作成し描画しよう．

```
>> y = sin(x)
y =
     0   0.8415   0.9093   0.1411   -0.7568   -0.9589   -0.2794   0.6570   0.9894
0.4121   -0.5440
>> plot(x, y)
```

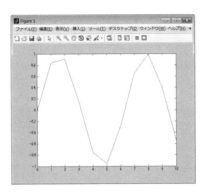

図 2.4.7　sin 波の描画例

x軸は予定通り 0 から 10 までが表示され，y軸は-1 から 1 の間で分布していることから，目的のグラフは"設定通り"に描画できた．さて，このグラフは予想通りだろうか．恐らく，「なんでこんなにギザギザなの？」と思っただろう．このギザギザになった理由は，x軸の刻み幅が粗いことに起因する．そこで，もう一度 x軸の刻み幅に注意しつつ，グラフを描画する．

```
>> x = 0:0.1:10;
>> y = sin(x);
>> plot(x, y)
```

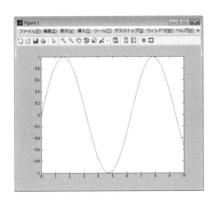

図 2.4.8　滑らかな sin 波の描画例

x軸の設定方法が先ほどと異なり，刻み幅を 0.1 とするような指定を付け加えるだけで，グラフは滑らかになった．

　次にグラフの線を追加する．追加方法はまず先ほどのグラフに「hold on」として線を消えな

いように設定し，その後描画したい行列を作成しプロットする．

```
>> hold on
>> s = 0:10;
>> z = cos(s);
>> plot(s, z, 'color', 'm')
```

　なお，コマンドウィンドウに間違った関数名や変数名を入力すると，「??? 関数または変数 'holdon' が未定義です．」と表示され，入力ミスしたことを教えてくれる．

```
>> holdon
```
??? 関数または変数 'holdon' が未定義です．

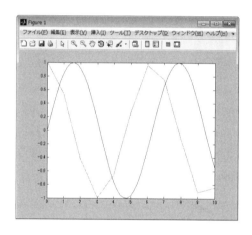

図 2.4.9　グラフの追加と線色変更

　さて，ここでは x 軸の変わりに「s 軸」を用意し，行列 z に cos 波形を作成した後，グラフの追加と線色変更を実施した．上図からわかるように，横軸が異なっても追加描画されていることが確認できる．なお，線色は CMYK 色空間によって定義される．

（問）表 2.4.2 は岩手県の年齢別人口割合の推移である．

表 2.4.2　岩手県の年齢別人口割合の推移

年	0~14 歳	65 歳以上
1970	26.4	7.3
1980	22.9	10.1
1990	19.0	14.5
2000	15.0	21.5
2010	12.7	27.2

（参考: 平成 29 年 岩手県人口移動報告年報）

このデータを元に，次の指示に従ってグラフを描画する．

指示 1. 0~14 歳のグラフの線の色は赤色，プロットには*(アスタリスク)記号を用い，線の太さを"1"とする

指示 2. 4.5 歳以上のグラフの線の色は青色，プロットには○(丸)記号を用い，線の太さを"3"とする

指示 3. グラフ名は「岩手県の年齢別人口割合の推移」とする

指示 4. y軸ラベル名は「人口における割合[%]」とする

指示 5. 各グラフの凡例を指定する

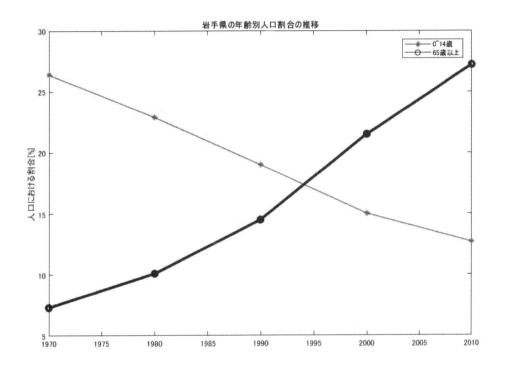

図 2.4.10 指示を元に人口割合の推移を描画したグラフ

グラフ描画の最後に簡単な 3 次元グラフの描画を練習しよう．まず，「clear」，「clc」でワークスペースとコマンドウィンドウを刷新しておきます．

```
>> a = -2.0:0.2:2;
>> [x, y]=meshgrid(a, a);
>> z = sin(x) – cos(y);
>> mesh(z)
>> figure
>> surf(z)
```

1 行目は-2 から 2 まで 0.2 刻みの行列 a を作成した．次に，グラフ領域内に点線のグリッド線（meshgrid）を描画するよう設定している．z 軸に関する行列 z は{sin(x)-cos(y)}として作成

した．なお，行列 *x*, *y* はメッシュグリッド作成時に，行列 *a* と同じ内容で作成されている．今回はメッシュプロットとサーフェスプロットというグラフを描画しよう．まず，メッシュプロットは「mesh」とコマンド入力することで得られる（下図左）．このままサーフェスプロット「surf」を実行すると上書き描画されるので，新たにグラフを描く領域を「figure」コマンドで作成し，その後，surf(z) を実行することで下図右（figure2）が描画される．

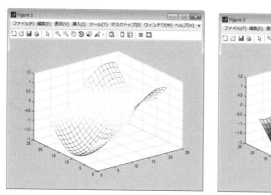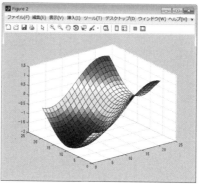

図 2.4.11　3 次元グラフの例（mesh plot（左）と surface plot（右））

2.4.5　Simulink について

本節では Simulink と呼ばれる，モデリング・シミュレーション・テストを実施するためのツールを簡単に紹介する．なお，Simulink は機械力学，制御工学，電気電子工学分野で積極的に利用されるため，本節での紹介もこの分野を優先する．

まず，MATLAB を立ち上げる．次に MATLAB メニューバーの Simulink 起動ボタンを押す，または，MATLAB コマンドウィンドウに「simulink」と入力する．無事に起動すると，次のような Simulink スタートページが表示される．

図 2.4.12　Simulink の起動（画面は MATLAB R2021a のもの）

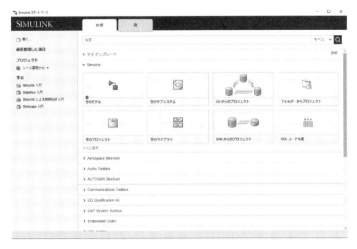

図　2.4.13　Simulink スタートページの起動

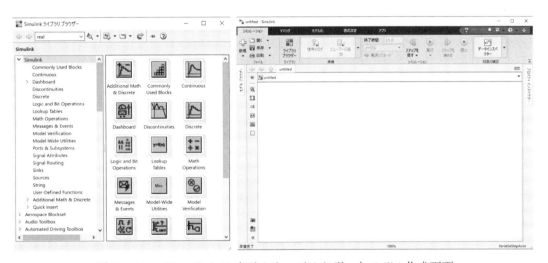

図 2.4.14　Simulink ライブラリーブラウザーとモデル作成画面

　Simulink を使うには，Simulink スタートページの空のモデルをクリックして，モデル作成画面を起動し，更にモデル画面の上にある，ライブラリブラウザーをクリックするとライブラリブラウザーが起動する．

　Simulink はブロック線図モデルによってシミュレーションモデルを作成する．ブロック線図モデルは，Simulink ライブラリブラウザー中に表示されるブロックアイコンを，モデル作成画面上へドラッグ＆ドロップし，計算したい手順に従って各ブロック間を線で結んでいくことで作成する．こうしてできあがった自分が考えたシステムのブロック線図モデルを通じて，システムの挙動をシミュレーションする．以下，実際にブロック線図モデルを作成し，Simulink によるシミュレーション実験を演習する．

2.4.5.1　R-L 並列回路による Simulink 実習

（問）2 つの抵抗 *R1*, *R2*, 1 つのコイル *L*, 電源 *E* とスイッチからなる R-L 並列回路について，並列に配置されたコイル *L* と抵抗 *R2* に流れる電流 i_L, i_{R2} の時刻変化をシミュレーションする．

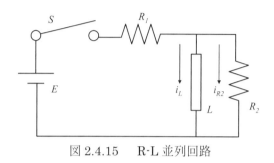

図 2.4.15　R-L 並列回路

この回路中を流れる電流 i_L, i_{R2} は様々な計算経過から下記を得る．なお，本節は Simulink を紹介することが目的である．従って，回路中を流れる電流の立式や計算過程は省略し，詳細は電気電子工学分野での講義・演習・教科書を参照いただきたい．

$$
\begin{cases}
\dfrac{di_L}{dt} = \dfrac{1}{L}\dfrac{R_2}{R_1 + R_2}(E - R_1 i_L) \\[3mm]
i_{R2} = \dfrac{E}{R_1 + R_2} - \dfrac{R_1}{R_1 + R_2}i_L
\end{cases}
$$

さて，得られた式を元に Simulink モデルを作成する．今回は初めてのモデル作成なので，筆者ならどのように作業を実施するか紹介しておく．まず，モデル作成画面に配置するブロックの種類を決定する．積算（除算は分数の積）なら右向きの三角形（Gain），スイッチの On/Off はステップ応答で記述する．次にできるだけ与えられた数式は積分（1/s, integrator と呼ばれる）で解くように変形する．和算，減算の入力部は演算器をダブルクリックしてプロパティ画面を表示し，符号リストを書き加える．信号の流れの向きに従って，Gain の向きを反転させる（ctrl キー＋ "i（アイ）"）など見栄えを整える．シミュレーション結果として確認したい項数に合わせ，スコープを配置する．

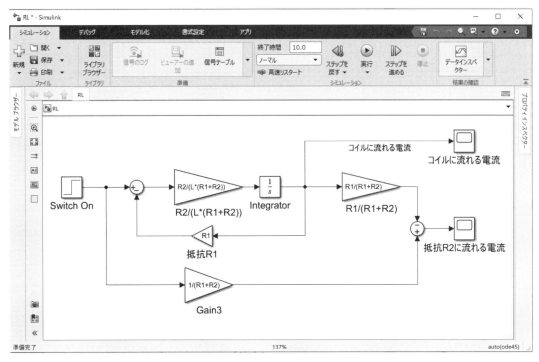

図 2.4.16　Simulink による R-L 並列回路モデル作成

(A) 符号リスト

(B) ゲイン

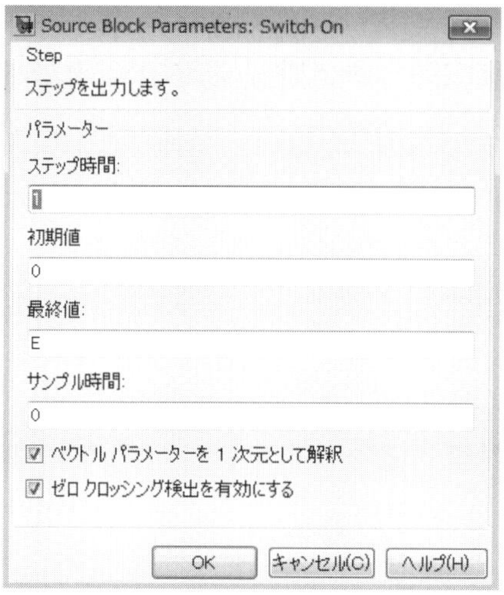

（C）　最終値

図 2.4.17　符号リストの追加とゲイン・最終値などの変数化

積算，除算において，数式中は「変数」（上図 R-L 並列回路では，*R1*, *R2*, *L*, *E* が相当）で表されているならゲインを変数化しておくとよい．このとき，各変数は MATLAB のコマンドウィンドウから

>> R1 = 2;

など，行列として定義しておく必要がある．

　以上で準備はすべて整ったので，R-L 並列回路に配置されたコイル *L* と抵抗 *R2* に流れる電流 i_L, i_{R2} の時刻変化に関するシミュレーション結果を確認する．MATLAB コマンドウィンドウにて，

>> R1 = 2;

>> R2 = 0.5;

>> L = 1;

>> E = 5;

と設定し，モデル作成画面のアイコンバー中の右向き▲アイコンでシミュレーションを開始する．電流の時刻歴はモデル作成画面中のスコープに表示されるので，スコープをダブルクリックして開いて確認する．グラフが表示されたとき，変化がわかりにくい場合はアイコンバー中の双眼鏡マークを押すとズームされる．

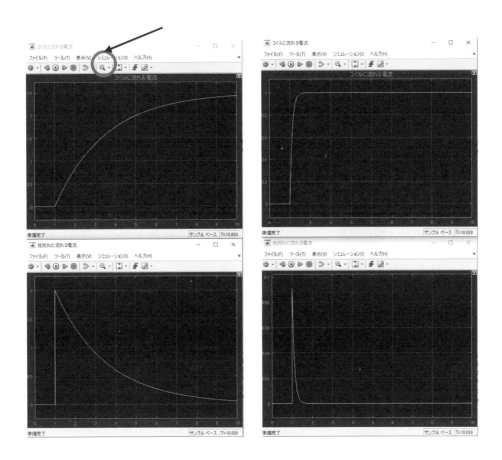

図 2.4.18 R-L 並列回路シミュレーション結果例

左：R1 = 2; R2 = 0.5; L = 1; E = 5 右：R1 =10; R2 = 100; L = 1; E = 10;

2.4.5.2 1自由度振り子による Simulink 実習

図 2.4.19 のような，リンク長 l の先端に質量 m が取り付けられ，他端は壁にピンで留められた1自由度振り子を考える．今，リンクが壁とのなす角度を θ，重力加速度を g，粘性減衰係数を k とするとき，この振り子の運動方程式は次の通りとなる．

$$ml\ddot{\theta} + kl\dot{\theta} + mg\sin\theta = 0$$

$$\Leftrightarrow \ddot{\theta} = -\frac{k}{m}\dot{\theta} - \frac{g}{l}\sin\theta$$

これを R-L 並列回路の時と同様に，モデル作成画面に各ブロックを配置し，ゲイン等を変数として与えられるようにする．また，1自由度振り子モデルは初期値なしでは動作しないため，一段目の積分器に初期値「init」を定義した．

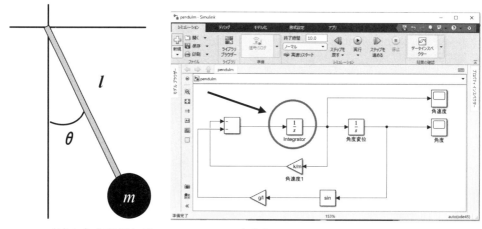

　(A) 1 自由度振り子　　　　　　　　(B) Simulink モデル

図 2.4.19　による 1 自由度振り子モデル作成

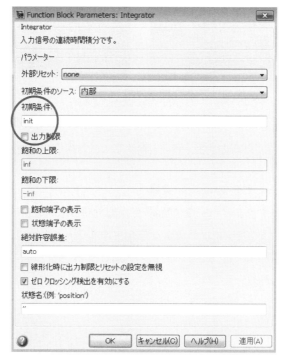

図 2.4.20　積分器の初期値設定

以上で準備は整ったので，1 自由度振り子の角速度と角度の時刻変化に関するシミュレーション
を実施する．MATLAB コマンドウィンドウにて，g，l，k，m および init を様々に設定して確
認する．

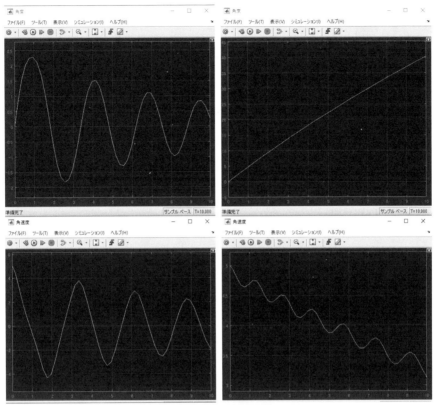

図 2.4.21　1 自由度振り子の角速度，角度変化シミュレーション結果例
左：g = 9.8; *l* = 1.5; *k* = 0.2; *m* = 1　右：g =1.6333; *l* = 3; *k* = 0.2; *m* = 5;　どちらのシミュレーションとも積分器の初期値 init は init = 5 とした．

2.4.5.3　1 自由度振動系（バネ－マス－ダンパ系）による Simulink 実習

Simulink 実習の最後に，機械力学系では頻出の 1 自由度振動（バネ－マス－ダンパ）系を考える．台車の質量が *m*，バネ定数 *k*，ダンパの減衰係数 *c* で図のような配置である系について，外力 *f* が作用した際の平衡状態からの変位量を *x* とする．このとき，系の運動方程式は次の通りである．

$$m\ddot{x} + c\dot{x} + kx = f \iff \ddot{x} = \frac{1}{m}(f - c\dot{x} - kx)$$

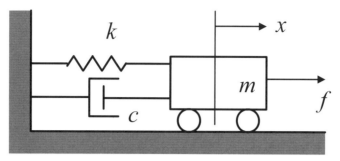

図 2.4.22　1 自由度振動系（バネ－マス－ダンパ系）モデル

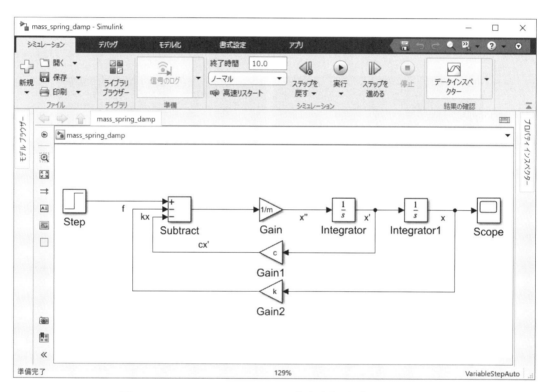

図 2.4.23　Simulink による 1 自由度振動系モデル作成

以上で準備は整ったので，1 自由度振動系の台車の位置変化について，MATLAB コマンドウィンドウにて m, c, k を様々に設定しシミュレーション結果を確認する．

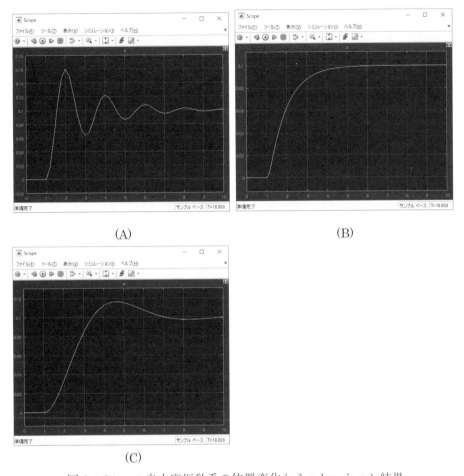

(A)   (B)

(C)

図 2.4.24   1自由度振動系の位置変化シミュレーション結果

(A)：$m=1$; $c=1$; $k=10$ (B)：$m=1$; $c=10$; $k=10$ (C)：$m=10$; $c=10$; $k=10$;

2.4.6 インタラクティブ Simulink 関連チュートリアル

前節まで，簡単ではあるが MATLAB および Simulink の使い方や計算方法，シミュレーションについて説明した．しかしながらページ数の都合により詳細な使い方，より高度な使い方は紹介できなかった．そこで本節では興味を持った学生諸君に対し，ツールボックスと呼ばれる MATLAB をより高度に使う方法を紹介する．なお，本チュートリアルは WEB コンテンツとして提供されているため，MATLAB のインストールされていないコンピュータでも利用できる．是非，今後のレポート作成時や自習，復習用に活用いただきたい．

ブラウザで https://matlabacademy.mathworks.com/jp/ と入力すると，自己学習形式のオンラインコースが表示される．内容は重複もあるが，令和 3 年 9 月現在，「初心者の方におすすめ 11 コース」，「MATLAB 4 コース」，「Simulink 4 コース」，「AI，機械学習，深層学習 5 コース」，「数学および最適化 6 コース」，「画像処理および信号処理 3 コース」となっている．各コースの詳細は WEB コンテンツを確認いただきたく，ここでは初学者を対象とした「初心

者の方におすすめ　11 コース」について触れることとする．11 コースは(1)MATLAB 入門（最短で MATLAB の基礎を学ぶ），(2)Simulink 入門（最短で Simulink の基礎を学ぶ，要 Simulink インストール），(3)機械学習入門（分類問題のための実用的な機械学習手法の基礎を学ぶ），(4)ディープラーニング入門（ディープラーニング手法を使用した画像認識を行う方法を学ぶ），(5)強化学習入門（強化学習ベースのコントローラを設計するための基礎を学ぶ），(6)画像処理入門（MATLAB で実用的な画像処理の基本を学ぶ），(7)信号処理入門（スペクトル解析のための実践に即した信号処理方法を対話形式で説明），(8)Simscape 入門（物理システムをシミュレーションするための基礎を学ぶ），(9)Stateflow 入門（ステートマシンを作成，編集，およびシミュレーションするための基礎を学ぶ），(10)Simulink による制御設計入門（基礎的なフィードバック制御系の設計方法を学ぶ），および(11)Optimization Onramp（最適化問題を解くための基礎を，問題解決型のアプローチで学ぶ）から構成される．これらは，MATLAB の初学者を対象としたコンテンツであるため基本的な概念や操作を説明することを目的としており，どのコースもおおむね 1〜2 時間の学習を前提としている．以下に，例として MATLAB 入門の項目と所要時間を紹介する．

表 2.4.3　インタラクティブ MATLAB チュートリアルの例

MATLAB 入門（2 時間 ）	
コース概要	5 分
コマンド	20 分
MATLAB デスクトップおよびエディター	10 分
ベクトルと行列	15 分
配列のインデックス付けと変更	15 分
配列の計算	5 分
関数の呼び出し	5 分
ヘルプの取得	5 分
データのプロット	10 分
問題の確認	10 分
データのインポート	5 分
logical 配列	5 分
プログラミング	10 分
最終プロジェクト	10 分
終わりに	5 分

2.4.7　MATLAB, Simulink と Toolbox

2.4.7.1　MATLAB, Simulink と Toolbox

　MATLAB は，標準でも数値計算，データの解析，シミュレーション，可視化（グラフ化）に必要な多数の関数やライブラリを持っている．しかし，応用分野や研究分野に特有の関数やライブラリが必要な場合，Toolbox と呼ばれる拡張パッケージをインストールすることで機能を拡張できる．

　Toolbox は MATLAB のバージョンアップなどで名称が変わることもあるが，2021 年 8 月現在で 100 以上の Toolbox があるため，汎用性の高い Toolbox を 10 種類ほど紹介する．なお，本節の記述には 2.4.8.2 の参考文献 [1]〜[7] を用いており，それぞれの Toolbox の詳細は 2.4.8.2 の参考文献に示した Mathworks 社のウェブページなどを参照されたい．

✧　数式処理

Symbolic Math Toolbox　数式の計算．数式シンボルでの計算．

　　　　　　　　　　　　シンボリックな数学方程式の求解，プロットおよび操作を行う．

✧　信号処理

Signal Processing Toolbox　信号処理，解析．

　　　　　　　　　　　　信号のノイズ除去，平滑化．

　　　　　　　　　　　　ディジタル・アナログフィルタ，スペクトル解析．

　　　　　　　　　　　　信号モデリング．

DSP System Toolbox　　ディジタル信号処理．

　　　　　　　　　　　　フィルタ設計，スペクトル解析，行列／統計処理等．

✧　統計解析・機械学習

Statistics and Machine Learning Toolbox

　　　　　　　　　　　　統計や機械学習によりデータを説明，分析およびモデル化する．

　　　　　　　　　　　　多変量統計，確率分布，回帰・分散分析．

　　　　　　　　　　　　機械学習（SVM，クラスタリング，隠れマルコフモデル等）．

Deep Learning Toolbox　ディープラーニングネットワークの設計，学習，解析．

　　　　　　　　　　　　事前学習済みモデル，ディープニューラルネットワークの設計．

　　　　　　　　　　　　畳み込みニューラル ネットワーク（ConvNets，CNN）．

　　　　　　　　　　　　長期短期記憶（LSTM）ネットワーク．

　　　　　　　　　　　　敵対的生成ネットワーク（GAN)等．

✧　制御系設計

Control System Toolbox　線形制御システムの解析，設計および，チューニング．

Simulink Control Design　PID 制御，制御システムの設計，解析．

　　　　　　　　　　　　PID ゲインの自動計算，周波数解析も可能．

✧　パラメータ最適化

Optimization Toolbox　　あまり複雑ではない通常の関数の最適化問題．

　　　　　　　　　　　　最大値・最小値の探索．

　　　　　　　　　　　　最適化問題の定義，解析，評価．

　　　　　　　　　　　　線形，非線形計画法，非線形最小二乗法など．

Simulink Design Optimization

　　　　　　　　　　　　Simulnk モデルのパラメータ推定・最適化．

　　　　　　　　　　　　数値最適化に基づく自動チューニングが可能．

✧　システム同定

System Identification Toolbox

　　　　　　　　　　動的システムの数学モデルを構築する.

　　　　　　　　　　実験データから線形あるいは非線形モデルを作成.

　　　　　　　　　　時間領域と周波数領域の入出力データに対応.

　　　　　　　　　　伝達関数や状態空間モデルを同定でできる.

2.4.7.2　参考文献

　MATLAB を学習するための書籍も多数発行されている. MATLAB の入門書から, 特定の分野での利用法や機能 (Toolbox) について述べたものなど様々な書籍がある. 大学の図書館で借りる, 書店で見てみるなどして, 自分に合ったものを探してみて欲しい.

　岩手大学では, 情報基盤センターウェブページ内で MATLAB に関する情報を提供している.

[1] ソフトウェア　数値解析ソフトウェア (MATLAB).

　　　　　　　　　（岩手大学情報基盤センターウェブページ, 岩手大学内限定公開）

　　　https://isic.iwate-u.ac.jp/usersguide/soft/

[2] 岩手大学 MATLAB　Campus-Wide ライセンススタートアップガイド

　　　　　　　　　（岩手大学情報基盤センターウェブページ, 岩手大学内限定公開）

　　　https://isic.iwate-u.ac.jp/usersguide/soft/matlab/

[3] 岩手大学 MATLAB　Toolbox 紹介.

　　　　　　　　　（岩手大学情報基盤センターウェブページ, 岩手大学内限定公開）

　　　https://isic.iwate-u.ac.jp/usersguide/data/soft/RecommendedToolboxByField.pdf

[4] ストリーミングビデオ. MATLAB 講習会のビデオが公開されている.

　　　　　　　　　（岩手大学情報基盤センターウェブページ, 岩手大学内限定公開）

　　　https://isic.iwate-u.ac.jp/media/

　2.4.6 節にて MATLAB 自己学習形式のオンラインコースを紹介したが, MathWorks 社のサイトでは, ユーザによる情報交換ページ (英語) や, イベント (オンラインイベントも開催されている) の情報も掲載されている. MATLAB は世界中の大学や研究機関, 企業で幅広く利用されているので, 多数の解説資料を見つけることが出来るだろう.

[5] MathWorks. MATLAB の開発元のサイト.

　　　https://jp.mathworks.com/

[6] チュートリアル. 入門ビデオはこちら.

　　　https://jp.mathworks.com/support/learn-with-matlab-tutorials.html

[7] 製品・サービス. Toolbox の詳細などはこちら.

　　　https://www.mathworks.com/products.html

第3章

ネットワーク

　目的に応じて情報手段を適切に選択し，主体的に活用しながら，受け手の状況を踏まえて発信できる能力を身につけて行くことが重要である．また基礎となる情報手段を科学的に理解することで，自らの情報活用を評価・改善できるようになっていただきたい．良い面だけではなく，社会生活の中での情報技術の影響を理解し，情報モラル・情報セキュリティの必要性や情報に対する責任について考え，望ましい情報社会の創造に参画しようとする態度を培っていただきたい．インターネットでの情報の窃取や詐欺事件など脅威から身を守るための注意事項，インターネット社会の中で活動する上で他人に迷惑をかけないための注意事項は，もはや必須事項である．また関連する法律も毎年のように改正されており，常に新しい知識を身につけなければならない状況にある．また何故そうでなければならないのか，その理由を学び，判断力を養っていただきたい．ここでは専門的な事項にも触れて行くつもりである．

3.1　情報セキュリティと情報モラル

　情報セキュリティとは簡単に言うと，インターネットやコンピュータを安心して利用できるようにすることである．厳密には，3.1.2 情報セキュリティとは　で解説する．また情報モラルとは，高等学校の学習指導要領情報の解説（1999 年 3 月公示）によれば，「情報社会で適正な活動を行うための基になる考え方と態度」と定義されている．その内容は，個人情報の保護，人権侵害，著作権等に対する対応，危険回避やネットワーク上のルール，マナーなどが一般的である．では最初に岩手大学固有の注意から解説する．

3.1.1　岩手大学固有の注意

　大学のネットワークは，本来，研究・教育及びその支援業務という目的のために導入されたものである．自分のやるべき事を良く理解して，自覚を持った行動をとること．商業目的で営利行為に使用したりすると，処罰される可能性があるので，充分な注意をしなければならない．研究や教育上必要な場合を除き，金銭授受や物の交換を行わないことも絶対守って欲しいことの一つである．例えば，大学の教育研究と関わりのない私用で，インターネットでのオークション，商品の購入，物の売買などを行ってはならない．また，大学のインターネット回線は大変混みあっているので，遊びや趣味に利用すると，研究教育のために利用している人に迷惑が

かかることとなる．充分，注意していただきたい．しかし，自然災害や伝染病などから身を守るための情報収集は勿論必要であり，それを妨げるものではない．

　パスワードを盗むなどしてシステムに不法に侵入して，情報を窃取（せっしゅ）したり攻撃を仕掛けたりする者を「クラッカー」と呼ぶが，こういった行為をしてはいけないのは勿論，見つけた時には放置せずに直ちに管理者に届けることが重要である．クラッカーの侵入を許さないことは勿論，学内にそのようなユーザを作らないことはもっと大事なことである．

　自宅で商用プロバイダと契約してインターネットを使う場合は，私的な目的による利用は勿論許されるが，著作権法など法律は守らねばならないし，以下で解説するセキュリティ対策の殆どが共通である．自宅においても，充分に注意して使っていただきたい[2].

3.1.2　情報セキュリティとは？

　国際的にも認められている情報セキュリティの定義として，セキュリティ技術対策の国際標準（ISO/IEC 27000 シリーズ）で定義されているものを紹介する[1]．まず情報セキュリティの構成要素は以下のようにモデル化されており，これを基に対策が決められている．

(1) 所有者：資産の持ち主，持ち主から管理を委託されている者

(2) 対策：リスクを低減する手段

(3) 脆弱性（vulnerabilities）：ぜいじゃくせいと読む．いわゆるセキュリティホールのこと．資産，環境，管理体制等に内在し，損失を発生しやすくしたり，拡大させたりするもの

(4) 脅威エージェント：資産を悪用したり，損害を与えたりするもの

(5) 脅威（threat）：資産に影響を与え，損失を発生させる直接の原因

(6) リスク(risk)：損害が発生する可能性

(7) 資産(assets)：情報システムやサービス，情報そのもの

セキュリティ対策の進め方は，資産を守るために，まずは脅威を分析し，リスクの大きさと起こる確率から取るべき対策を取捨選択して決めていくというものである．情報セキュリティ対策は以下の①～③に示す通り，大きく3つにまとめられる．

①機密性の保持：情報を不適切に漏洩（ろうえい）しない

②完全性の保持：情報が完全な形で保たれ，改ざんや破壊がない

③可用性の確保：情報資源がいつでも利用できること．故障が発生しても，速やかに復旧できること

岩手大学では，情報システム運用基本方針及び規則が平成20年3月に制定され，それに従った情報セキュリティ対策が行われている．情報システム運用基本規則は，令和3年4月22日が現在の最終改訂版である．その定義によれば，「情報セキュリティ」とは情報資産の機密性，完全性及び可用性を維持することをいう．これは国際標準である ISO/IEC 27000 シリーズによる定義とほぼ同じである．また情報資産とは，記録された「情報」および「情報システム」の2

つを指すものと定義されている.

　国際標準はその後拡張されて，以下の項目が付加されている．これらはなりすましの防止や商取引における否認防止などに役立つ．発展的課題として調べると更に理解が深まるであろう．

　真正性 (authenticity)，責任追跡性 (accountability)，信頼性 (reliability)

3.1.3　パスワードのつけ方

(1)　情報システムを守る仕組み（認証とアクセス権）

　インターネット上のサービスを利用する場合殆どのケースでパスワードが要求されるが，最近はネット上でも「多要素認証」が利用できるようになってきた．多要素認証とは「知識情報」，「所持情報」，「生体情報」のうち 2 つ以上を組み合わせて認証することを指す．「知識情報」とはパスワード，秘密の質問，PIN コードなどの情報，「所持情報」とは IC カード，トークン（ワンタイムパスワードを生成するハードウェア），スマートフォンなどの情報，「生体情報」とは指紋，虹彩，顔などの情報を指す．安全のため積極的に利用していただきたい．それに対して「二段階認証」は認証を二段階に行うことであり，パスワードと秘密の問のように知識情報のみということもあるので，選択できるならば多要素認証をお勧めする．いずれにしても，後述するブルートフォースアタック（総当たり攻撃）の対策として有効である．

　本学の情報システムにアクセスする場合には，パスワードによる認証が必要である．大学内で使用しているパスワードと，個人的にインターネットで使用しているパスワードを同じにしていないだろうか？同じパスワードを使うことを「パスワードの使いまわし」と呼んでいるが，これは絶対に止めなければならない．クラッカーは不正に入手したパスワードをリスト化して攻撃に利用しているからである（後述のパスワードリスト攻撃を参照）．しかし使いまわしを止めると，今度はたくさんのパスワードをどうやって管理するかが重要な問題となる．以下では詳細を解説していく．

　パスワードを用いて何が行われているかというと，認証が行われ認証が通るとアクセスのための権限（アクセス権）が与えられる．ユーザ権限は一般ユーザに与えられるもので，一般利用のためだけに必要な権限だけに制限されている．管理者権限は，そのシステムの運用形態や詳細な設定も変更できる最大の権限であり運用の責任を伴う．あなたも自宅で WiFi ルータを設置したとすれば，管理者権限を持つことになる．管理者の認証に使うパスワードは，さらに厳格に管理しなければならない．

　一般ユーザ権限であってもパスワードの管理をおろそかにしてはならない．通常組織のネットワークはインターネットとの間で，ファイアウォールによる境界防衛が行われている．仮にクラッカーが一般ユーザのパスワードを利用して組織内のサーバへログインしたとすると，ファイアウォールの内側に入り込むため，セキュリティ上のリスクは著しく増加することになる．

　このようにパスワードは非常に重要なものである．決して他人に教えたり，保管をルーズにしたりしてはならない．以下を参照して他人に推測されにくいパスワードをつけること．ただし以下に示したパスワードは，掲載した時点で公知となっているので用いないこと．

（2） パスワードのつけ方

　パスワードは，半角の数字，半角アルファベットの大文字と小文字，記号を混ぜて作成すること．長さは 15 文字以上が望ましい．空白文字（Tab やスペース）や¥記号は使えない．記号を使用しても覚えやすいパスワードにするには工夫が必要だが，そんなに難しくない．顔文字を混ぜる方法もあるし，約束事を決めておくのも良い．@-@でメガネ，という約束にすれば以下のようになる．

例： Tonbo@-@8Mizuiro@-@　　　　トンボのメガネは水色メガネ〜♪と覚える．

例： ;-p)A48KV(^o^)v　　　　　　;-p) と V(^o^)v は，顔文字．

（3） 長いパスワードを使うコツ

様々な方法があるが，例えば IPA で推奨している方法を紹介する．まず 12 文字以上のコアパスワード（暗記する）を作成する．次にサービス毎の識別子（秘密だがメモしても良い）を決めて，コアパスワードの前か後ろにつける．メモする時はサービスと識別子だけをメモし，コアパスワードは暗記する（表 3.1.3.1）．

表 3.1.3.1

サービス	サービス毎の識別子	コアパスワード（暗記）	作成したパスワード
岩手大学 A	iwu	Tombo@8Mizuiro@	iwuTombo@8Mizuiro@
web サービス B	wsb	Tombo@8Mizuiro@	wsbTombo@8Mizuiro@
web サービス C	wsc	Tombo@8Mizuiro@	wscTombo@8Mizuiro@

　昔から知られている方法としては，コアパスワードの代わりに 2〜3 個の文字列（暗記する）を使い，それらの文字列を連結子（秘密だがメモしても良い）でつなぐ方法が知られている．メモする時はサービスと連結子のみメモする．連結子は 3 文字以上の半角の英数字や記号を用いてサービス毎に決める．以下の表 3.1.3.2 に覚えやすい例をあげておく．秋田犬は方言で表し，^^は犬を現すという約束である．

表 3.1.3.2

サービス	連結子	文字列（暗記）		作成したパスワード
岩手大学 A	-761+	agidaInu	Shiba^^	agidaInu-761+Shiba^^
web サービス B	<761>	agidaInu	Shiba^^	agidaInu<761>Shiba^^
web サービス C	$761¥	agidaInu	Shiba^^	agidaInu$761¥Shiba^^

（4） パスワードへの攻撃手法

　まずはクラッカーによる主な攻撃手法としてどんなものがあるかを見てみよう．それぞれに対策があるのだが，知識が無い人は全てを混同して過度の心配をすることがある．正しい知識があれば不要な恐怖を抱く必要はない．

(A) パスワードリスト攻撃，辞書攻撃

攻撃者が過去に入手した ID（ユーザ名）とパスワードをリストにしてログインを試みる手口である．このリストを辞書と呼ぶことがあるので，方法的には辞書攻撃と同じである．辞書としては，通常の辞書の他に，人名辞書，地名辞書，有名人辞書，パスワード辞書などがある．1 つの辞書には数十万語〜百万語程度が登録されており，登録されている語をパスワードに使った場合，数十秒程度で解析されてしまう危険がある．対策としては，スペルをわざと変えたり，語呂合わせで数字に変えたりしても良い．

(B) ブルートフォースアタック（総当たり攻撃）

一つの ID に対してあらゆるパスワードを総当たりで試す手口である．パスワードに使われている文字種が少なかったり（例えば数字だけのパスワードなど），パスワードの長さが短かったりすると解析されてしまうリスクが高まる．最近の PC では，1 秒間に数十億パスワードをチェックできるものも珍しくない．対策としては 15 文字以上のパスワードをお勧めする．

(A)や(B)の攻撃手法への対策としては，試せる回数を制限する方法が考えられる．しかし，以下の(C)の方法は通常の方法では制限できない．

(C) リバースブルートフォースアタック（逆総当たり攻撃）

ブルートフォースアタックとは逆に，パスワードを 1 つに固定し，対応する ID を総当たりで試す手口である．類推しやすい ID（学籍番号など）が用いられている場合は，重大な脅威となりえるので，他人が使わないような長くて複雑なパスワードを使う必要がある．

(D) パスワード類推攻撃

電話番号，生年月日などユーザと関係ありそうな情報をパスワードとして試す手法である．映画やドラマで良く見かけるが，試すスピードは極端に遅い点が欠点でせいぜい 1 分間に数個程度では，上述したような長いパスワードの脅威とはならない．必要以上に怖がらなくても良い．

　この他にも，偽電話で管理者になりすますなどしてパスワードを聞き出すソーシャルエンジニアリング，ユーザを偽装サイトに誘導してパスワードを入力させるフィッシング，ネットワークのトラフィックから直接パスワードを取り出す攻撃，キーボードに仕掛けをする攻撃などもあるがここでは割愛する．後述する IPA の資料などを参照していただきたい．

(5) 悪いパスワードの例
・ ユーザ名とパスワードが同じ，あるいはユーザ名を含むパスワード．
・ 辞書に載っている単語，人名，地名，有名人名を表す単語そのもの．またはそれに数字を 1,

2文字加えたもの（例：Sato3, Ohtani17）
・ ログイン名を逆さにしたり，循環させたりしたもの
・ 単純な類推で憶測できるもの：自分や親族の名前，電話番号，生年月日，同じ文字の繰り返し，以上のパスワードの前後に数字を1〜2個加えたもの．

(6)　良いパスワードの例
・ 辞書に載っていないもの
・ すばやくタイプできるもの．周囲に覗き見している者がいないか注意！
・ 本当に良いパスワードとは定期的に更新しているものである．更新を心がけて欲しい．
・ 強いパスワードとして15文字以上を推奨

3.1.4　パスワードのチェックと対策

　現在利用しているパスワードがどれだけ安全かをチェックする方法を紹介する．自分の使っているパスワードと似たパスワード（本当のパスワードは使わないこと）を，以下のサイトで入力すると解析にかかる最大時間の目安が表示される．

　カスペルスキー・ラボ　<https://password.kaspersky.com/jp/>

　試行例：　パスワードとして，　:-p)A48Kv(^_^)V　　　　　を使った場合の評価は，

> いいパスワードです！
> ・ハッキングされにくいパスワードです．
> ・このパスワードは、漏洩したパスワードのデータベースにはありません．
> このパスワードは、一般的な家庭用コンピュータを使って　次に示す期間のうちに解読されてしまいます...
> 　　43261 世紀
> 月と地球の間を歩いて 13333 回 往復できます

　ただし，この評価はあくまで目安と考えること．また評価方法が時々変わるのでこれと同じ評価になるとは限らないが，その点はご了承願いたい．

3.1.5　パスワード保存時の注意

　スマートフォンにパスワードを書き留める場合には，信頼のおけるパスワード管理アプリケーションを使うか，パスワード保護機能があるアプリケーションを用いること．パスワードそのものではなくヒントを書き留めておくのも良い方法である．また，一般的な web サービスではパスワードを変更する時のために，秘密の質問の答えを登録するものがあるが注意を要する．

例えば，母の旧姓はという質問の答えは，「佐藤」などでは容易に推測できてしまうので，付加する語尾を決めておく．「佐藤かも」，「佐藤だべ」といった具合である．

パスワードとユーザ名と一緒に書き留めるのは，通帳と印鑑を一緒に保管しておくようなものであるので避けること．まして，ポストイットに書いてパソコンに貼り付けたり，近くの引き出しの中などに置いたりというのは問題外である．

3.1.6 IPA から最新情報の入手

犯罪の手口は日々変化しているため，必ず最新の知識を身につけるように努力しよう．変化している情報セキュリティの最新情報をどうやって入手するかだが，ここではまず IPA（情報処理推進機構）が毎年発表している「情報セキュリティ 10 大脅威」を紹介する．注意事項は多数あるため，注意が分散しがちであるが 10 項目に絞ってある．IPA では，前年に発生した社会的に影響が大きかったと考えられる情報セキュリティにおける事案から脅威候補を選出し，情報セキュリティ分野の研究者，企業の実務担当者など約 160 名のメンバーからなる「10 大脅威選考会」が審議・投票を行って決定したものである．その内容は，「個人」と「組織」に分かれているが，一般の学生諸君は主に「個人」を参考にすると良いであろう．研究室や自宅で管理者にもなっているような場合には，「組織」にも目を通しておくと良い．文献[3]に示す IPA 脆弱性対策のページから PDF 形式の資料などをダウンロードできる．警察庁の@POLICE からも最新情報を得られる[4]．その他の教材もあるが，できる限り最近の事情を扱った教材を使うことをお勧めする．1 年以上経過した教材を使う場合には，必ず内容を精査した上で使うこと．

3.1.7 セキュリティ対策の基本

セキュリティ対策の基本的については，「情報セキュリティ 10 大脅威」掲載の表が参考になる．長年に渡ってほぼ変わらない，多くの脅威に共通する対策の基本であるので，しっかり読んで注意すること．ソフトウェアの脆弱性（ぜいじゃくせい）はいわゆるセキュリティホールのことであり，アップデートしないと管理者権限を奪われる危険があるので必ず実行していただきたい．表のセキュリティソフトはウイルス対策ソフト（アンチウイルス）と考えて良い．

表 3.1.7.1 情報セキュリティ対策の基本 [3]

攻撃の糸口	情報セキュリティ対策の基本	目的
ソフトウェアの脆弱性	ソフトウェアの更新	脆弱性を解消し攻撃によるリスクを低減する
ウイルス感染	セキュリティソフトの利用	攻撃をブロックする
パスワード窃取	パスワードの管理・認証の強化	パスワード窃取によるリスクを低減する
設定不備	設定の見直し	誤った設定を攻撃に利用されないようにする
誘導（罠にはめる）	脅威・手口を知る	手口から重要視するべき対策を理解する

イ）　ソフトウェアの脆弱性を放置すると，PC 等を乗っ取られる危険がある．必ずソフトウェアの更新（アップデート）を実行すること．ただし，アップデートに長時間かかる場合が増えてきたので，うまく時間調整する必要がある．

ロ）　攻撃の糸口「設定不備」に関しては，ネットワーク機器や PC などを購入した後に，説明書等を良く読んで初期設定をしっかりすることが重要である．初期パスワードもできるだけ複雑で長いパスワードに変更することをお勧めする．自動アップデートの設定が可能なら必ず設定し，自動アップデートがなければ自ら定期的にアップデートを行う．

ハ）　罠にはまらないようにする（誘導の対策）には，最新情報を積極的に参照して脅威や手口を知ることが重要である．

　パスワード窃取対策については既に解説した通りで，ウイルス対策については次の項で解説する．対策のイロハより更に初歩的な方法としては，使っていない機器の電源を切る，あるいは必要が無い時はネット接続を切るという対策方法もある．対策の詳細については，「情報セキュリティ 10 大脅威」各項目の対策を参照していただきたい．

3.1.8　コンピュータウイルス
(1) コンピュータウイルスの定義

　もともとの定義は「他のコンピュータプログラムに自分自身のコピーを忍び込ませ，伝染することのできるプログラム」であった．通産省（当時の名称）の「コンピュータウイルス対策基準」の定義では，意図的に何らかの被害を与えるように設計されたプログラムで，以下の機能を一つ以上有するもの．自己感染機能，潜伏期能，発病機能となっている．自己感染機能は自らを複製して増殖する機能，潜伏機能は他への感染の時間を稼ぐ機能，発病機能はファイルを破壊したり，メール送信などで感染を広めたりする機能である．

　コンピュータウイルスの名前の由来は，生物のウイルスと似た性格を持つ事から来ているが，あくまでコンピュータ上のプログラムであるから人間には感染しない．厳密に言うとコンピュータウイルスとは，生物のウイルスと同様に，自分自身で繁殖することができないものをさす．また，生物と同様に変異によって自分を変化させていくもの(ミューテーション型ウイルス)があるが，これは難読化によって検出を逃れる効果がある．これに対して，自らネットワーク経由でコンピュータに侵入し，増殖していくものをワームという．また増殖しないものとして，トロイの木馬，スパイウェアなどがあるが，これらはマルウエア（malware，悪意のあるソフトウェアの意味）とも呼ぶ．トロイの木馬は，役立つプログラムに成りすましているが，内部に悪意のあるプログラムが仕込まれているものである．スパイウェアは，ユーザが意識しない間にインストールされて個人情報などを盗み出すものである．以上全てひっくるめた総称として，コンピュータウイルス（あるいは，マルウエア）という言葉が使われることがある．

(2) 基本的なウイルス対策

　全てに共通の基本的な対策は，

　イ）　PC やスマートフォンには，ウイルス対策ソフト（アンチウイルス）をインストールする．

　ロ）　ソフトウェアのアップデートを定期的に実施する．特にウイルス対策ソフトは日々アップデートすること．

　ハ）　データの複製（バックアップコピー）を定期的に作成し，安全な場所に保管しておく．

岩手大学の構成員は，現在 Trend Micro のウイルス対策ソフトが利用できる．教職員・学生が岩手大学に持ち込む可能性のある個人所有の機器には，1 人につき 3 台まで利用することができる．スマートフォンも含まれるので是非利用していただきたい．詳細は，情報基盤センターの以下の web ページを参照のこと[2].

　次に，感染経路別の対策を考えてみよう．

- **電子メール経由での感染**：電子メールの添付ファイルを開いたり，メール中のリンクをクリックしたりすることで感染する．必要な添付ファイルはウイルスチェックしてから開くこと．見知らぬ人からのメールは無視するのが一番である．原則的には，重要事項はメールでは送られてこないはずである．気になる場合は別途電話等で内容を確認すると良いであろう．SMS やメッセンジャーなどについても同様な注意が必要である．

- **メディア（USB メモリや DVD など）経由での感染**：他人の DVD や USB メモリなどを経由してデータをコピーする場合には，必ずウイルスチェックを行う．チェックしたいファイルをマウスで選択し，右クリックするとメニューが現れるので「ウイルスバスターCorp.での検索」を選択してクリックするとチェックが実行される．

- **その他の経路からの感染**：ネットワーク経由の感染や Web ページ経由の感染もある．対策はケースバイケースであるが，ソフトウェアの定期的なアップデートで脆弱性をふさぐことが必須の対策とされている．

(3) 具体的なウイルスの事例と用語

ここでは，近年世界中で大きな脅威となった事例と用語を紹介する．

Emotet

最近，Emotet と呼ばれるウイルスの感染が大きな脅威となっていた．Emotet の第一段階の感染経路は電子メールに添付された Microsoft Word ファイルである．Microsoft Windows のみな

らず Apple 社の OS においても感染する．Emotet に感染すると，メールの内容やアドレス帳，ユーザ名，パスワード等の窃取に加え，他のウイルスにも感染させられる危険がある．感染後 Emotet は，近くのワイヤレスネットワーク越しに他の端末に感染を広げることもある．Emotet に感染すると端末やブラウザに保存されたパスワード等の認証情報が窃取される点が脅威である．UNIX サーバあれば，パスワードそのものではなく，ハッシュ値が保存されているため侵入されてもパスワードそのものは奪われない．ところがブラウザや端末に保存されるパスワードは多くの場合暗号化しているだけなので，復号化されるとパスワードを奪われてしまう．このようにパスワードをずさんに管理しているケースでは，深刻な問題が起こり得る．その後，Emotet のボットネットは制圧されたが，既に感染している端末の影響はしばらく続くと思われる．過去の例からしても似た機能を持つ亜種が現れることもあり，引き続き警戒が必要である．（10 大脅威 2021 の pp.32-33 も参照のこと）

ボットネット

ボットとは様々な作業を自動化するプログラムのことであるが，中には悪意のあるプログラムもある．悪意のあるボットに感染した数百〜数万台のコンピュータ（ゾンビ）と指令サーバより構成されたネットワークを「ボットネット」と呼ぶ．指令サーバからゾンビへ指令を出すことで，他のコンピュータを一斉攻撃する．最近の悪意のあるボットには，DDoS 攻撃機能，迷惑メール送信機能，情報収集機能，他への感染機能など多くの機能が実装されている．

Mirai

ネットワークカメラや家庭用ルータなどの IoT 機器へ感染する Mirai による被害が 2016 年以降問題となっている．Mirai に感染するとボットネットに組み込まれ，攻撃に利用される．最近でも様々な亜種が現れ，新たな脅威となっている．IoT 機器を買って来たら，まずは 3.1.7 セキュリティ対策の基本（ロ）に沿って初期設定を行うことが最低限必要である．

ランサムウエア

マルウエアの一種で，感染したシステムのデータを暗号化するなどして利用不能にする．その後，攻撃者は「復旧させたければ身代金を支払え」と脅迫・恐喝し，多額の金を要求することからランサム（身代金）ウェアと呼ばれるようになった．近年世界各地で猛威を振るっているが，日本国内をターゲットにした Oni と呼ばれるランサムウエアによる被害も複数報じられている．今やランサムウエア攻撃は，個人だけではなく特定の組織を狙った持続的標的型攻撃に近い形に進化し，組織的な対策が必要となっている．また，上で説明した Emotet 感染が原因となってランサムウエアに感染するケースが目立っている．情報セキュリティ 10 大脅威 2021 の「組織」の第一位に選ばれた重要項目である．

3.2　インターネットと人権

　情報モラルやインターネットにおける人権の問題はここで取り上げる．情報セキュリティポリシーの目的は情報資産を守ることであるので，人権を守るという視点は不十分でありここで取り上げる．また日本の著作権には人格権が含まれており，人権であるのでここで取り上げる．

　著作権の問題は，情報セキュリティ対策の観点ではコンプライアンスに含まれる．また著作権は，法律上は「知的財産権」の一つである．知的財産権とは，私たちが知的創造活動によって生み出したアイデアを保護し，運用していくための権利である．知的財産権は大きく分けて，著作権，産業財産権（実用新案権，特許権，意匠権，商標権），その他（肖像権など）の３つに分類される．著作権に限らず，最近話題となっているものについては解説を加えて行く．

3.2.1　写真を使う際の注意

　写真をインターネットで公開する場合には注意を要する．例えば，宮沢賢治の写っている写真をインターネットで公開しても良いかどうかであるが，賢治の肖像権は遺族が作っている林風舎で管理されているので，公開する前に林風舎に許可を求める必要がある．この場合の肖像権は，写された肖像を他人に勝手に使用されないという権利（使用拒絶権）という意味である．一方，皆さんがスマホなどで人を撮影する時には，肖像をみだりに写されない権利（撮影拒否権）に注意する必要がある．写真や動画を撮影した時には，狙っている被写体以外にも通行人が写り込む場合がある．あるいは他人の著作物が映り込んだ場合，著作権者の許諾が必要となるケースもあるので注意が必要である．このあたりの法律は判断が難しい．迷ったら詳しい人に相談するか，使用を控えるなどすること．

3.2.2　著作権

　著作権の問題は，情報セキュリティの観点からはコンプライアンス（compliance，法令遵守）の一つとして扱われる．コンプライアンスは，単に法令を守れば良いという意味ではなく，倫理観，道徳観，社会的な規範に従って行動すべきであることも含まれる．

　そろそろ著作権の詳細な説明に入ろう．著作権は，憲法や国際的な規約に沿って保障されている人権であり規制ではない．著作権法の目的は，著作者の権利を守ることによって，著作物の制作意欲を高めることにある．

　日本の著作権は世界でも最高レベルで，以下の３つからなっている．勝手に複製されない権利（経済的権利），人格権（著作者の心を守る），著作隣接権（伝達者の権利）である．勝手に複製されない権利と人格権は，著作者の持つ権利である．すなわち講演，論文，脚本，小説，音楽，振り付け，地図，映画，写真，コンピュータプログラム，編集物，データベースなどを創作した人が持つ権利である．勝手に複製されない権利は著作者の財産権，経済的な権利を守るものである．人格権は著作者の心を守るもので，公表権（公表の時期や方法を決める），氏名表示権，同一性保持権（改ざんを差し止める），名誉声望（社会的評価と人望）を害する方法での

利用を禁止する権利が含まれる．一方，隣接著作権は伝達者の権利であり，音楽 CD 製作者の権利，放送業者の権利などが含まれる．

　また，ベルヌ条約（ベルン条約ともいう．日本は 1899 年加入）に基づいた以下の原則がある．
- 無方式主義：著作権は著作物の創作時に発生する．登録や著作権表示などを必要としない．
- 属地主義（保護国法の原則）：著作物に与えられる著作権保護は，条約以外に，保護を与える国の法令によって決まる．
- 内国民待遇：条約加盟国は，加盟国の著作物に国内の著作物と同等以上の権利保護を与える．

米国などアングロサクソン系の国々では，著作権の保護水準が低いといわれており，勝手に複製されない権利だけを保護していることがある．例えば米国の copyright があげられる．

3.2.3　最近の著作権法の主な改正点

　著作権法は，2018 年 12 月 30 日に発効した環太平洋パートナーシップ（TPP）批准にともなって大きく変化し，またインターネットでの利用方法に関する変更，デジタル教科書の制度化に伴う変更，新型コロナウイルス感染症に伴う遠隔授業等のニーズに対応する変更もなされている．ここでは一般学生を対象とした情報に絞って掲載するので，教える先生側に必要な情報，将来教職を目指している人たちに必要な情報などについては，文化庁などで公開している情報に個別にあたっていただきたい．

(1) 環太平洋パートナーシップ（TPP）批准後の著作権法

　原則として 1968 年以降に亡くなった方の著作物の保護期間が延長される(表 3.2.3.1)．一度保護が切れた著作物は，その保護を後になって復活させるという措置は採らない．保護期間の延長により外国人の著作物の保護期間はどうなるかであるが，日本における外国人の著作物の保護期間も原則として 70 年に延長される．ただし相互主義により，我が国より保護期間が短い国の著作物はその相手国の保護期間だけ保護される．詳細な改正点は文化庁などで公表されている資料にあたっていただきたい．

表 3.2.3.1　著作物等の保護期間の延長

種類		改正前	改正後
著作物	原則	著作者の死後 50 年	著作者の死後 70 年
	無名・変名	公表後 50 年	公表後 70 年
	団体名義	公表後 50 年	公表後 70 年
	映画	公表後 70 年	公表後 70 年
実演		実演が行われた後 50 年	実演が行われた後 70 年
レコード		レコードの発行後 50 年	レコードの発行後 70 年

(2) 平成 30 年〜令和 3 年の主な改正
- オンデマンド型の遠隔授業などでの公衆送信について，教育機関の設置者が補償金を支払う

ことで，権利者に無許諾で行うことが可能になった．具体的には学校等の教育機関の授業で，予習・復習用に教員が他人の著作物を用いて作成した教材を生徒の端末に送信したり，サーバにアップロードしたりすることなどが，必要と認められる限度において，許諾を得ることなく行えるようになった．

- 一般社団法人 授業目的公衆送信補償金等管理協会（SARTRAS）は，この補償金を教育機関の設置者から預かり，権利者に分配をするために設立された団体である．岩手大学では既に補償金の支払いを行っている．

- 補償金を支払うことで，著作物を権利者の許諾を得ずに「デジタル教科書」に掲載し必要な利用を行うこと，図書館等が一定の条件の下，調査研究目的で著作物の一部分をメールなどで送信を行うことなどが認められる．

- インターネット上の海賊版対策の強化
  ① リーチサイト等（違法サイトへのリンク集を載せているサイトなど）を運営する行為等を刑事罰の対象とする．
  ② 違法にアップロードされたものだと知りながら侵害コンテンツ（音楽や映像以外も含む）をダウンロードする行為は，一定の要件の下で，私的使用目的であっても違法とする．

詳細な内容，施行期日等については，それぞれの法律にあたっていただきたい．

(3) 注意していただきたいこと

インターネット上のコンテンツ（文章，画像，動画，音声など）の多くは著作物である．利用する場合は原則として権利者の承諾を得る必要がある．教育・研究の目的で参照した場合は，引用元の情報を文献として載せること．引用の仕方については参考文献[7]が参考になる．

3.2.4　インターネットにおける人権侵害

　近年，無料通信アプリや SNS を使用したいじめ，児童ポルノ，リベンジポルノ，個人情報の無断掲載，デマ・フェークニュースの拡散，著作権侵害，性犯罪などが問題になっている．法務省が企画した以下の啓発冊子「あなたは大丈夫？考えよう！インターネットと人権＜三訂版＞」がダウンロードできるので参考にしていただきたい[8]．情報セキュリティの観点からは，これまでは，ネットに拡散した情報は消すことができない，という点を強調して防止に努める人が多かった．しかし，人権侵害に遭って深く傷ついた被害者の立場になって考えると，そのような宣伝が良いとは考えにくい．それよりは，どうすればインターネットに掲載された情報を削除できるかが問題となる．例えば，被害を受けたらまず保護者や先生に相談し，法務局・地方法務局へ相談してもらった後に，助言を基にしてプロバイダ等に削除依頼を出すというような流れである．

　学生諸君を被害者・加害者にしないためにも，インターネット，スマートフォンを始めとするデジタル機器，SNS などのコミュニケーションツールを「賢く活用する知識・知恵」，「ルールを守って使える健全な心」，及び「安全に利用するための危機管理意識」を育むことが重要視

されている．以下のトラブル事例集を参考にして知識を身につけ，被害に遭った場合には相談窓口を活用していただきたい．

インターネットトラブル事例集（総務省）
<https://www.soumu.go.jp/use_the_internet_wisely/trouble/>

法務省インターネット人権相談窓口
<https://www.jinken.go.jp/soudan/PC_CH/0101.html>

インターネット上の誹謗中傷に関する相談窓口
<https://www.soumu.go.jp/use_the_internet_wisely/special/sns/>

3.3　インターネットから知りたい情報を探す

3.3.1　目的に応じて検索結果から利用可能な情報を選び出す

検索エンジンによって使い方が異なるが，ここではシェアの大きな Google と Bing の使い分けと基本的な使い方について解説する．Google の世界でのシェアは 2020 年 3 月時点で，Google が 68%，Baidu が 13.1%，Bing が 12.9%という結果が報告されている（Net Applications による）．Google は総合的に優れているが，Bing は検索結果にフィルタをかけることができる点が便利である他，動画検索に優れている．

Google 検索の概要
検索画面<https://www.google.com/> の右下に「設定」メニューがあるので，ここで設定すれば多機能な検索が可能である．また検索後に「ツール」ボタンを押すと，検索結果に簡単なフィルタをかけられる．例えば画像であれば，サイズ，色，種類，ライセンスなどで絞り込める．ただし，ライセンスのフィルタはクリエイティブ・コモンズライセンス（後述）と商用およびその他のライセンスの2つしか選択肢が無い．
(1) 検索結果の絞り込み
検索語をスペースで区切って並べる．あるいは and でつなげる．検索結果を集合とすれば，AND（積）をとったことになる．
例：人工知能 and 機械学習　　あるいは　　人工知能　機械学習

(2) 検索結果を広げる
検索語を|（バーティカルバー）で区切って並べる．あるいは or でつなげる．検索結果を集合とすれば，OR（和）をとったことになる．
例：人工知能 or 機械学習　　あるいは　　人工知能|機械学習

(3) フレーズ検索（完全一致検索）

人工知能で検索すると，人工と知能の検索結果も表示される．一つの語として検索するには，検索語を"（ダブルクォーテーション）でくくって，フレーズ検索（完全一致検索）を用いる．

例："人工知能"

(4) マイナス検索

余分な結果を除くためには，マイナス検索を使う．1つ目の検索語の後ろには半角スペースを入れ，除外する言葉の前に半角のマイナス「-」を付けて検索する．

例：検索語として "宮沢賢治" で検索すると，指導案や学習指導案が多数表示されて，目的の情報を見つけづらい．そこで検索語を "宮沢賢治" -"指導案" という具合にすると，検索結果から指導案が除かれる．

(5)辞書のように言葉の意味を検索

言葉の意味を探す時は，検索語の後ろに「とは」を付けて検索する．

例：人狼知能とは

　検索時のお勧めは，ちょっと難しいが英語で検索することである．世界の最新情報や重要な情報の多くは英語で発信されているため，これを心がけるかどうかで，最初は辛いかもしれないがしだいに能力に大きな開きが出てくるであろう．検索窓の下に「Google 検索は次の言語でもご利用いただけます：English」と表示されているはずなので，English という部分をクリックするだけである．いつも英語検索にする時は設定メニューで選択すると良い．

　このように不便にすることで逆に能力を延ばす，不便益（benefit of inconvenience）という考え方が最近，情報分野においても注目を浴びている[9]．目先の便利さがもたらす小さな利益よりも，本当に大切なものを求めようという考え方である．

3.3.2 Bing 検索で検索結果にフィルタをかける

　Bing 検索 <https://www.bing.com/>で便利なことは，検索結果に手軽にフィルタをかけられることである．例として，「ハロウィーン」と検索した後に，「画像」を選択し，右端のメニューから「フィルター」を選択してみよう．すると絞り込みのためのメニューが現れる．その中から「ライセンス」をクリックすると，多様なライセンス毎の絞り込み（無料で共有及び使用ができるか，商業利用や改変ができるかなど）がかけられる．パブリックドメインは，著作権を放棄したという意味である（厳密には著作人格権は放棄できないので注意は必要）．ここで，選択肢の中にあるクリエイティブ・コモンズとは何であろうか？以下で解説する．

3.3.3 クリエイティブ・コモンズ・ライセンスとは

　インターネットで画像などを利用しようとした時，使って良いかどうか分からず迷った経験

をお持ちではないだろうか．クリエイティブ・コモンズ・ライセンス（CC ライセンス）とはインターネット時代のための新しい著作権ルールで，作品を公開する作者が「この条件を守れば私の作品を自由に使って構いません．」という意思表示をするためのものであり，法律ではない．CC ライセンスを利用することで，作者は著作権を保持したまま作品を自由に流通させることができ，受け手はライセンス条件の範囲内で再配布やリミックスなどをすることができる．またクリエイティブ・コモンズは，クリエイティブ・コモンズ・ライセンス（CC ライセンス）を提供している国際的非営利組織とそのプロジェクトの総称でもある．2013 年からは，クリエイティブ・コモンズ・ライセンス バージョン 4.0 がリリースされている．詳細は文献[10]を参照していただきたい．

　CC ライセンスでは，作品を利用する（作品を複製，頒布，展示，実演を行う）にあたり必要となるライセンス条項を 4 つにまとめている．選択可能なライセンス条項は，以下のアイコンで提示する．アイコンの代わりに，略語（英語では，BY, NY, ND, SA. 日本語では表示，非営利，改変禁止，継承）で表す場合もある．

英語表記　BY,　　日本語表記　表示
・作品のクレジットを表示すること

英語表記　NY,　　日本語表記　非営利
・営利目的での利用をしないこと

英語表記　ND,　　日本語表記　改変禁止
・元の作品を改変しないこと

英語表記　SA,　　日本語表記　継承
・元の作品と同じ組み合わせの CC ライセンスで公開すること

以下に具体的な表記例を示す．

アイコンでの表記		
英語表記 日本語表記	CC BY CC 表示	CC BY−NC−ND CC 表示−非営利−改変禁止
説明	作品を使用するにあたり，原作者のクレジットの表示が必要．	作品を使用するにあたり，原作者のクレジットを表示し，非営利目的での利用に限定し，改変はしないこと．

原作者のクレジットの表示とは，氏名，作品タイトルなどを表示することである．何を表示するかを具体的に指定している場合もある．

3.3.4　フィルターバブルに注意

フィルターバブルとは,「インターネットの検索サイトが提供するアルゴリズムが, 各ユーザが見たくないような情報を遮断する機能」(フィルタ) のせいで, まるで「泡」(バブル) の中に包まれたように, 自分が見たい情報しか見えなくなること. インターネット活動家のイーライ・パリサーによる造語である[11]. 東京大学の鳥海不二夫先生のご指摘によれば,「あなたのための情報だが, あなたを思ってはいない」とのこと. 注意が必要である. 対策としては, クッキー, 履歴, キャッシュ等を毎回消去するモードを使うことがあげられ, プライベートモード (シークレットモード) などの使用が考えられる.

このようなフィルタの機能をパーソナライズと呼んでいるが, ニュースアプリなどでも同じような状況が見られるので注意が必要である.

3.4　クラウドサービス

3.4.1　クラウドサービスとは

クラウドサービスとは, 従来は利用者の手元のコンピュータや所属する組織 (学校など) で管理・運用される計算機上で利用していたソフトウェアや様々なネットワークサービスをインターネット経由で提供・利用するものをいう.

世界中に広がるインターネットは, 構成が複雑で常に変化し続けているため, そのすべてを完全に把握することが非常に困難なことから, 以前から雲のイメージで表現されることが多かった. その雲 (インターネット) 上のどこかからネットワーク経由でサービスが提供されることから「クラウドサービス」と呼ばれるようになったと言われている.

現在では, ファイルやデータの保存・管理, 電子メールやメッセージの送受信, 会計システム, 文書作成や表計算などのアプリケーションなど, 様々なものがクラウドサービスとして提供され, その利用が広がっている.

3.4.2　クラウドサービスの特徴

クラウドサービスには様々な特徴があるが, ここでは, その可用性とサービスを利用できる範囲について解説する.

(1)　高い可用性

クラウドサービスの多くは, 複数の機器 (計算機, ストレージなど) により構成された仮想化基盤上の仮想計算機によりサービスが提供されており, 機器の故障などによりサービスが停止することが少ない (図3.4.1. また, 仮想化基盤が複数の国や地域をまたいで構成されている場合, 地震など大規模な災害時でもサービスが継続でき, データの消失等のリスクも低減する.

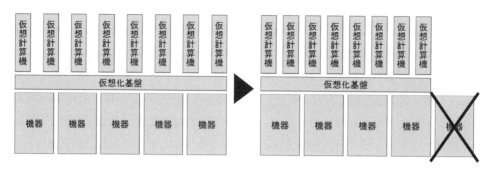

図 3.4.1 機器の一部に故障があっても動き続ける仮想計算機

(2) 場所や機器に依存せず利用できる

　以前は，利用者の個々のコンピュータにファイルが保存され，そのファイルは保存されているコンピュータからしか利用できなかった．電子メールについても，利用者のコンピュータにインストールされたアプリケーションによりメールが送受信され，メールの内容は送受信したコンピュータでしか確認できなかった．その後，ネットワークを介してファイルを保存・共有できる機器（NAS: Network Attached Storage）が使われるようになり，保存したコンピュータ以外からファイルを利用できるようにはなったが，家庭内や大学キャンパス内など特定の範囲からの利用に限られることが多かった．

　一方，クラウドサービスは，インターネットを介してサービスが提供されるため，インターネットに接続している環境であれば基本的にどこにいてもサービスが利用できる．また，その多くは，Web ブラウザなど一般的なソフトウェアから利用でき，特別なソフトウェアを必要としないため，出先など，自身以外の PC でも容易に利用できる．

3.4.3　クラウドサービス利用時の注意

　クラウドサービスは，インターネットに接続してさえいればどこからでも，また特別なソフトウェアも必要とせず利用できるという利点があるが，これは皆さんのクラウドサービスを不正に利用しようとする攻撃者にとっても同様である．

　クラウドサービスの利用者がサービスを利用する権限を持っているかどうかは，利用時のユーザ認証によって確認され，クラウドサービスはユーザ認証により攻撃者による不正利用から守られている．言い換えれば，このユーザ認証が破られると，攻撃者はクラウドサービスをどこからでも悪用でき，皆さんが保存しているファイルや送受信したメールから，それらに含まれる個人情報等の重要な情報を簡単に盗み出せてしまう．

　攻撃者によるクラウドサービスの不正利用を防ぐ上で，ユーザ認証を破られないことが非常に重要となる．

(1)　フィッシングに注意する

　近年では，ユーザ認証にも様々なものがあるが，ID とパスワードによる認証も（他の認証と組み合わせる場合も含め）多く使われている．推測されづらい強いパスワードを設定すること

や複数のサービスで同じパスワードを使わないことはもちろんだが，フィッシングなど，パスワードを盗み出す攻撃にも注意が必要である．フィッシングとは，クラウドサービスなどネットワークサービス事業者を装ったメール等の通知で利用者を偽の認証ページに誘導し，利用者の認証情報（ID，パスワードなど）をだまし取る攻撃手法である．

　フィッシングを防ぐ上で基本となるのは，偽の認証ページへの誘導通知を見抜くことだが，その文面は，サービス事業者等からの正規の通知を一部改変して作られたものや，「アカウントが攻撃を受けている」「不信な利用があり確認が必要」とセキュリティ意識の高い利用者の不安を煽るものなど，巧妙なものも多く，通知の文面だけで真偽を判断するのが難しくなっている．

　メールアドレスなど，送信者の情報から偽の通知であることを見抜ける場合もあるが，電子メールでは送信者アドレスが偽れるため，実際のサービス事業者等のアドレスから送られたように見えても，正規の通知であるとは判断できない．携帯電話やスマートフォンの電話番号を使ってメッセージを送信するSMS（ショートメッセージサービス）でも送信者の電話番号が詐称でき，これがあまり知られていないことからSMSを使ったフィッシング（スミッシング）の被害も多く発生している．

　ここで，通知の文面や送信者の情報を確認することは，偽の認証ページへの誘導通知を見抜く上で意味がないわけはなく，これら「だけ」では不十分であるがフィッシング被害を防ぐ上で大切であることに違いない点は理解されたい．

　通知の文面や送信者情報で不正なものと判断できなかった場合，誘導されているページの真偽を判断することとなる．「まずはリンク先の様子を見てから判断」と気軽にリンク先にアクセスする利用者も少なからず居るようだが，リンク先が偽のページだった場合，「偽の誘導通知でアクセスしてきた迂闊な利用者」として，連絡先が攻撃者にとって価値のあるリストに加えられ別の攻撃で積極的に利用される恐れや，そのページから不正なプログラムをダウンロードさせられる恐れなどがあるため，絶対に行ってはならない．

　誘導されているページの真偽は，誘導先ページのURL（Uniform Resource Locator）に含まれるドメイン名から判断できる．ドメイン名はインターネット上の住所表示に例えられ，WebページのURLやメールアドレスの一部として使われている．URLの場合，「https://」（または「http://」）の後に現れる最初の「/」の前の部分がドメイン名で，岩手大学のホームページ「https://www.iwate-u.ac.jp/...」では岩手大学が取得している「iwate-u.ac.jp」がドメイン名となる．「https://」の後に「/」がない場合は，URLの最後の部分がドメイン名で，「https://www.example.com」では「example.com」がドメイン名となる．ドメイン名は世界中で登録・管理されており，URLのドメイン名を確認することで，サービス提供者自身が設置したWebページかどうかが確認できる．

　ドメイン名の持ち主は，「whoisサービス」を使い調べることもできるが，アクセスしようとするWebページのドメイン名を毎回確認するのは大変で現実的ではなく，実際には，自身が使っているネットワークサービスの認証ページのドメイン名を覚えておき，それとは異なるドメイン名のページに誘導され認証を求められた際にのみ確認することをお勧めする．なお，偽の

認証ページのドメイン名が正規のサービス提供者のドメイン名に似せられていることがあるので，ドメイン名の確認は慎重に行うよう注意されたい．

3.5　電子メール

　近年は LINE など様々なメッセージツールが存在するが，以前からある電子メールも多くの場面で使用されている．ここでは，電子メール使用時の注意とクラウドメールサービスのひとつである Gmail の設定・使用方法について解説する．

3.5.1　電子メール利用時の注意

(1)　添付ファイルに注意

　電子メールには，電子ファイルを添付して送受信するファイル添付機能がある．メールに添付できるファイルのサイズにはメールサービスごとに設けられた制限があるが，ファイルの種類には基本的に制限がなく，Word や Excel などの文書・表計算ファイルの他，画像やプログラムファイルなども添付できる．

　電子メールへのファイル添付は便利な機能で広く利用されているが，反面，コンピュータウイルスなどの不正なプログラムファイルが添付されてくることもあり，危険な面もあることを認識しておかなければならない．

　メールに添付されてきたファイルを開く前には以下の点を必ず確認し，一つでも満たさない場合は添付ファイルを開かないことが重要である．

- メールの送信者
  見知らぬ相手から送られてきた添付ファイルは開かない．
- メール本文で添付ファイルの情報を確認
  メール本文をよく読み，添付ファイルが送られてきた理由や経緯，ファイルの種類に不審な点がないか確認する．不審な点があった場合や添付されているファイルの説明がない場合は添付ファイルを開かない．
- セキュリティソフトでの不正プログラムのチェック
  セキュリティソフトで添付ファイルをチェックし，危険があるとされた場合は開かない．

(2)　送信時の宛先アドレスの確認

　電子メールの宛先アドレスは，一文字でも間違えると本来の宛先に届かない．間違えた宛先アドレスが存在しなければ送信したメールはエラーとなって帰ってくるだけで済むが，そのアドレスが存在した場合は別の人にメールが届き，メールの内容が意図しない相手に知られることになってしまう．送信したメールに機密情報や他者の個人情報が含まれていれば，これらが漏洩したこととなり，大きな問題となることもある．

　メールを送信する際には，宛先アドレスを必ず確認するよう心掛けることが重要である．

(3)　宛先の指定方法

電子メールの宛先アドレスの指定方法には To, Cc, Bcc の三種類があり，それぞれ以下のように意味が異なっている．

To:　メールの要件の直接の相手のメールアドレスをここに書く．メールの内容が処理や作業を依頼するものであった場合，ここに書かれている人に「依頼している」ことになる．

Cc:　カーボンコピー（Carbon Copy）の略で，カーボン紙と呼ばれる紙を 2 枚の白い紙の間に挟み，ボールペン等で上の紙に書いた文字を下の紙に写し取る複写方法になぞらえ，メール（のコピー）を要件の直接の相手以外にも届ける目的で使用される．

処理や作業を依頼するメールであった場合，ここに書かれている人に「依頼したことを伝える」という意味になる．

Bcc:　ブラインドカーボンコピー（Blind Carbon Copy）の略で，他の受信者に知られないようメール（のコピー）を届ける目的で使用される．

処理や作業を依頼するメールであった場合，ここに書かれている人に「依頼したことをこっそり伝える」という意味になる．

これら三つのうち，To や Cc では，指定した宛先アドレスを受信する全員が知ることになる点で，Bcc とは大きく異なる．互いがメールアドレスを知らない複数の相手にメールを送信する際，To や Cc で全員のメールアドレスを指定すると，メールを受信した全員に個人情報である互いのメールアドレスを知らせたことになり，大きな問題となる場合があるため注意されたい．

(4)　電子メールの安全性は高くない

電子メールの安全性は高くなく，以下のような点から郵便はがきと同程度とも言われている．

- ● 　電子メールの内容は，郵便はがきの文面のように他者に盗み見られる恐れがある．
- ● 　電子メールの送信者アドレスは，郵便はがきの差出人のように簡単に詐称できる．

電子メールはいくつかのメールサーバ（電子メールサービスを提供する計算機）で中継され受信者のメールサーバに届けられる（図 3.5.1）．メールを中継するメールサーバ間の通信は暗号化されているとは限らず，また，中継するメールサーバや受信者のメールサーバで保存される際もメールが暗号化されることは少なく，メールが盗み見られてしまう恐れがある．

送信者アドレスについてもメールを受信した際に表示されるものは，電子メールの仕組み上，メールの内容と同じように送信者が自由に書き換えることができ，表示されているアドレスから送信されたものとは限らない．

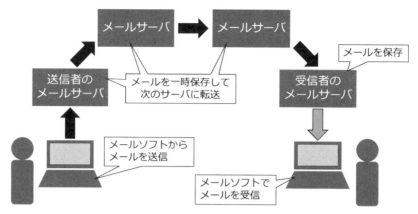

図 3.5.1 電子メールがいくつかのサーバで中継されて届く様子

　これらの問題を解決すべく，「送信する時点でメール自体を暗号化する」「送信者の詐称やメールの内容が改ざんされていないことを確認できる」仕組み（PGP: Pretty Good Privacy, S/MIME: Secure/Multipurpose Internet Mail Extensions）や，送信者アドレスのドメイン名（メールアドレスが address@example.com の場合は「example.com」）が正しいことを確認する仕組み（SPF: Sender Policy Framework, DKIM: DomainKeys Identified Mail）が古くからあるが，これらには使用上の課題もあり，現時点では，一般に広くは使用されていない．

　電子メールを利用する際には，これらの問題があることを意識する必要がある．日本では，電子メールで機密情報や個人情報等を送信する場合，メールの本文にはこれらを含めず，別のファイルとしてパスワード等で暗号化した上で添付し，パスワードを別に相手に伝える方法なども使われている．このパスワードを相手に伝える方法がメールであればパスワードも盗み見られる恐れがあり，手順が煩雑な割に安全性があまり向上しないものとして批判されてもいるが，現状，この問題を解決することは難しく，ファイル共有サービスなど電子メール以外のサービスが用いられることも増えている．

3.5.2　Gmail の設定・使用方法

　ここでは，Gmail の設定・使用方法について書いているが，クラウドサービスではその画面デザインや設定できる内容，動作などが改良等によって変更されることが少なくなく，クラウドサービスの一つである Gmail でもこの点は変わらないため，本稿執筆時と多少（場合によっては大幅に）変更されることがある点は理解されたい．

(1)　Gmail の設定

　Gmail の設定はトップページ右上に歯車で表示されている「設定」ボタンで表示される「クイック設定」，およびクイック設定の上部の「すべての設定を表示」から表示できる「設定ページ」で変更できる．ここでは，クイック設定で設定できる項目を含む全ての設定が行える「設定ページ」での設定方法について解説する．

表 3.5.1 Gmail の主な設定項目と解説

分類	項目	解説
全般	返信時のデフォルトの動作	「返信」「全員に返信」から選択. 返信: 受信したメールの送信者にのみ返信 全員に返信: 受信したメールの送信者と全ての受信者に返信
	メッセージ内の画像	**「外部画像を常に表示する」「外部画像を表示する前に確認する」から選択.** **「外部画像を表示する前に確認する」を推奨.** ※本文に解説あり.
	動的メール	「外部画像を常に表示しない」とした場合,自動的に**無効**になる.
	スレッド表示	**ON/OFF を選択.** 「クイック設定」からも設定可能. **ON**: 返信されたメールを元のメールとグループ化してまとめて表示. **OFF**: 「受信トレイの種類」の設定に従って表示. ※項目「**受信トレイの種類**」を参照
	連絡先を作成してオートコンプリートを利用	「新しいユーザーにメールを送信すると,そのユーザーを [その他の連絡先] に追加して次回からオートコンプリート機能で入力できるようにする」「手動で連絡先を追加する」から選択.
	署名	メール送信時,メールの最後に自動で追加される定型文. 作成しておくことを推奨. ※本文に解説あり.
受信トレイ	受信トレイの種類	「デフォルト」「**重要なメールを先頭**」「**未読メールを先頭**」「**スター付きメールを先頭**」「**優先トレイ**」「**マルチ受信トレイ**」から選択. 「クイック設定」からも設定可能
	閲覧ウィンドウ	**「閲覧ウィンドウを有効にする」を選択すると**メールの内容を表示するための領域(閲覧ウィンドウ)が固定される. 画面が広い場合は有効にしておくと便利. 「クイック設定」からも設定可能
	重要マーク	「**マークを表示する**」「**マークを表示しない**」から選択.
アカウント	名前	メール送信時に送信者として表示される名前を設定.設定しておくことを推奨. ※本文に解説あり.

　Gmail の主な設定項目とその解説を表 3.5.1 に示す.ここで「分類」列に記載している名称は,設定ページ上部で切り替えられるもので,表に示している「全般」「受信トレイ」「アカウント」の他,「ラベル」「フィルタとブロック中のアドレス」など様々なものがあるので,一度目を通しておくとよい.

　「全般」の「メッセージ内の画像」の設定内容として「外部画像を表示する前に確認する」

を推奨しているが，この理由の理解には，まず，「HTML 形式」と呼ばれるメールの形式と外部画像を知る必要がある．電子メールには，書式のない文字だけでその内容が表現される「テキスト形式」と Web ページのように文字の装飾（色，字体など）や画像などを文中に含められる「HTML 形式」とがある．HTML 形式の場合，メール自身に含まれる画像だけでなく，Web サーバ（Web サービスを提供する計算機）上の画像も含めることができ，Gmail では，これが外部画像と呼ばれている．受信したメールを読む際に外部画像を表示すると，これを取得するためメール受信者の PC から送信者が指定した Web サーバ上の画像へのアクセスが行われる．Web サーバ上では，画像にアクセスがあったことやアクセス日時，アクセスした PC のネットワーク情報が得られ，送信アドレスごとに埋め込む画像の URL を変えておけば，送信したメールが読まれたこと（つまり送信したメールアドレスが存在すること）やメールが読まれた時間，メール受信者のネットワーク情報など様々な情報が得られ，これが迷惑メール等だった場合，付加価値のあるメールアドレス情報として扱われ，他の攻撃等への悪用される恐れがある（図 3.5.2）．

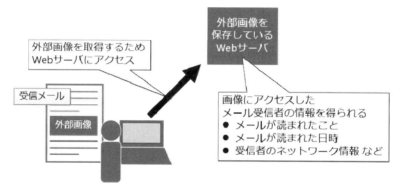

図 3.5.2 外部画像を表示するとメール受信者の情報が取得される

　表 3.5.1 では，「全般」にある「署名」を作成しておくことを推奨しているが，これは，メールを送信する際にメールの末尾に自動で追加される定型文のことで，メール送信者の所属や氏名，連絡先（電話・FAX 番号，メールアドレス等）などが記載され，署名のないメールはマナー違反とされ不正なメールと疑われることもある．なお，学生の皆さんの場合，メールを送信する相手から自宅や携帯電話等に連絡が必要なことは多くないことから，この署名に自宅の住所や電話番号等の個人情報を記載せず，大学名，学部・学科・コース名，学籍番号，氏名程度にとどめておくことを推奨する．

　分類「アカウント」では，メールを送信した際に相手にメールの送信者名として表示される「氏名」についても設定しておくことを推奨している．大学や企業等，組織で Google のアカウントが管理されている場合，アカウント情報にユーザの氏名が登録されていないことがあり，このような場合，送信者名の姓・名の両方にユーザ ID が設定されることになるため注意されたい．

(2)　メールの受信

　Web ブラウザで Gmail にアクセスすると「受信トレイ」が選択された状態で受信したメールの一覧がウィンドウの右側に表示される（図 3.5.3）.「スレッド表示」が ON に設定されている（表 3.5.1 参照）場合は, 返信されたメールも元のメールとグループ化され一つに表示される. グループ化されたメールは, メールの送信者名の右側に, まとめられたメールの数が表示されている（図 3.5.3①）. 受信メール一覧は上部にある「 ⟳ 」をクリックすると更新される（図 3.5.3②）.

　受信したメールにファイルが添付されている場合は, 一覧に表示されているメールの件名の下に添付されたファイルの表示・ダウンロードのボタンが表示される（図 3.5.3③）.

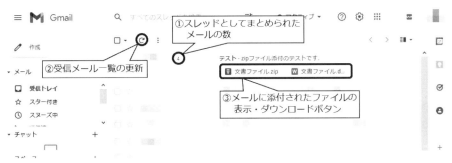

図 3.5.3　受信トレイの受信メール一覧

　受信メール一覧のメールをクリックするとその内容が表示される（図 3.5.4）. スレッド表示でメールがグループ化されている場合は, まとめられたメールが連なって表示される（図 3.5.4①）. このとき, まとめられたメールは一番新しいものだけが全文を表示され, それ以外のメールは一行分だけ表示されているが, メールをクリックすることで全文が表示できる.

　先ほどの受信メール一覧表示に戻る場合は, メール本文表示の上側にある「←」をクリックする（図 3.5.4②）.

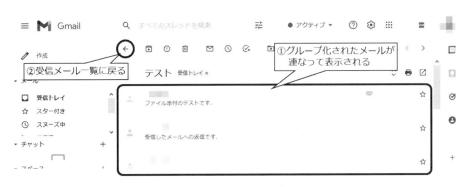

図 3.5.4　メールの内容表示

(3)　新規メールの送信と受信メールへの返信

メッセージ作成エリアの表示

　新規メールの送信は, ウィンドウ左型にある「作成」ボタン（図 3.5.5 ①）をクリックし表

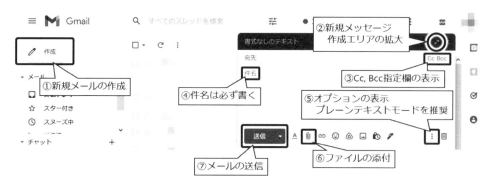

図 3.5.5 新規メール・返信メールの作成・送信

示されるメッセージの作成エリアから行える．受信したメールに返信する場合は，メールの全文を表示している状態で「↰」をクリックすると返信用のメッセージの作成エリアが表示される．メッセージの作成エリアが狭い場合は，「⬀」をクリックすることで拡大（全画面）表示できる（図 3.5.5②）．

宛先, Cc, Bcc の指定

　メールを送信する宛先アドレスは「宛先」欄で指定する．受信したメールに返信する場合は，「返信時のデフォルトの動作」の設定（表 3.5.1 参照）に従い自動で宛先アドレスが入力されるが，宛先に間違いがないか必ず確認する．

　Cc や Bcc で宛先を指定する場合は，「Cc」「Bcc」（図 3.5.5③）をクリックすることでこれらの指定欄が表示される．すべての宛先を Bcc で指定し，「宛先」欄に入力する宛先がない場合は，自身のメールアドレスを宛先欄に指定する．

件名

　「件名」欄（図 3.5.5④）にはメールの内容を簡潔にまとめ記載する．携帯電話での電子メールでは，この件名を記入しない習慣が一部にあるようだが，PC 等でメールをやり取りする場合は件名を書かないとマナー違反になるので注意されたい．

　また，Gmail では標準で HTML 形式のメールが作成されるが，特に必要でなければテキスト形式とすることを推奨する．テキスト形式のメールを送信する場合は，メッセージの作成エリア右下の「⋮」をクリックし表示される「その他のオプション」から「プレーンテキスト モード」を選択する（図 3.5.5⑤）．このテキスト形式の設定は一度選択すれば以後保持されるが，Web ブラウザや PC の設定等により標準の HTML 形式に戻る（プレーンテキスト モードの選択が解除される）こともあるため，メールを作成する際に毎回確認することをお勧めする．

ファイルの添付

　メールに添付するファイルの指定は，メッセージ作成エリア下部の「📎」から行う（図 3.5.5⑥）．指定したファイルはメール本文下部にファイル名が表示される．添付したいものと異なるファイルを誤って指定した場合は，このファイル名の横にある「×」をクリックし添付ファイルの一覧から削除できる．

　メールにファイルを添付する際には，メールを受け取る相手が添付ファイルを開く際の判断ができるよう，メール本文に，ファイルを添付した理由や経緯，ファイルの概要を必ず記載すること．

<u>メールの送信</u>

　最後にもう一度，宛先アドレスや添付しているファイルを確認し，「送信」ボタンをクリックして作成したメールが送信する（3.5.5⑦）．

(4) メールの分類（ラベル付け）

　Gmail にはメールにラベルを付け分類・整理する機能がある．一般的なメールソフトなどでは，フォルダと呼ばれる名前を付けた保存場所にメールを分類・整理して保存する機能がありこれに似たものではあるが，フォルダでの分類はメールをどれか一つのフォルダに保存するのに対し，ラベルでの分類は一つのメールに複数のラベルをつけられる点がフォルダでの分類とは異なる．

　メールへのラベル付けはメールの内容表示の上部「 ▢ 」からラベルを選択し行う（図 3.5.6 ①）．ここで「新規作成」を選択すると，新しいラベルを作成しそのラベル付けできる．

　図 3.5.6 ではメールに「テスト」とラベル付けしており，図中②で示すように，件名の右側に着けられたラベル名が表示されている．メールに着けたラベルはラベル名右側の「×」をクリックすることで削除できる．この図にもある通り，これまで出てきた「受信トレイ」もラベルの一つであることが分かる．

　ラベルを付けたメールの一覧は，ウィンドウ左側のラベル名をクリックすることで表示できる（図 3.5.6③）．

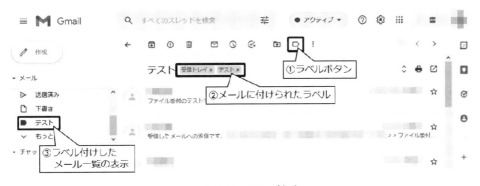

図 3.5.6 ラベル付け

(5) 迷惑メールの確認

　Gmail では，迷惑メールと判断されたメールに自動で「迷惑メール」ラベルを付け，「受信トレイ」ラベルをつけない（受信トレイのメール一覧に表示しない）．迷惑メールには不正なサイトへの誘導など危険なものもあり，この機能は大変便利なものではあるが，残念ながら迷惑メールの判断は完璧ではなく，必要なメールが迷惑メールと判断される場合もある．

　迷惑メールと判断されたメールは受信後30日経つと自動で削除され読めなくなってしまうた

め，必要なメールに「迷惑メール」ラベルが付けられていないか「迷惑メール」ラベルが付けられたメール一覧を表示し，常に確認する必要がある．必要なメールが迷惑メールと判断されていた場合は，一覧でチェックをつけ，メール一覧上部の「迷惑メールではない」をクリックすることで「迷惑メール」ラベルが削除され，「受信トレイ」ラベルが付けられる（受信トレイのメール一覧に表示される）．

[参考文献]

[1] ISO/IEC 27000-series については，以下の ISO Freely Available Standards の ISO/IEC 27000:2014 参照のこと ＜http://standards.iso.org/ittf/PubliclyAvailableStandards/＞
日本では対応する JIS Q 27000 がある．

[2] 岩手大学情報基盤センターセキュリティポータル ＜https://isic.iwate-u.ac.jp/security/＞

[3] IPA 脆弱性対策 ＜https://www.ipa.go.jp/security/vuln/＞

[4] @POLICE ＜https://www.npa.go.jp/cyberpolice/＞

[5] セキュリティソフトウェアについて（岩手大学情報基盤センター）
   ＜https://isic.iwate-u.ac.jp/usersguide/soft/security.html＞

[6] 岡本薫，"インターネット時代の著作権"，（財）全日本社会教育連合会，2002.

[7] （独）科学技術振興機構「参考文献の役割と書き方」
   ＜https://jipsti.jst.go.jp/sist/pdf/SIST_booklet2011.pdf＞

[8] 「あなたは大丈夫？考えよう！インターネットと人権＜三訂版＞」
   ＜https://www.moj.go.jp/content/001280029.pdf＞

[9] 不便益システム研究所 ＜http://fuben-eki.jp/whatsfuben-eki/＞

[10] クリエイティブ・コモンズ JAPAN ＜https://creativecommons.jp/licenses/＞

[11] Eli. Pariser, "The Filter Bubble: What the Internet Is Hiding from You", Penguin Press, 2011.

第4章

UNIX の利用法

4.1 予備知識

4.1.1 UNIX と Linux

コンピュータというと，真っ先に思い浮かぶものは，身近なWindows パソコンであろう．しかし，Windows 以外にも，macOS やLinux などを用いたコンピュータがあることを聞いたことがあるはず．これら Windows, macOS, Linux などは，コンピュータのソフトウェア機能の基礎をなす特別

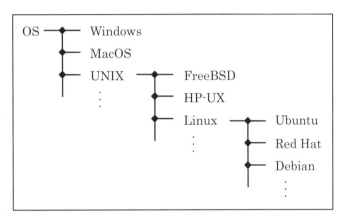

図 4.1.1 OS の分類

なソフトウェアであり，OS(オペレーティングシステム)と呼ばれる．UNIX も OS の一種である．OS の分類を図 4.1.1 に示す．

　一口に UNIX といっても，FreeBSD, Solaris, Linux など多くの種類があり，その中の Linux[1]もまた，Ubuntu, Red Hat, Debian などに分かれる．情報処理センターの端末室に入っているUNIX は，Linux の一種の「Ubuntu」である．Ubuntu は，安定して使いやすいと定評のあるフリーの Linux であり，個人利用だけでなく，企業のサーバー用 OS としても使われている．

4.1.2 UNIX の文化

　Windows と UNIX とは，それぞれの発展の文化に違いがある．Windows はパソコン用 OS であり，元々はネットワークに頼らずに，そのコンピュータが持つすべての機能を自分だけが使う，いわば専有の目的のために発展してきた．一方，UNIX は，ある共通の目的を持つ人達の組織において，積極的にネットワークを用いて，コンピュータを共有するための OS として発展してきた．その目的というのは，例えば，同じ学部や学科の学生がみんなでコンピュータ演習を

---

[1] 「UNIX」は，標準化団体によって正式な認証を受けた OS のみが使える商標である．Linux はその認証を受けていないので，厳密には Linux は UNIX ではない．しかし，UNIX 互換の OS として広く使われているので，ここでは Linux は UNIX の一種と見なしている．

することや，ソフトウェアの研究所の研究者がみんなで協力して新しいソフトウェアを開発することなどである．このような文化の違いから，Windows はビジネスやホビーの分野で活躍し，UNIX はコンピュータ教育と研究開発の分野で活躍してきた．

　現在では，多数のコンピュータがインターネットでつながっており，上記のような専有と共有の垣根はほぼなくなったと言える．実際，もはや Windows と UNIX とで，できる機能に本質的な違いはない．UNIX に備わっている機能は，ほとんどすべて Windows にも備わっており，逆もまた同様である．それでも，発展の文化の違いは頭の片隅に置いておく必要がある．Windows と UNIX とで，できる機能そのものに違いはないが，発展の文化の違いから，推奨される操作方法には大きな違いがあるからである．本章の UNIX の勉強を通じて，コンピュータの文化の違いを体験してほしい．

4.1.3　UNIX の特徴

UNIX の特徴を以下に示す．これらの機能は，もはや UNIX だけのものではない．今となっては当たり前のこのような使い方が，UNIX では昔から積極的に行われてきたという点が特徴である．

● 　アカウント

ユーザを識別するための，ログイン名とパスワード．

● 　セキュリティ

一般ユーザとシステム管理者とを明確に区別し，操作できる範囲が異なる．セキュリティに影響する操作ができるのは，システム管理者のアカウントを持つユーザのみである．

● 　マルチユーザ

複数のユーザがコンピュータの資源を共有して使うことができる機能．例えば，端末室において，一つのパソコンについて見ると，代わる代わる席に座った異なるユーザによって使われている．これは一つのパソコンという資源を複数のユーザが共有して使っているといえる．一方，ユーザから見ると，ユーザは端末室のどのパソコンの前に座っても，ログイン名とパスワードを入力することにより，好きなだけパソコンを専有して使うことができる．このようなわけで，ここでいう共有と専有は見かけ上の違いでしかない．マルチユーザは，ログイン名とパスワードにより，ユーザにとっての専有とコンピュータ資源の共有とを矛盾なく実現する機能である，と言う方が現実に即しているかもしれない．

● 　マルチタスク

ユーザが複数のソフトウェアを同時に実行できる機能．例えば，ダウンロードをしつつ，動画を見ながら，メールを書くなど．

● 　ネットワーク機能

複数のコンピュータが，ネットワークを経由してコミュニケーションできる．ファイルやメッセージなどのデータを送ったり，ファイルを共有したりすることができる．

● 　コマンドによる操作

キーボードからコマンドを入力することによって操作することを基本としているところは，UNIX らしいところであり，マウスによる操作を基本としている Windows とは大きく異なる特徴である．

● 　ウィンドウ環境

UNIX においても，グラフィカル・ウィンドウによる表示や，マウスによる操作が可能である．UNIX では，X Window System というウィンドウ環境が使われている．

4.2　Linux を使ってみよう

4.2.1　ログイン，ログアウト

(1)　準備

パソコン本体とディスプレイの電源を入れる．Windows か Linux かを選ぶメニュー画面がでるので，Linux を選択する．しばらく待っていると，ログイン画面になる．

(2)　ログイン

Windows の演習のときと同じログイン名とパスワードを入れ，ログインする．Linux のデスクトップ画面になる．

(3)　使ってみる

デスクトップ上のアイコンをクリックしたり，メニューにあるソフトウェアを試しみたりしてみよう．

(4)　シャットダウン

画面右上の電源アイコンをクリックして，シャットダウンする．パソコンの電源は自動で切れるが，ディスプレイの電源は自動では切れないので，手動で消す．

4.2.2　基本的なソフトウェア

● 　ファイルマネージャ（画面左端の「ファイル」というアイコンをクリックして起動する）

Windows のエクスプローラーに相当するソフトウェアであり，ファイルやディレクトリを表示する（図 4.2.1）．ディレクトリは Windows で言うところのフォルダのこと．
基本的な使い方は，エクスプローラーの類推で大丈夫だろう．ファイルをダブルクリックすると対応するソフトウェアで開くことができる．ディレクトリをダブルクリックすると，その中(下)に移動できる．Windows と同様，UNIX でもディレクトリの中にさらにディ

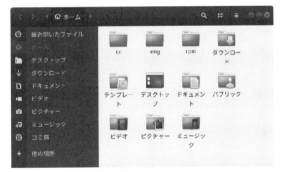

図 4.2.1 ファイルマネージャ

レクトリを持つことができる，すなわち階層構造が可能なことは覚えておくべき重要なことである．

演習

ファイルブラウザを起動して，UNIX のディレクトリ階層をあちこち移動してみよう．最も上
の階層にはどのようなファイルやディレクトリがあるか．最も上の階層から，最初に表示され
た階層（ホームディレクトリ）に戻って来られるか．

● 　端末（画面左下の「アプリケーションを表示する」をクリックする．一覧の中から「端末」
　　をクリックして起動するか，または，検索窓から「terminal」で検索する）

キーボードからコマンドを入力するためのソフトウェア（図 4.2.2）．ターミナルとも呼ばれる．
端末上で簡単なコマンドをいくつか試してみよう．

演習

端末を起動する．「date」を入力して，Enter キーを押すと，今日の日付が表示される（date コ
マンド）．コマンドは最後に Enter キーを押して初めて実行される．これ以降のコマンドでも最
後に Enter キーを押すことを忘れずに．

　% *date*

本章では，キーボードから入力したコマンドの例を「%」の後に斜体で表す．先頭の%は入力例
であることを表す目印であり，実際の端末上で
は，先頭の%は入力しない．

演習

「cal」はカレンダーを表示するコマンド．

　% *cal*

「whoami」は自分のログイン名を確認

　% *whoami*

「hostname」は使用している計算機名の表示．

　% *hostname*

図 4.2.2 端末（ターミナル）

演習

man コマンドでコマンドの解説を見ることができる．使い方は「man　コマンド名」．例えば，

　% *man date*

とすると，date コマンドの解説を見ることができる．ページの続きを読むにはスペースキーか
f キー，前のページに戻るには b キーを押す（Enter は不要）．**終了するには q キー**．今日習っ
たコマンドを man で調べてみよう．

演習

最後に，端末を終了させるには，exit コマンド．

　% *exit*

● 　Firefox（左上の「Firefox ウェブ・ブラウザ」というアイコンをクリックして起動する，ま
　　たは端末から firefox コマンドにより起動する）

Firefox（図 4.3.1）はウェブブラウザ（もしくは
単にブラウザともいう）である．これは，俗に
いうネットにアクセスするためのソフトウェア
で，Windows の Microsoft Edge に相当する．
基本的な使い方をする分には，どこをクリック
すると何が起こるかは，Microsoft Edge の経験
から類推できるだろう．詳しい使い方は，ブラ
ウザの「ヘルプ」を参照．

演習

Firefox を起動して，https://www.google.co.jp/
にアクセスし，「岩手大学」を検索[2]してみよう．

図 4.3.1　ウェブブラウザ Firefox

4.3　ファイル操作

4.3.1　階層化ファイルシステム

　ディレクトリの中にさらにディレクトリを作ることができることから，ファイルシステム全
体は階層構造になる．これを階層化ファイルシステムという．ディレクトリには階層構造によ
る親子関係があるため，ディレクトリやファイルの場所を指定するとき，「…の親の…」，「…の子
の…」，「…の下の(の中の)…」，「…の上の…」という言い方をする．

●　ルートディレクトリ

ディレクトリを上にたどっていったときの，最も上のディレクトリには特別な名前がついてい
る．Windows の場合「C:ドライブ」だったりするが，UNIX では，最も上のディレクトリは，
ルートディレクトリという．ルートディレクトリは「/」という記号で表す．

●　ホームディレクトリ

ユーザが自由に読み書きできるディレクトリ．ユーザごとに個別に用意されている．

4.3.2　パス

　ファイルやディレクトリを指定するとき，どのように表現（記述）するか？

(1)　絶対パス

　ルートディレクトリからファイルにたどり着くまでのディレクトリを順に記述する方法．ディ
レクトリの間を「/」（スラッシュ）で区切って並べる．

　　例：/var/log/messages

(2)　相対パス

　UNIX では，ユーザは常にいずれかひとつのディレクトリに注目して，そこでいろいろな作
業を行う．このディレクトリをカレントディレクトリ(またはワーキングディレクトリ)という．

---

[2] 検索などで，テキスト入力欄に日本語を入力したいときには，「半角/全角」キーを押すと日本語入力ができる
ようになる．再度同じ操作をすると，アルファベット入力に戻る．

「カレントディレクトリは/var である」とか，「/var にいる」という言い方をする．カレントディレクトリがわかっていれば，「(カレントディレクトリの下の) log/messages」と指定できる．log/messages を相対パスという．相対パスには，必ず原点となるディレクトリが暗黙のうちにある．

(3)　特殊なディレクトリ「.」，「..」

　「.」はカレントディレクトリを表し，「..」はカレントディレクトリの親ディレクトリを表す．それぞれ点（ドット），点々（ドットドット）と呼ぶ．これらも相対パスの一種．

(4)　補足

　・ログインしたときのカレントディレクトリは，ホームディレクトリ．
　・パスの先頭が/(ルートディレクトリ)から始まるのが絶対パス，そうでないのが相対パス．
　・パスを受け取るコマンドは，大抵，絶対パスでも相対パスでも受け付ける．

4.3.3　ディレクトリについてのコマンド

●　「pwd」(print working directory)カレントディレクトリの絶対パスを表示する．

演習

ログインしたときのカレントディレクトリはホームディレクトリであるので，端末上でまずは pwd コマンドを試すと，ホームディレクトリの絶対パスが表示される．

　% pwd

●　「ls」(list)カレントディレクトリの中身を表示する．

ls コマンドの使い方の詳細は，man コマンドで調べよ．

演習

以下のコマンドを実行して，ホームディレクトリにあるファイルやディレクトリの一覧を見てみよう．

　% ls　　　　　　　ファイルやディレクトリを表示．
　% ls –a　　　　　　「.」（ドット）で始まる隠しファイルも表示．
　% ls –l　　　　　　詳細情報も表示．
　% ls –F　　　　　　ディレクトリには「/」，実行可能ファイル（プログラム）には「*」が付く．

●　「cd　ディレクトリ名」(change directory) カレントディレクトリの変更（ディレクトリの移動）

ディレクトリ名を省略して，cd コマンド単体で実行した場合には，ホームディレクトリへ移動する．

演習

まずは階層化ファイルシステムの復習．上記の pwd の演習の結果を頼りに，ファイルブラウザを使って，ルートディレクトリから一段ずつ下のディレクトリに下がっていき，自分のホームディレクトリまで行ってみよう．同じことをコマンドでやってみる．準備として，ルートディレクトリへ移動する．

% *cd /*	ルートディレクトリに移動.
% *ls*	ルートディレクトリにあるファイルやディレクトリを確認.

cd コマンドにより，ルートディレクトリから一段ずつ下のディレクトリに下がっていき，自分のホームディレクトリまで行ってみよう．途中で ls しながら，どのようなファイルがあるのか見てみるとよい．

- 「mkdir ディレクトリ名」(**make directory**)ディレクトリを作成する．
- 「rmdir ディレクトリ名」(**remove directory**)ディレクトリを削除[3]する．

演習

ホームディレクトリで，ディレクトリの作成や削除をしてみよう．

% *ls*	最初は work というディレクトリがないことを確認.
% *mkdir work*	work ディレクトリを作成.
% *ls*	work ディレクトリがあることを確認.
% *rmdir work*	work ディレクトリを削除.
% *ls*	work ディレクトリがなくなったことを確認.

4.3.4 ファイルについてのコマンド

- 「cat ファイル名」(**cat**enate) ファイルの内容を表示する．
- 「less ファイル名」，「lv ファイル名」ファイルの内容をページごとに表示する．

ページの操作方法は man のときと同じ．読み進めるにはスペースキー．終了するには q キー．

- 「rm ファイル名」(**rem**ove) ファイルを削除[4]する．
- 「cp コピー元 コピー先」(**c**o**p**y) ファイルをコピーする．
- 「mv 変更元 変更先」(**m**o**v**e) ファイルを移動する，またはファイルの名前を変更する．

存在するディレクトリ名を変更先に指定すれば，ファイルの移動になり，変更先がそれ以外であれば，ファイルの名前の変更になる．

4.4 プログラミングの初歩

プログラミング（programming）とは，プログラム（program）を作成・実行することで，コンピュータに対して「人間が意図した処理をその通り行うように」と指示を与える行為のことをいう．Windows 10 でももちろんプログラミングは可能であるが，Linux（教育用端末は

---

[3] ディレクトリの中にファイルが残っていると，そのディレクトリは rmdir で削除することができない．そのよう場合，ディレクトリ中のすべてのファイルを削除してから，rmdir を実行する．もしくは，「rm –r ディレクトリ名」を使うと，ディレクトリの中にファイルが残っていても，そのディレクトリを削除することができる（詳細は man で確認せよ）．

[4] Windows のごみ箱と異なり，rm で削除したファイルは，後から元に戻すことができない．Windows のように後から元に戻せるようにしたい場合には，自分でごみ箱用ディレクトリを決めて，rm でファイルを消す代わりに mv でファイルをごみ箱用ディレクトリに入れるようにすればよい．ある程度ごみ箱ディレクトリに不要なファイルがたまったころ，それらを rm で消せば完全に消去できる．

Ubuntu Linux）ではより簡易な環境で，直ぐに学び始めることができる[5]．この節では，プログラミングを学習したい人のための "ほんのさわりの部分" だけを紹介する．ほとんどのプログラミングは，**プログラミング言語**（programming language）を用いて**ソースコード**（source code）を記述すること[6]で行われるが，プログラミング言語には数百以上の種類があり，とてもすべては紹介しきれないので，ここでは，いくつかの著名な言語を用いた場合のプログラミング法について記す．

4.4.1　C 言語によるプログラミング

　C 言語は，1972 年に AT&T ベル研究所が主体となって作ったプログラミング言語であり，現在でも広く利用されている言語である．この C 言語は，もともと UNIX の移植性を高めるために開発されたという経緯があり，OS 向けの低レベルな記述が可能であるという特徴をもっている．言語そのものの規格は，時代の流れとともに K&R，ANSI-C（C90），C99 などと変遷してきているが，ここではそのような難しい話は抜きにして，まずは簡単なプログラムの作成・実行を通して C 言語に触れてみよう．

① 下準備

　ホームディレクトリ以下に，prog という名前のディレクトリ（フォルダ）を作成しておく．

② ソースコードの入力・保存

　Win キー⊞を押す（または画面左部タスクバー下の をクリックする）と表示される画面の検索ボックスに text と入力すればテキストエディタのアイコンが現れ

```
#include <stdio.h>

int main( void )
{
    printf("Hello, World!¥n");
    return 0;
}
```

図 4.4.1　最初の C 言語プログラム

るので，それをクリックしてテキストエディタを起動する．そして，エディタで図 4.4.1 に示した C 言語のソースコードを「一字一句違わずそのまま」入力する（または，テキストエディタを使わず，後の 4.5 節で説明する Jupyter Notebook を用いて入力してもよい）．本当は空白の個数など，厳密でなくてよい部分もあるが，ここではなるべく図 4.4.1 に合わせて入力すること．なお，すべてが半角の英数記号なので注意すること．このソースコード（テキスト）を，先の prog ディレクトリ以下に「hello.c という名前で」保存する．ファイルが C 言語のソースコードであることを明示的に示すために，ファイル名の末尾には必ず拡張子「．c」（ドットシー）をつけること．

③ コンパイル

　ソースコードを記述しただけではプログラムを動作させることはできず[7]，実際にはソースコードをコンパイル（compile，翻訳するという意味）して，コンピュータが理解できる形式に変

---

[5] 簡単とはいえ，本格的なプログラミング学習のためには，課題に関する知識，アルゴリズムといった専門知識も要求されるので覚えておこう．

[6] この作業をコーディング（coding）という．

[7] 後に紹介する JavaScript や Python はこの限りではない．

換する必要がある．このため，まず，4.2.2 節で説明済の方法（Win キー⊞を押して表示される画面の検索ボックスに terminal と入力して，端末をクリック）で端末を起動する．エディタのウィンドウはそのままにしておいてよい．そして，端末ウィンドウの中で以下を入力する．なお，4.2.2 節でも説明済であるが，以下の%は入力する必要はない．

```
% cd prog
% gcc hello.c -o hello
```

この gcc コマンドにより，ソースコード（hello.c）がコンパイルされ，コンピュータが理解・実行できる形式の実行ファイル（hello）が作成される．ソースコードの入力に間違いがなければ，何も表示されずに終了するが，新たに hello というファイルが出来ている．もし何かメッセージが表示された場合はソースコードのどこかに間違いがあるので，手順②に戻って修正する．

④ プログラムの実行

端末ウィンドウ内で

```
% ./hello
```

と入力する．端末ウィンドウ内に Hello, World! が表示されただろうか．もしうまく動作しなかった場合には，もう一度，上記②～③の手順をよく確認してみよう．

演習
プログラム 5 行目の Hello, World の部分を自分の好きな文字列に変更し，改めて②～③の手順によってコンパイル・実行してみよ．また，この文字列を日本語で記述した場合にはどんな結果になるだろうか？

以上のように，C 言語を用いたプログラミングでは，ソースコードの入力，ソースコードのコンパイル，そして最後に実行，という形で段階的に処理する必要があるので覚えておくこと．初めは面倒に感じるかもしれないが，直ぐに慣れる．なお，ソースコードを修正・変更した場合には，改めてコンパイルし直して実行ファイルを作り直す必要があるので注意すること．

少し面白い例も試してみよう．図 4.4.2 は 0 から 9 までの数字を当てる「数当てゲーム」である．このプログラムを入力・コンパイル・実行してみよう．少し長めのプログラムなので，入力時に間違わないように気をつけること．

演習
図 4.4.2 の数当てプログラムについて，入力・コンパイル・実行してみよ．ファイル名は自由でよいが，末尾の拡張子を「.c」にするのを忘れないこと．

```c
#include <stdio.h>
#include <stdlib.h>
#include <time.h>

int main( void )
{
  int  no, ans;

  srand(time(NULL));
  ans = rand() % 10;

  puts("0 から 9 の整数を当ててください");

  do {
    printf("いくつ？ ");
    scanf("%d", &no);

    if( no > ans )
      puts("もっと小さいです");
    else if ( no < ans )
      puts("もっと大きいです");

  } while ( no != ans );

  puts("正解です！");

  return 0;
}
```

図 4.4.2 数当てゲームのプログラム

4.4.2 Fortranによるプログラミング

FORTRAN（フォートラン）は，1954年にIBMが考案したコンピュータ史上初の高水準記述言語であり，「数式翻訳」を意味する英語「formula translation」に由来してその名前がつけられた．歴史はC言語よりも古い．科学技術計算向けの手続き型言語として知られており，現在でも使われ続けている

```
! Hello, World

program hello
  write(*,*) 'Hello, World!'
end program hello
```

図 4.4.3 最初の Fortran プログラム

言語である．現在の仕様は，初期の頃と比べればかなり拡張されており，大文字でFORTRANと表記した場合にはFORTRAN 77以前のFORTRANを，Fortranと表記した場合にはFortran 90以降のFortranを指すことがある．ここでは，Fortran 90を用いた簡単なプログラミングを実践してみよう．

基本的な手順はC言語の場合と同様で，ソースコードの入力，ソースコードのコンパイル，実行，という流れになる．まずは図4.4.3のプログラムを用いて，以下の通り操作してみよ．

① ソースコードの入力・保存

テキストエディタ等を用いて，図4.4.3のソースコードを入力する．ここでも，空白の個数など厳密でなくてよい部分があるが，とりあえずは図の通りに入力してみること．そして，このソースコードに「hello.f90という名前をつけて」保存する．保存先は先のprogディレクトリ中にしてもよいし，Fortranプログラム用に新たに作成したディレクトリ以下でもよい．ただし，ファイルの末尾には，必ず「.f90」（Fortran 90ソースを表す拡張子）をつけること．

② コンパイル

C言語の場合と同様に，ソースコードをコンパイルして実行形式ファイルを作成する．端末を起動し，以下を入力する．

　　% *cd* [hello.f90を保存したディレクトリ]

　　% *gfortran hello.f90 -o hello-f90*

このgfortranコマンドにより，ソースコード（hello.f90）がコンパイルされ，実行ファイル（hello-f90）が作成される．ソースコードの入力に間違いがなければ，何も表示されずに終了する（新たにhello-f90というファイルが出来る）．

③ プログラムの実行

端末ウィンドウ内で

　　% *./hello-f90*

と入力する．端末ウィンドウ内にHello, World! が表示されれば成功である．

図4.4.1と図4.4.3に示したプログラムは，どちらも画面に「Hello, World!」という文字を表示するプロ

```
! calc fibonacchi series

program fibonacchi
  implicit none
  integer :: a, b, c, n
  integer, parameter :: nmax = 20

  write(*,*) 'Input f1 and f2:'
  read(*,*) a, b

  do n = 3, nmax
    c = a + b
    write(*,*) n, c

    a = b
    b = c
  end do

  stop
end program fibonacchi
```

図 4.4.4 フィボナッチ数列の計算

グラムであるが，ソースコードの段階では，言語によって書き方が大きく異なっていることに注意しよう．つまり，プログラミング言語にはそれぞれ特有の規格（書き方などの決まり，仕様）があり，プログラミングにおいてはこれを遵守する必要がある．

数式計算のプログラム例も示しておこう．図 4.4.4 に示したプログラムは，フィボナッチ数列 $\left(f_n = f_{n-1} + f_{n-2}\,(n \geq 3)\right)$ を第 20 項まで求めるプログラムである．これをエディタで入力して適当な名前で保存し（末尾は「.f90」とすること），コンパイル・実行してみよう．

演習

図 4.4.4 のフィボナッチ数列プログラムについて，入力・コンパイル・実行してみよ．なお，実行時には初項f_1, f_2をキーボードから入力する必要がある．

4.4.3 JavaScript によるプログラミング

JavaScript（ジャヴァスクリプト）は，もともとはネットスケープコミュニケーション社によって開発されたスクリプト言語であり，「動き」や「変化」のある Web ページを簡単に作成できる言語として世界中で利用されている．先に述べた C 言語や Fortran がコンパイラ方式であったのに対し，JavaScript はスクリプト方式であるため，プログラム実行前にコンパイル作業を必要としない，つまり，ソースコードをそのまま実行できる，という手軽さがある．ここでは，この JavaScript によるプログラミングを実践してみよう．なお，テキストエディタとブラウザだけあれば以下の手順を試すことは可能なので，興味のある人は Windows10 でも試すことができる．

テキストエディタでソースコードを入力するまでの手順はこれまでの言語と同様であるが，プログラムを実行する際には「ブラウザでそのソースコードを読み込む」という形になる．具体的に，以下の手順を試してみよう．

①図 4.4.5 のソースコードをテキストエディタで入力し，「scroll.html という名前をつけて」保存する．ここでは，拡張子が .html になることに注意しよう．

② ブラウザを起動する．ブラウザの種類は何でも良いが，特にこだわりがなければ，画面左側のタスクバーにあるアイコンのうち，一番上が Firefox ブラウザとなっ

```
<HTML><HEAD><TITLE></TITLE>
<SCRIPT language="JavaScript">
<!--
interval = 10;
scr_pixel = 1;
stop_height = 100;
function init() {
  y = document.body.clientHeight;
  setTimeout('rollText()');
}
function rollText() {
  y -= scr_pixel;
  document.all["ID"].style.top = y;
  if(y > stop_height) setTimeout('rollText()',interval);
}
//-->
</SCRIPT></HEAD>
<BODY onLoad="init()">
<DIV id="ID" style="position:absolute;">
JavaScript を用いたサンプル<BR><BR>
文字が下からスクロールします<BR><BR>
上から 100 ピクセルの位置でストップします
</DIV>
</BODY></HTML>
```

図 4.4.5 JavaScript を用いたプログラム例

ているので，それをクリックして起動すれば良い．

③ ブラウザ上で「Ctrl」+「o」キーを押すとファイル選択ダイアログが現れるので，先ほど作成した scroll.html を選択する．ブラウザ下方から上方に文字が流れていけば成功である．

このように，JavaScript の場合はコンパイル作業が不要で，記述したプログラムを（ブラウザ上で）直ぐに実行・確認することができる．ソースコードに修正変更を加えた場合は，ブラウザ上で html ファイルを再読み込みする（F5 キーを押す）だけで良い．

　　　演習
　　　図 4.4.5 のプログラムについて，interval, scr_pixel, stop_height の数値を変更して実行してみよ（stop_height はマイナス値にしても良い）．ブラウザではどんな動きを見せるだろうか？

なお，ここで紹介した JavaScript と Java 言語（サン・マイクロシステムズ＝現オラクルが開発）は全く別物であるので覚えておこう．

4.4.4　Python によるプログラミング

Python は，オランダ人のグイド・ヴァンロッサムによって 1991 年に発表された比較的新しいプログラミング言語である．機械学習／人工知能，ディープラーニング等の分野で一気に世の中に浸透した感

```
print("Hello, World!")
```

図 4.4.6 最初の Python プログラム

のある言語だが，システム管理や IoT（Internet of Things）など，幅広い分野において活用されている．2020 年には，国家試験の一種である基本情報技術者試験に Python が採用されるなど，教育分野においても広く利用されるようになってきた言語である．

Python は JavaScript と同様のスクリプト言語であり，プログラム実行前のコンパイル作業は必要ないため，非常に手軽に試すことができる．ただし，言語自体の思想として「インデント（空白等による字下げの桁数）が規則として定められている」といった，他言語には見られない特徴もあるため注意が必要である．

ではさっそく，Hello World から手順を試してみよう．

① 図 4.4.6 のソースコードをテキストエディタで入力し，「hello.py という名前をつけて」保存する．Python では，ファイル末尾の拡張子が「.py」（Python ソースを表す）となることに注意しよう．

② プログラムの実行

端末ウィンドウ内で

　　% *python3 hello.py*

と入力する．「Hello World!」が表示されれば成功である．

もう少し動きのあるプログラム例を示しておこう．ただし，この例を試すためには教育用端末のデフォルト環境では駄目で，少し追加の作業も必要となってしまうので注意してほしい．

まずは，Python の開発環境管理システムの一つである Anaconda を利用して以下のように個

人専用の Python 環境を構築する．（Anaconda については解説を省略するので，各自調べてみること）

　　% *conda create -n py39 python=3.9*

こうすると，ホームディレクトリ直下の **.conda** という隠しディレクトリ下に，ユーザ独自の python 環境 py39 が構築される（py39 という名前は自由に変更してよい）．この環境はシステム全体とは切り離された，いわば独立した Python 実行環境となっており，他に影響を与えずに Python バージョンを切り替えたり（今回の場合，導入される Python のバージョンは3.9），パッケージ／ライブラリをインストールしたりできる．

　続いて，この環境 py39 を利用開始するために，次のように activate する．

　　% *conda activate py39*

　　(py39)%

conda で作成した環境が有効になると，上のようにコマンドプロンプトの先頭に（環境名）が表示されるようになる．この環境内で，pip3 というパッケージ管理コマンドを利用して ipyturtle という Python ライブラリを導入する．

　　(py39)% *pip3 install ipyturtle*

実行後は関連パッケージも含めていろいろ導入されるため多くのメッセージが表示されるが，少し待つこと．

　以上で図 4.4.7 に示したプログラムを試すことができる．このプログラムは，画面上の亀をプログラミングで操作して図として描画するもので，古くは「タートルグラフィックス」と呼ばれていたものである．これをエディタで入力して turtle_graph.py などの名前で

```
import turtle

turtle.shape('turtle')

for i in range(40)
    turtle.forward(200)
    turtle.left(360 / 3 + 10)

turtle.done()
```

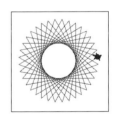

図 4.4.7　Python を用いたプログラム例

保存し（末尾は必ず「.py」とすること），実行してみよう．なお，<u>Python プログラムではインデントが重要な意味をもつ</u>ため，字下げしてある部分は図と同様になるよう（空白 4 文字分で段落を表すように）注意すること．

　実行は Hello World と同様の方法でもよいが，ここでは，<u>ipython</u> という対話形式で実行可能な python を利用してみる．以下，イタリック体の部分が実際の入力箇所である．

　　(py39)% *ipython3*

　　Python 3.9.7 (default, Sep 16 2021, 13:09:58)

　　Type 'copyright', 'credits' or 'license' for more information

　　IPython 7.28.0 -- An enhanced Interactive Python. Type '?' for help.

　　In [1]: *%run turtle_graph.py*　（最初の % もちゃんと入力すること！）

ウィンドウが現れて亀が動き回り, 図 4.4.7 右側のような模様が描かれたことが確認できただろうか. もちろん, プログラムを変更すれば描かれる模様が変わるので, turtle ライブラリについていろいろ調べた上で試してみてほしい.

演習

図 4.4.7 のプログラムをいろいろ変更して実行してみよ (turtle.right(), turtle.backward(), turtle.pencolor(), turtle.clear(), turtle.home() など, さまざまな操作が利用できるので調べてみること). 亀はどんな動きを見せるだろうか?

ipython を終了するには, まず亀のウィンドウを消し (削除ボタン×をクリックするだけ), ipython のプロンプトで Ctrl + D を入力すればよい.

```
In [2]:  (ここで Ctrl キー + D キーを押す)
Do you really want to exit ([y]/n)? y
```

また, 環境 py39 の利用を停止するには,

```
(py39)% conda deactivate
%
```

とすればよい. (プロンプトが元に戻るので確認すること)

4.4.5　さらに興味のある人は・・・

もっと本格的にプログラミング言語について学ぶためには, やはり専用の教科書／参考書を準備し, その内容を一通り勉強してみることが不可欠である. ただし, 既に述べたように, 言語の規格は時代とともに少しずつ変わってきているので, 本を選ぶときには注意が必要である. C 言語ならば「ANSI-C／C99」規格, Fortran ならば「Fortran90／95」規格に準拠したものが多く出版されているので, その中から自分に合った分かりやすい本を準備するとよいだろう. また, Python はそのバージョンによって大きく 2 系列と 3 系列に大別されるが, これから勉強するなら 2 系列の本は避けておいた方がよいかもしれない.

また, ここで紹介した言語以外にも, ブラウザさえあればインターネットを利用してプログラミング言語を学ぶことが出来る. 簡単なユーザ登録は必要になるが, 無料で利用可能なものを幾つか列挙しておくので参考にしてほしい. なお, サイトによって学べる言語は違っているので, 詳しくは各自で確かめること.

- Progate　　　　　　　https://prog-8.com/
- ドットインストール　　https://dotinstall.com/
- コードアカデミー（英語）　https://www.codecademy.com/

4.5　Jupyter Notebook

前の節で紹介したプログラミング言語のうち, 特に Python を学ぶ上で便利なツールが教育用端末に準備されている. それが Jupyter Notebook であり, ここではその簡単な使い方を紹介

図 4.5.1 **Jupyter Notebook** の起動画面

する.

Jupyter Notebook は，インタラクティブコンピューティング用のオープンソースソフトウェアやサービスを開発することを目的として設立された「Project Jupyter」という非営利団体によって，2015 年に発表されたばかりの比較的新しいウェブアプリケーションである．ウェブアプリケーションという名の通り，利用者は「ブラウザ上で対話的にプログラムを実行する」ことができる．さらに，プログラム実行が可能なだけではなく，ソースコード，実行結果，マークダウン形式のメモテキスト，数式，図式等を含めて一体化させたドキュメントを，再実行可能な形で保存しておくことができるため，研究ノートの作成などにも広く利用されている．

4.5.1 Jupyter Notebook の起動

既に説明済の端末の起動法と同様の手順で，Win キー⊞を押して表示される画面の検索ボックスに jupyter と入力すると，Jupyter Notebook のアイコンが現れる（図 4.5.1 左）ので，それをクリックする．すると，図 4.5.1 のように「ブラウザ」（デフォルトから明示的に変更していなければ Firefox）と「端末」が同時に起動する[8]．以降，端末ウィンドウはそのままにしておき，ブラウザ内でさまざまな操作を行う形になる．

4.5.2 Jupyter Notebook の終了

利用を終えて終了する際は，Jupyter Notebook のホーム画面（ブラウザで図 4.5.1 のように表示されているタブウィンドウ）の右上に「終了」ボタンがあるので，それをクリックすればよい．自動的に端末ウィンドウが閉じられるので，その後，ブラウザウィンドウを閉じれば正常に終了できる．

または，① 先にブラウザを終了し，② そのままにしておいた端末ウィンドウで「Ctrl + C」

---

[8] もし端末だけが起動してブラウザが起動しなかった場合には，別途，ブラウザを起動した後，URL 入力欄に「端末に表示された token 付きの URL」（http://localhost:8888/?=token=ceb6..... など，かなり長い）をコピー＆ペーストすれば図 4.5.1 と同様になるはず．

図 4.5.2　新規ノートブックの作成

図 4.5.3　新規ノートブックタブ

を入力すると，"このノートブックをシャットダウンしますか？ (y / [n])" と尋ねられるので，5 秒以内に y を入力する，という形でもよい．成功すれば端末ウィンドウが自動的に閉じられる．ちなみに 5 秒以内に入力できなかった場合はシャットダウンは行われないので，その際は改めて Ctrl + C の入力から繰り返せばよい．

4.5.3　新規ノートブックの作成と使い方の基本

　Jupyter Notebook のホーム画面（図 4.5.1）において，右側にある「新規」ボタンをクリックして表示されたメニューから「Python3」を選択する（図 4.5.2）と，ブラウザで新たなノートブックタブが開かれる（図 4.5.3）．この In []: と書かれた枠（セルとよぶ）内には，自由にプログラムやメモを記入することができるので，マウスでクリックした後，次のように入力する．

```
# プログラムを入力して Shift + Enter
print(1+2)
```

入力を終えたら，セル内で Shift + Enter を押す[9]と，セルに書かれたプログラムソースが自動的に解釈・実行され，その結果が即座に表示される（図 4.5.4）．このように，Jupyter Notebook では「セルごとにプログラムを記述」して「セルごとに実行」させることができる．もちろん，何度でも再実行できる．

　Shift + Enter でセルを実行するたびに新たなセルが追加されていくので，今度はその新たな

---

[9] Ctrl + Enter でも同様に実行できるが，この場合，次のセルが追加されない．

図 4.5.4　プログラムの実行と結果表示

図 4.5.5　セルの **Markdown** タイプへの変更とセル実行後の表示

セルを選択して，「セル」メニューから，セルの種別 → Markdown を選択する（図 4.5.5）．これでセル種別が変更されるので，セル内で次のように入力する．(##や**も意味をもつので注意)

```
## セルを Markdown にする
このように，**Markdown 記法**でメモが記述できる
```

入力が終わったら，先と同様に Shift を押しながら Enter キーを押すと，セルに書かれたマークダウン記法が解釈され，フォーマッティングされてセル内に表示される（図 4.5.5 右）。マークダウン記法についてはここでは省略するが，HTML に代表されるマークアップ言語をさらに簡略化したフォーマットが採用されていて，見出しや強調などの文字装飾を簡単に実現できるといった特長をもっている．

さらに，Jupyter Notebook では，グラフも簡単に描くことができる．図 4.5.6 のようにセル内に入力して（Shift+Enter で）実行してみよう．ノートブックの中にグラフが表示されるのが確認できるはずである．

これら一連の作業内容，すなわち，プログラムソース，実行結果，メモ，グラフ等をすべて一纏めにし，さらにそれらを再利用，再実行，再編集できる「ノートブック」という形で保存しておけることが Jypyter Notebook の最大の特長である．

補足として，図 4.5.2 で新規ノートブックを作成する際，Python3 ではなく「テキストファイル」を選択すると，空のセルが一つだけ存在するタブウィンドウが作成される．このセルには，任意のテキストを入力したり，その内容を単一テキストファイルとして保存したりすることも可能なので，4.4.1〜4.4.3 節で述べた C，Fortran，JavaScript のプログラムを記述する際のテキストエディタの代わりとして使用することができる．参考までに覚えておくと便利かもしれない．

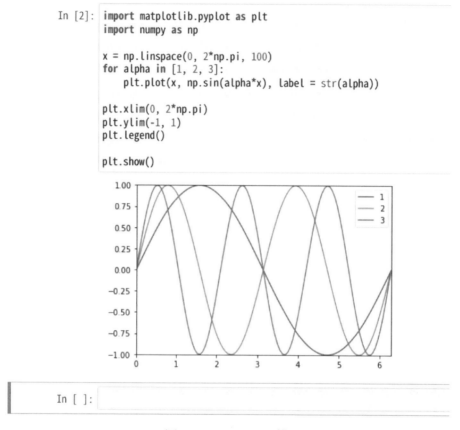

図 4.5.6 グラフの描画例

4.5.4 ノートブックの保存

作成したノートブックを保存するには，図 4.5.7 のように上部のファイルメニューから「名前をつけて保存...」を選び，出てきたダイアログで適当な名前を付けて「Save」をクリックすれば

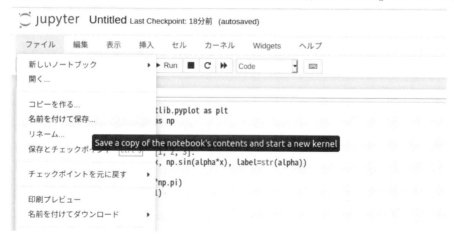

図 4.5.7 ノートブックファイルの保存

よい．この際，ファイルの拡張子は自動的に **.ipynb** (**ipy**thon **note**book) になる．もちろん，このノートブックファイルは，Jupyter Notebook で読み込めば再利用できる．

4.5.5 OpenCV-Python を用いた画像処理

教育用端末の Jupyter Notebook 環境には，最初からさまざまな Python 用パッケージが導入されており，すぐに試せる状態になっている．例えば，多次元配列を扱う数値演算ライブラリである NumPy，数値積分や最適化といった科学技術計算に強い SciPy，グラフ描画のための Matplotlib，画像処理やコンピュータビジョン向けライブラリである OpenCV，機械学習に用いるソフトウェアライブラリ Tensorflow，データ解析を支援する機能を提供する Pandas，など，著名なパッケージ／ライブラリがいつでも利用できる．

ここでは，OpenCV を用いた画像処理の一例として，任意の画像からエンボス（浮き彫り加工）画像を作成するプログラムを紹介する．エンボス画像はかなり簡単に作れるので，ポスターやロゴ等の制作時にもよく利用されている．まず，何か自分の好きな画像を準備し，デスクトップに配置する[10]．続いて Jupyter Notebook を起動して空のノートブックを作成し，図 4.5.8 のプログラムをセルに入力して実行してみよう．このプログラムはややこしい記述も多いが，大文字小文字は区別する必要があり，既に述べたようにインデントにも意味があるので，入力時には注意すること．また，5 行目の画像名は自分が準備した画像ファイルに合わせて（拡張子まで含めて）適切に修正し，さらに，ノートブックファイルを作成したディレクトリ（何も考慮していなければホームディレクトリになるはず）からの相対パス[11]で正しく記載されていることをしっかり確認しておくこと．

```
import cv2
import numpy as np
import matplotlib.pyplot as plt

img = cv2.cvtColor(cv2.imread('デスクトップ/画像名.png'), cv2.COLOR_BGR2RGB)
gray = cv2.cvtColor(img, cv2.COLOR_RGB2GRAY)

filter = np.float32([
    [-2, -1,  0],
    [-1,  1,  1],
    [ 0,  1,  2]
])

emboss = cv2.filter2D(gray. cv2.CV_64F, filter)

plot.subplot(121), plt.imshow(img), plt.title('Original')
plot.subplot(122), plt.imshow(emboss, cmap='gray'), plt.title('Original')

plt.show()
```

図 4.5.8 **OpenCV を用いた画像処理プログラム例**（画像のエンボス加工）

---

[10] 画像を USB メモリにコピーしておけば，その USB メモリを PC 本体に挿入すると Windows と同様にドライブアイコンが現れるので，その中から当該ファイルをデスクトップにドラッグするだけでコピーできる．
[11] 相対パスについては 4.3.2 節を参照すること．

特に記述に誤りがなければ，実行後は図 4.5.9 のように浮き彫り加工された画像が表示されるはずである．この画像を新たなファイルとして保存することも可能だが（cv2.imwrite()を使う），ここでは説明を省略する．

以上のように，教育用端末では（OpenCV に限らず）さまざまなパッケージを簡単に利用す

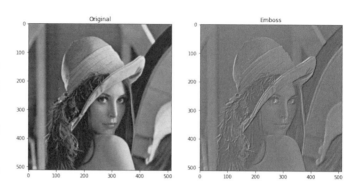

図 4.5.9　エンボス画像の例

ることができるので，興味のある人は積極的に試してみてほしい．

4.6　SSH（Secure SHell）の利用法

本章の最後に，ネットワークを介したコンピュータの利用法として，SSH の使い方を紹介する．4.1.2 節にも書かれているように，Linux を含む UNIX 系 OS では，その出現当初から，ネットワークを積極的に用いて遠隔地に設置されている高性能コンピュータを共用利用する試みが行われてきている．遠隔地のコンピュータ（以下，リモートコンピュータという）を操作・使用する際は，通信の際にパスワードなどの重要情報が安易に盗聴されないような仕組みが必要であり，そのために利用されるのが SSH である．SSH の名称そのものは，暗号や認証の技術を利用して安全に通信するためのプロトコル（規格）を指しているが，SSH プロトコルを使ってリモートコンピュータを操作する SSH クライアント（ソフトウェア）のことを単に SSH と呼ぶこともある．

教育用端末の Linux では，SSH クライアントとして ssh コマンドが利用できる．ここでは，この ssh コマンドを利用して教育用サーバや高速計算サーバなどの高性能コンピュータを利用する方法について簡単に説明する．

まず，端末室の Linux からリモートコンピュータに接続する場合，端末アプリケーションを起動（4.2.2 節参照）して以下の ssh コマンドを発行する．

　　% ssh ユーザ名@リモートコンピュータ名

この際，指定するユーザ名はリモートコンピュータ側のユーザ名を意味しているので，事前にそのリモートコンピュータを利用できるアカウントが登録されている必要がある．ただ，学内の教育用端末にログインできるアカウントを持っているユーザであれば，学内に設置されているサーバ群はほぼ利用することができるので，あまり気にする必要はない．また，リモートコンピュータ名には，遠隔操作を行いたいコンピュータの名前（IP アドレスでもよい）を入力する．

例えば，ユーザ b1234567 が教育用サーバ educa.cc.iwate-u.ac.jp を利用したい場合のコマンドは以下の通りである．

```
% ssh b1234567@educa.cc.iwate-u.ac.jp
```

なお，端末を利用しているユーザ（アカウント）と同じユーザでリモートログインする場合は，次のようにユーザ名を省略してよい．

```
% ssh educa.cc.iwate-u.ac.jp　[同じユーザ名の場合]
```

さらに，リモートコンピュータ側の GUI アプリケーション（gedit，Firefox，...）を実行したい場合には，ssh コマンドに -XY オプションを指定するとよい．

```
% ssh -XY educa.cc.iwate-u.ac.jp　[リモートコンピュータのウィンドウを転送
する場合]
```

初回の接続時（リモートログイン時）に限り，

```
The authenticity of host 'educa.cc.iwate-u.ac.jp (xx.xx.xx.xx)' can't be established.
ECDSA key fingerprint is SHA256:xxxx....← 暗号化文字列
Are you sure you want to continue connecting (yes/no/[fingerprint])?
```

といった確認メッセージが表示されるが，*yes* と入力すればそのまま続行される．直ぐにパスワード入力を求められるので，ログインパスワードを入力する．ただし，入力時には何も表示されない（キー入力が行われたことを示す * などの記号も一切，表示されない）ので注意が必要である．正しいパスワードが入力されればログインが完了し，以降はリモートコンピュータを利用できるようになる．

```
$ ssh b1234567@educa.cc.iwate-u.ac.jp
The authenticity of host 'educa.cc.iwate-u.ac.jp (xx.xx.xx.xx)' can't be established.
ECDSA key fingerprint is SHA256:xxx.....
Are you sure you want to continue connecting (yes/no/[fingerprint])? yes
Warning: Permanently added 'educa.cc.iwate-u.ac.jp,xx.xx.xx.xx' (ECDSA) to the list of
known hosts.
b1234567@educa.cc.iwate-u.ac.jp's password: パスワード入力(表示されない)
[b1234567@educa ~]$
```

なお，Linux に限らず，Mac OS X や Windows 10 でもほぼ同様の操作で（SSH による）リモートコンピュータの操作が可能なので覚えておくとよい．例えば Windows10 の場合なら，コマンドプロンプトや PowerShell で ssh コマンドを利用することができる．

リモートコンピュータでの作業を終え，SSH 接続を切断する場合は

```
% exit
```

とすればよい．

第5章

数理・データサイエンス・AI

5.1 数理・データサイエンス・AI（人工知能）の重要性

　社会の情報化（ディジタル化），インターネットの一般化により，ディジタル化された大量のデータが生成され蓄積されている．身の回りでも，様々なモノがインターネットにつながり，我々の生活に溶け込んでいる（IoT, Internet of Things）．様々な種類の大量のデータはビッグデータ（big data）[1, 2, 3] と呼ばれるが，ビッグデータのデータサイズは非常に大きく，計算機（システム）で処理される．我々人間は，データをどのように処理するかを設計しなければならない．計算機（システム）でのデータの自動処理では，数理・データサイエンス・AI（人工知能, Aritificial Intelligence）の知識と，これらを処理するツールが用いられる [1, 2].

　また，「サイバー空間（仮想空間）とフィジカル空間（現実空間）を高度に融合させたシステムにより，経済発展と社会的課題の解決を両立する人間中心の社会（Society）」（内閣府 ウェブ資料 [4] や 内閣府 第6期科学技術・イノベーション基本計画 [5] を参照）へと社会が変化すると想定されている．このような社会は Socirty 5.0 と呼ばれるが，基盤となるのは，数理・データサイエンス・AI によるビッグデータの活用である．データはそのままではデータであり，データをどのように分析し，分析結果を生かすのかが重要である [1, 3, 6, 7, 8].

　社会の変化に伴い，多くの分野において，数理・データサイエンス・AI を理解し利用することは必要なスキルとなるであろう．本章では，数理・データサイエンス・AI について概説する．

5.1.1 数理・データサイエンス・AI とは

　データサイエンスとは，「データを分析して価値を引き出す学問分野・手法」のことである[1, 6, 7, 8].数理・データサイエンスは，データを分析するための手法（可視化のためのグラフ作成など）をはじめ，数学・統計的な手法，機械学習（ML, Machine Learning）などの AI（人工知能）と，データを分析するためのプログラミングスキルを含む．当然，分析対象のデータの（業務に関する）専門知識も必要となる．このように幅広い分野を包含するため，数理・データサイエンス・AI と記されることもある．データサイエンスの関連要素を表すよく知られたベン図を図 5.1.1 に示す [9].数学・統計学，ハッキングスキル（プログラミング能力などのこと），（分析対象分野の）専門知識の理解の上で，技術的な分析やデータサイエンスが成立する．重な

り合っている部分は，重なっている領域それぞれの知識が必要であることを示している．

　ただし，業務に関する専門知識（経験）とプログラム能力だけでは「危険」があることを理解
しよう．これは，数学・統計などの知識を欠いた分析は，一見すると意味がありそうだけれども
「不適切」な結論・推論である可能性も排除できないためである [7, 8]．

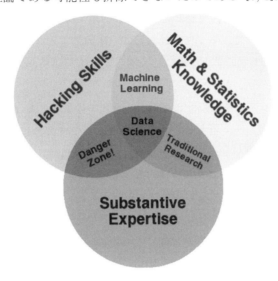

図 5.1.1　データサイエンスのベン図（The Data Science Venn Diagram [9] から転載）．

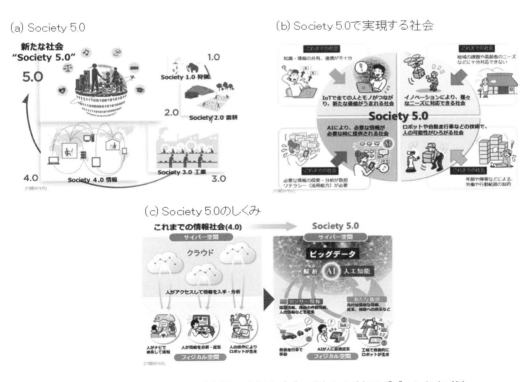

図 5.1.2　Society 5.0　（出展：(a)は [4]，(b)から(c)は [5] より転載）

　数理・データサイエンス・AI は多くの分野・知見にまたがっているので，イメージを掴みやすくするために，数理・データサイエンス・AI が社会に与える影響・期待される役割や，使われている手法などを概観してみよう．図 5.1.2 は，Society 5.0「科学技術イノベーションが拓く新たな社会」内閣府 [4,5] から転載した．情報化社会が発展した社会段階としての Society 5.0 では，得られたデータの高度な利活用が鍵となる．利活用・高度化の目的・目標を踏まえデータに基づいた予測を行うこと，これをシステムとして一体的に考えていくことが求められる．

　もう一つの例として，人工知能学会が作成し公開している「AI マップ β 2.0」を示す（図 5.1.3 から図 5.1.8．[10] から転載）．AI マップ β 2.0 というタイトルだが，数理・データサイエンスの手法を用いて自動的にタスクをこなすのは，広い意味での人工知能ととらえることができる，処理をこなすのは計算機であり，計算機が自動で処理をこなすためには元となる処理方法があり，処理方法は数理・統計的な手法や機械学習（ML）・人工知能（AI）等情報工学的な手法に基づいているからである．計算機にプログラムなどにより指示を与えるのは人間であるので，我々人間は，処理対象のデータに適した処理方法を指示する必要がある．なお，データ数がそれほど多くない場合や処理の試行の場合は，表計算ソフトウェアなどで処理することが多い．

　様々な分析手法や大量のデータ分析が可能となったのは，背景となる理論の進歩・一般化とともに，データ分析で利用できるツールの普及や，計算能力の向上も大きな要因である．

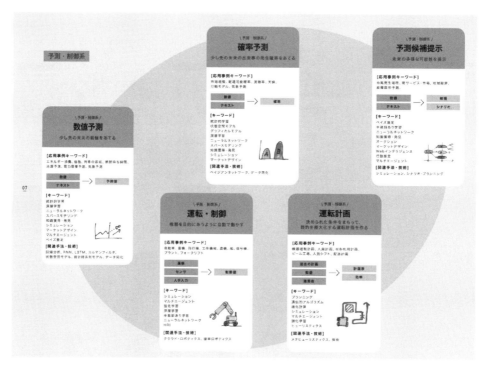

図 5.1.3　予測・制御系（AI マップ β 2.0 から）[10]から転載.

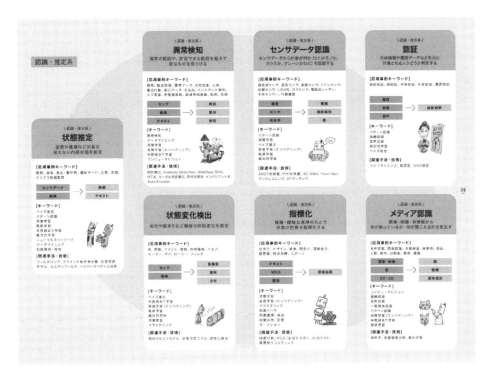

図 5.1.4 認識・推定形（AI マップ β 2.0 から）[10]から転載.

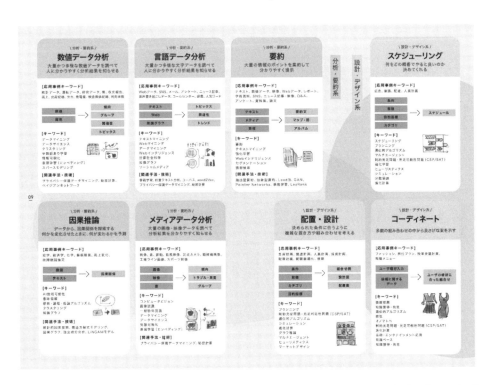

図 5.1.5 分析・要約系，設計・デザイン系（AI マップ β 2.0 から）[10]から転載.

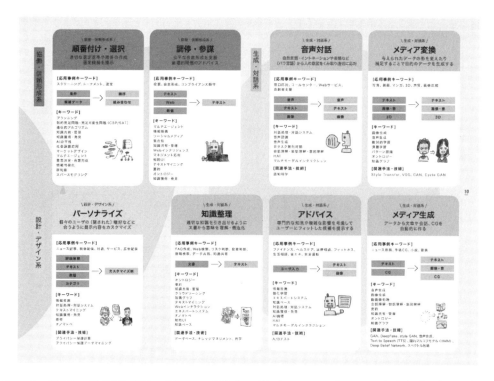

図 5.1. 6　協働・信頼形成系，設計・デザイン系（AI マップ β 2.0 から）[10]から転載.

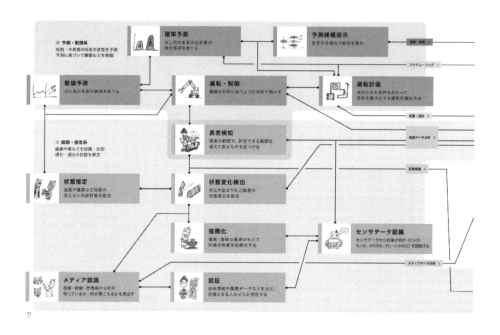

図 5.1. 7　予測・制御系，認識・推定形の関係．（AI マップ β 2.0 から）[10]から転載.

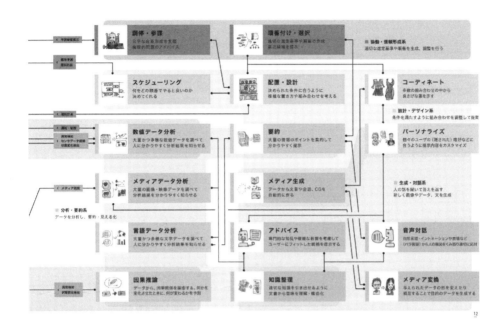

図 5.1.8 協働・信頼形成系，生成・対話系の関係（AIマップ β 2.0 から）[10]から転載.

　内閣府の資料でも AI マップ β 2.0 でも，数理・データサイエンス・AI は社会の幅広い分野に適応されることが例示されている．適応分野に文系・理系の別がないことに留意したい．

　このように，どの学部・学科でも，数理・データサイエンス・AI を学ぶ必要があることがわかるだろう．

5.1.2　数理・データサイエンス・AI の処理の流れ

　数理・データサイエンス・AI の処理の流れを示す．処理したいデータがあり，それを適切に加工し，分析・解析し評価し，結果の提示という流れとなる [1, 3, 8]．

(1)　データが十分にあり，容易に取り扱えること

　分析対象のデータが収集されており，これらが利用しやすい形（取り出しやすい形）で蓄積されており，蓄積されたデータが容易に取り扱える状態であること．データの量と質を考えたい．

(2)　データは目的に応じて抽出し加工（利用）出来ること

　数理・データサイエンス・AI 的な処理をするためには，蓄積されたデータを処理に適した様式に加工して利用できること．規模が大きいデータや，自動的にタスクをこなす場合は自動的に処理するプログラムやスクリプト等を用いるので，データが「整っている」のが望ましい．

(3)　分析・解析・モデリングでは多くの分析手法で評価すること

　特定の手法に拘泥せず，様々な分析手法を試してみることが望ましい．分析者の分野以外の手法が有効な場合もあり得るし，機械学習（ML）や人工知能（AI）が有効な場合もあるだろう．

(4)　解析・分析結果の提示（報告書やプレゼンテーション）

　解析・分析した結果は，数値やグラフなどで表されるが，これらをわかりやすく表現する．グラフ等での可視化の方法は様々なので，問題と分析結果をよりよく表現できる手法で可視化する．結果を解析・分析の依頼元に提示する場合は可視化の善し悪し（解りやすさ）は重要だろう．

　繰り返しになるが，数理・データサインエス・AI は，幅広い分野横断的な知見に基づき，問題を処理するための実践力が問われていることがわかる．

5.1.3　どのような分野が関係するのか

　数理・データサインエス・AI は，図 5.1.1 のベン図 [9] で示したように，3 つの領域の知識・スキルが必要である [8]．

(1)　情報系のスキル（図 5.1.1 ではハッキングスキルと記されている）

　データを操作・抽出するためには，データを自在に取り扱えなければならない．データがデータベースに格納されているのであればデータベースを操作できなければならないし，ウェブからデータを収集するのであればスクレイピング（ウェブから情報を自動的に利用しやすい形で取得する）のスキルが必要となる．ビッグデータを扱う場合，並列計算機などを用いる場合，システムを構築する場合は，計算機科学やシステムの利用方法についての知見も必要になる．

(2)　統計学や数学

　データの特徴を見る・性質を調べる・ばらつきを把握する時に使われる統計学の理解や．機械学習や AI が「何をしているのか？」を理解するために必要になる数学的な素養を指す．たとえば，基礎的な操作である最小二乗法の背景を理解することが出来る程度の数学的な知識のことである．数学的な背景がないと解析手法や導き出された結果を理解することは難しいだろう．

(3)　対象分野についての専門知識

　分析対象のデータが属する分野や事象に関する専門知識は，誤った分析をしないために必要である．データに対する疑問から分析に発展するし，分析結果を解析するためにも，専門知識は重要な意味を持つ．たとえば，音声や画像の分析を行う場合は，対象とする音声や画像についての知識，従来型の音声・画像処理技術，および，パターン認識や機械学習についてある程度理解している必要がある．得られた結果を分析対象と照らし合わせる必要があるためである．

　分析した結果は，分析した者だけが分かれば良いわけではない．例えば分析が業務で行われたものならば，その業務の関係者（分析を依頼してきた部署や，依頼してきた会社など）へ説明する必要があるだろう．分析・解析および説明の論理が適切でも，理解されない資料では不十分（不適切）である．要領よく，分かりやすく説明するためには，分析結果を理解しやすい形で示す必要がある．説明に用いる資料が理解しやすいものとするには，図表の視覚化・可視化に関連するスキルも必要となるだろう．デザインのセンスなども問われる場面も出てくるかも知れない．これは，元データや分析結果を説明して理解してもらうためには，視覚的に無理なく理解できるグラフ・図表になっているか？が要となるからである．

5.1.4 社会的なニーズ

ビジネスの現場において，ビジネス上の課題を解決するために，数理・データサイエンス・AI的な思考が出来る人材のニーズが高まっている [1, 7]．ビジネス上の課題であるから，ビジネスに関する専門知識や事例に基づき，データ分析を行い，競争力を高めようとしている．

しかしながら，我が国は特に数理・データサイエンス・AIを担いうる人材が少ないことが問題となっている．企業からの需要の反映である，データサイエンティストの求人状況などを見てみてほしい．

数理・データサイエンス・AIは，複数の分野を包含するものであり，夫々の専門「だけ」では不十分であることも，人材を増やす上での難しさとなっている．数学だけ，統計だけ，情報工学だけ，計算機科学だけ，等々，その分野だけを知っていてもダメなのだから．

しかしながら，本書を読んでいるみなさんは，これから大学での学びを進めていく中で，分野横断的な考え方を身につけること，今すぐではなく「いずれ貴方の基盤となる」ことがあり得る可能性があることも踏まえて，様々な科目に取り組んでほしい．そうすることで，包括的な知識を必要とする数理・データサイエンス・AIの理解をより深めることが出来るだろう．

5.2 データ分析入門

数理・データサイエンス・AIの基礎である，データ分析入門を行いたい．

データを見る，理解する，特徴を把握すること（把握できること）は，数理・データサイエンス・AI的な手法を駆使する前段として必須である．

なぜデータを分析するのか．大前提として，データ分析には何らかの目標があるはずである．いくつか例を示そう．

・ 企業（ビジネス）　売り上げを伸ばすために，効率的に生産を行う．
・ 教育　教育効果を上げるために，学習者の学習履歴と教授法の関係を明らかにする．
・ 研究　現象を解析するために，因果関係を明らかにして法則を見つける．

これらは一例であるが，どの分野においても，データを分析して知見を引き出すのは一般的である．データ分析の目標（すること）を明確にする（言語化）した上で，目的に応じて，データが分析される．分野を問わず，数値を用いて（業務）改善等が行われる．

[思考実験]

計画立案の前提たるデータ分析が間違っている（不適切だ）とどうなるだろうか？先ほどの例（企業，教育，研究）で考えてみよう．

・ 企業（ビジネス）　誤った需要予測に基づき製品を生産する．
　　→　不足　販売機会を逸する・顧客の不満が増大
　　　　過剰　不良在庫を抱える・経営への悪影響
・ 教育　誤った学力推定に基づくカリキュラム策定

→　　易しすぎる　学力の伸びが低調に・学生のやる気をそぐ

　　　　難しすぎる　対応できる学生以外はついてこられない

・　研究　データの解析がおかしい　（故意の場合はより悪質．研究倫理が問われます）

→　　研究者・機関の信頼喪失　科学の発展を阻害

　　　　命に関わることもあり得る　（例：医学・薬学分野が顕著か？）

このように，方針を考えるには，元となるデータと分析が要となることが示唆されるだろう．

5.2.1 節以降では，いくつかの実データを分析の前段階の可視化してみる．これにより，数理・データサイエンス・AI への橋渡しとする．Excel の操作は第 2 章を参照してほしい．

5.2.1　東京都の新型コロナ感染者数　2020 年 3 月を例として

新型コロナ感染者数は，マスコミ報道などで目にしたことがあるだろう．この感染症の現在の状況，増勢にあるのかそうではないのか？は，感染症対策を考える上で非常に重要である．

感染症は，感染源に接触したからといって即発症するわけではない．新型コロナ感染症も同様で，症状が現れるまでには時間（遅延）がある，時間遅れがある現象である．また，感染者は PCR 検査で陽性と判定された者がカウントされているが，PCR 検査はどのように行われるのだろうか？自動的に，機械的に検査が出来ない以上，土曜日・日曜日の検査数が減ることは明らかである．すなわち，検査数と陽性者数には何らかの関係があると考えるのが自然である．

これらから，二つの要因も考慮しなければならないことがわかるだろう．

・　陽性の判明までに時間がかかる（時間遅れが含まれる）．

・　（曜日という）周期性のある現象である（土日は休日である）．

分析に用いるデータは，厚生労働省が公開しているオープンデータを用いる [11]．公開データは新型コロナ感染症の陽性者数が，全都道府県と全国の合計で公開されている．

データ1　厚生労働省が公開している新型コロナ陽性者数のオープンデータ [11].

　　　　　分析期間：2020 年 3 月 1 日から 2020 年 3 月 31 日まで．

　　　　　分析対象：全国の感染者数．　本書に掲載したデータの取得日：2021 年 10 月 15 日．

(1)　そのままグラフ化

データ1 をそのままグラフにしてみよう．x 軸を日付，y 軸を感染者数としてグラフを描く．グラフは，作成する範囲によって受ける印象が異なることがある．例として，図 5.2.1 は 3 月全期間のグラフ，図 5.2.2 と図 5.2.3 に 10 日間（図 5.2.3 (b) は 11 日間）のグラフを示す．3 月は 31 日までであるので，図 5.2.3 (b)は 11 日間のグラフも示した．グラフ化する範囲によって，現象の増減について受ける（読み取れる）印象が大きく変わる．特に，図 5.2.3 (a)と(b)は，1 日の増減が非常に大きいこともあり，10 日間のグラフだと下降しているように見える．しかし 11 日間でのプロット(b)では増加傾向にあることは明らかだろう．このように，現象に大きく振れ幅がある場合は，差分を取ると状況を理解しやすい．

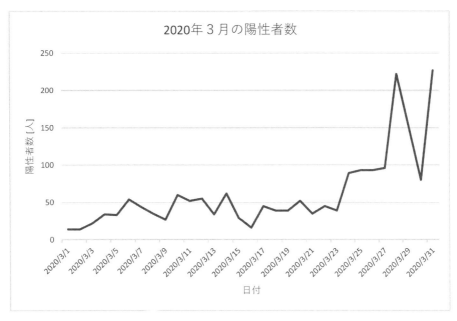

図 5.2. 1　2020 年 3 月の全国の陽性者数の推移.

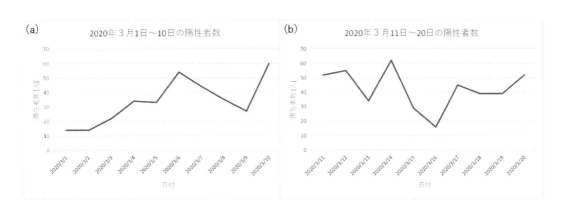

図 5.2. 2　10 日間のグラフ (1).

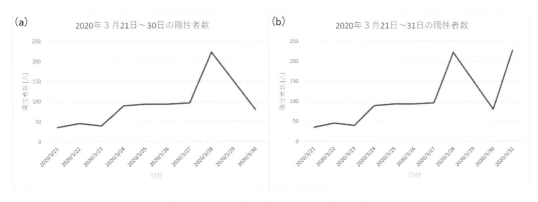

図 5.2. 3　10 日間のグラフ (2). (b)は 11 日間でプロットしている.

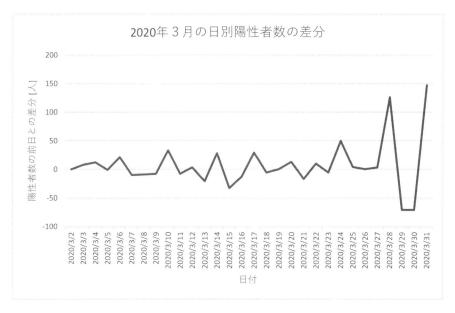

図 5.2.4　陽性者数の差分.

(2) 差分

　そのままグラフ化しただけのグラフから，増減の様子を読み取ることは難しい．増減を見るために，前日との差，「x 日−(x-1)日」を計算しグラフ化してみよう（図 5.2.4）.

　1 日の差分を見ると，増減の幅（プラスおよびマイナス）の絶対値がそれほど変わらない領域と，増減が大きくなっている領域が見られる．差分の絶対値が大きくなっている領域，すなわち，増減が大きくなっている部分を見てみると，3 月の末，感染者数が著しい増加を示した日にちと一致していることが分かるだろう．

　このように，増減をみることで，現象が「暴れる」領域が明らかになる．現象が暴れる領域は，現象が大きく変化しつつあることを示す場合が多い．

(3) 平均（移動平均）

　現在の現象を把握するために，元データに簡単な操作を加える．現象にふくまれる擾乱などの影響を除く（軽減する）操作として，平均が最も簡単でよく用いられる方法である．3 日平均のグラフを図 5.2.5 に示す．平均は，「t 日の前日（t-1 日）と前々日（t-2 日），t 日・t-1 日・t-2 日の 3 日間の平均」をとっている．3 日のデータがそろった日から作画されていることに注意してほしい．次に，より長い期間での移動平均のグラフを示す．7 日間，「t 日，前日（t-1 日），…．6 日前（t-6 日）の平均」を取ったグラフを図 5.2.6 に示す．

　平均のグラフから，グラフの上下動が減り，現象を読み取りやすくなっていることがわかるだろう．ただし，3 月末の傾向をよく見てみると，3 日平均と 7 日平均に食い違いが見られる．そのままのグラフ（図 5.2.1）や差分のグラフ（図 5.2.4）と比較すると，増加傾向にあるのか減少傾向にあるのかは判断が難しいところである．

このように，平均をとることによって滑らかな（きれいな）グラフになるが，特徴も失われている可能性もあることには注意してほしい．判断するには，その減少の特徴を考慮したものを用いる必要があるだろう．

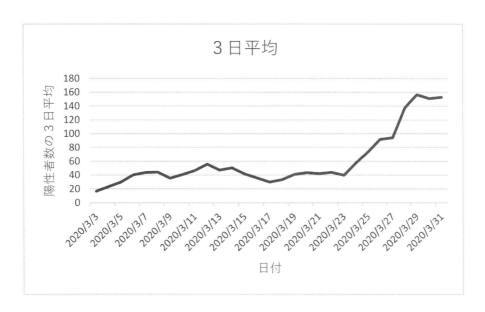

図 5.2. 5 3 日平均のグラフ．

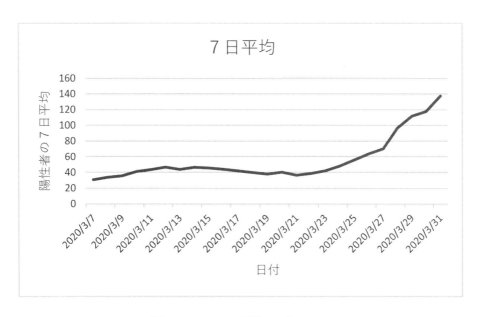

図 5.2. 6 7 日平均のグラフ．

表 5.2.1　週・曜日別の陽性者数.

週	日曜日	月曜日	火曜日	水曜日	木曜日	金曜日	土曜日
第一週	15	14	16	33	31	59	47
第二週	33	26	54	52	55	40	62
第三週	33	15	44	39	36	53	34
第四週	5.2	38	65	93	96	104	194
第五週	185	74	218				

(4)　曜日を考慮したグラフ（周期＝ 7）

　1 週間は 7 日あり，土曜日・日曜日は休日である．よって，感染症対策を担っている保健所や受診・検査を行う病院などの医療機関や公共機関もお休みのことが多い．図 5.2.4 を見てみると，曜日により大きな上下動がある．上下動が現象を理解しにくくしていることが読み取れる．

　曜日別のグラフを図 5.2.7 に示す．曜日という周期＝ 7 で描き直すことで，現象が理解しやすくなっていることが分かるだろう．

　元となる現象の性質を考慮した処理を施すことで，状況をより理解しやすくなることがある．

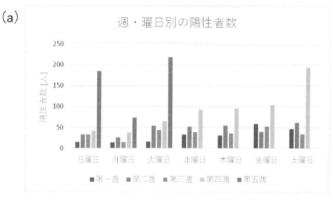

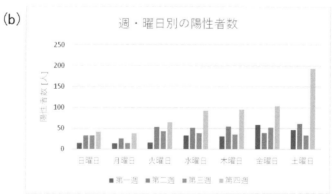

図 5.2.7　週・曜日別の陽性者数（1）.

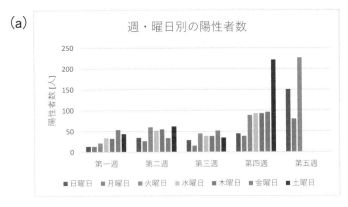

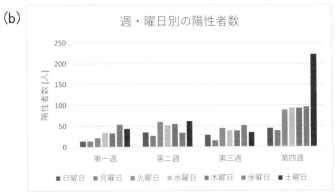

図 5.2.8 週・曜日別の陽性者数 (2).

(5) 曜日・週を考慮した並べ替えとグラフ

(4) をもう一歩踏み込んで，週と曜日をふまえて再構成する．陽性者数を，週と曜日を考慮して再構成した表を表 5.2.1 に示す．3 月は 31 日まであり週は五週ある．この表を曜日を中心としてグラフ化したのが図 5.2.7 である．表 5.2.1 で，斜線を引いているセルはデータが存在しない．3 月は 31 日あるので，純粋にデータとしてみた場合は，五週目に欠損部分が生じる．

図 5.2.7 (a) を見ると，第五週が存在する曜日と存在しない曜日があるので，全体の傾向がわかりにくくなっている．データ分析を行う場合は，欠損したデータをどのように取り扱うかに十分配慮しなければならない．この例では，一部だけにデータが存在するのだから，条件をそろえて四週目まででグラフ化するとよい．図 5.2.7 (b) は，四週分のグラフである．(a)と(b)を見比べると，それぞれの曜日での増減の傾向がつかみやすいことがわかるだろう．ただし，図 5.2.7 は曜日中心に描いているため，傾向がつかみにくい．

次に，表 5.2.1 の週を中心としたグラフを図 5.2.8 に示す．(a)は五週までグラフ化したため欠損が生じているが，図 5.2.8 (a) よりは増加傾向が明瞭であろう．(b)は四週目までのグラフとしているため，第三週に若干落ち着きを見せた後，第四週に大きく増加していることが分かる．

今考えているデータを適切に可視化することで，いま取り扱っている現象をより明確に把握できることがわかるだろう．

5.2.2　半導体におけるムーアの法則

　5.2.1 節では，生データをそのまま可視化した場合と差分・移動平均，および，データの周期性に基づいた可視化を行った.

　本節では，軸を変えたグラフだと現象が理解しやすくなる場合があることを示そう. 数値の対数をとるなどの変換を加えた方が，現象を理解しやすくなることがある.

　半導体の性能向上に関するムーアの法則を聞いたことがあるだろうか？Intel の共同設立者の一人であるゴードン・ムーア氏（Gordon E. Moore）が，1965 年に提唱した法則である [12]. 図 5.2.9 は論文 [12] に掲載されているグラフを転載したものである. このグラフは，半導体の製造技術の進歩により半導体チップ（CPU や MPU）に搭載されるトランジスタ数（素子数）が 1 年に 2 倍（後に 2 年に 2 倍とも）になる「予想」がグラフ化されている. 実線は実際の値に基づいたプロットで，点線はこの傾向が継続した場合の予測（予想される推移）となる.

　半導体チップに搭載される素子の数が増えると，性能の向上・製造コストの低下・処理性能あたりの消費電力の低下（副次的に発熱の低下）をもたらす. この結果，製品の価格は低下し，機能（性能）は向上することになる.

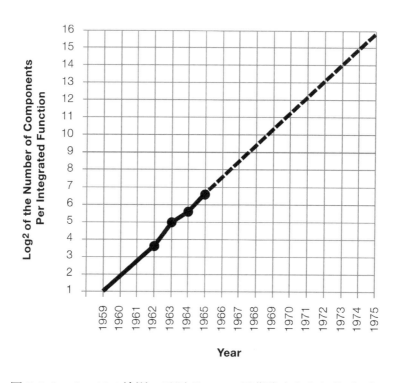

図 5.2.9　ムーアの法則の予測グラフ. 原著論文から転載 [12].

　ムーアの法則が Intel CPU で成り立っているかを確かめるために，いくつかの Intel CPU のデータを解析してみたい. データ 2 は，公開情報および書籍 [13] に基づき作成している. 表 5.2.2 が，分析に用いるデータである. このデータを分析してみよう.

データ2 Intel CPU（1974年から2004年）の，製品名（CPU名）登場年，トランジスタ数，動作クロック周波数．公開情報や書籍 [13] に基づき作成した．似たようなデータが掲載されている参考文献 [14] を用いてもよいだろう．

表 5.2.2 Intel CPU の諸元（公開データおよび書籍 [13] を参考に集成）.

CPU 名称	登場 [年]	Transistor 数　[個]	動作周波数	[単位]
8080	1974	4500	2.0	MHz
8086	1978	29000	8.0	MHz
8088	1979	29000	5.0	MHz
80286	1982	134000	12.5	MHz
80386	1985	275000	20.0	MHz
80486	1989	1180235	25.0	MHz
Pentium	1993	3100000	100.0	MHz
Pentium Pro	1995	5500000	440.0	MHz
Pentium II	1997	7500000	266.0	MHz
Pentium III	1999	9500000	500.0	MHz
Pentium 4	2000	42000000	1.5	GHz
Pentium 4 Prescott	2004	112000000	3.6	GHz

(1) そのままグラフ化

データ2 を，CPU の登場年を x 軸，CPU のトランジスタ数を y 軸としてグラフ化してみよう．元データをそのままプロットしたのが次ページ図 5.2.10 である．登場年が経過するにつれて，CPU に搭載されているトランジスタ数が爆発的に増加することだけはわかるが，「どのように」増加しているのかは分からない．増加が著しいためである．この現象をわかりやすく可視化し，説明することはできないのだろうか．

このような場合，実データのままではなく，何らかの操作を施すとよい．変化の激しい実数を変換する関数としては，対数関数を用いるとよい．次節で，トランジスタ数の対数をとったグラフを考える．

(2) トランジスタ数を対数としたグラフ（片対数グラフ）

データ2 の，CPU の登場年を x 軸，CPU のトランジスタ数の対数をとった値を y 軸としてグラフ化する．次ページ図 5.2.10 は，y 軸の変化が急激で現象がどういうものか読み取りにくいものだったが，トランジスタ数の対数をプロットした図 5.2.11 は，数値が急峻に変化しておらず，右肩上がりにプロットされているように見える．軸を対数表示とするには，Excel の［軸の書式設定］→［軸のオプション］→対数目盛を表示する ☑対数目盛を表示する(L)　基数(B) 10　で設定している．データのままの場合（実数軸）は，現象を捉えられていなかったものが，対数軸の場合は，現象が対数上で直線的，すなわち，指数関数的に急激に増加していることがわかる．

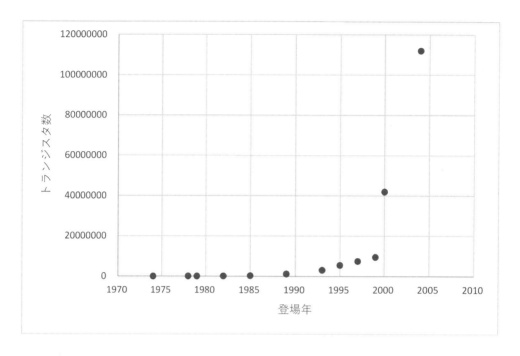

図 5.2. 10 Intel CPU のトランジスタ数（実数軸）.

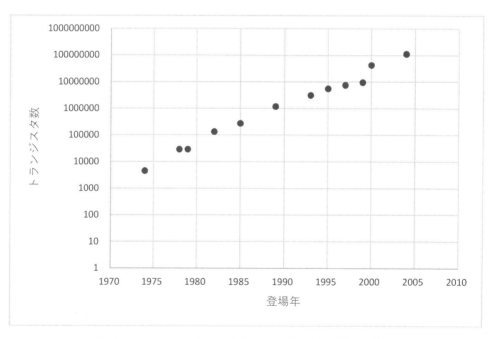

図 5.2. 11 Intel CPU のトランジスタ数（対数軸）.

ムーアの法則は CPU のトランジスタ数が 1 年で 2 倍（発表時．後に 2 年に 2 倍とも）になる法則と解釈できる．図 5.2.11 から，実際の CPU に搭載されているトランジスタ数が指数関数的に増加していることが示された．より詳しく見てみるには，対数をとったグラフ（図 5.2.11）

で，近似直線の傾きを計算して考察するとよいだろう．

このグラフは y 軸だけが対数をとっているので「片対数グラフ」といわれる．x 軸・y 軸両方とも対数をとっている場合は両対数グラフと呼ばれる．対象とするデータの性質にあわせて，片対数グラフまたは両対数グラフを使い分けてほしい．

本節では，対数がどういうものかについては高校数学の範囲であるので割愛している．指数対数関数については，高校の数学の教科書などで復習してもらいたい．

5.2.3　確率的な事象　さいころ

データの可視化・分析の最後の例として，確率的な事象を取り上げる．確率に従う事象として，サイコロの出目を解析してみる．サイコロは一般的な 6 面体のサイコロとする．

データ 3 はサイコロを 96 回振ってデータとすればよい．表 5.2.3 は，実際にサイコロをふって作成したデータである．データ 3 を得るために使ったサイコロは普通のサイコロであり，出目に偏りがあるサイコロではなく「普通の」さいころ，即ち，出目に意図的な偏りがないものである．

このデータを可視化し分析するにはどうすれば良いだろうか？

データ 3 　6 面体サイコロの出目．試行回数は（キリのいい数で）96 回とした．

表 5.2.3　　6 面体サイコロの出目．

1	3	6	6	1	5	1	4	4	1
6	5	2	6	5	4	3	6	1	5
4	5	1	5	6	3	2	2	1	3
2	6	2	2	4	6	6	1	5	2
6	2	4	1	2	3	2	6	3	3
6	1	5	6	1	2	3	1	6	6
3	5	6	3	5	1	4	1	1	
5	4	4	4	2	6	1	4	2	
6	4	1	4	6	2	3	6	3	
5	1	6	1	3	2	1	4	4	

(1)　そのままグラフ化

まずはそのままグラフにプロットしてみる．x 軸に試行回数，y 軸にサイコロの出目（1 から 6）をプロットしたのが図 5.2.12 である．乱雑のように見える以外，何も分からない．

確率が関係するであろう事象では，そのままプロットしても何かを読み取ることは難しい．一般的には，何らかの測定を行った場合はホワイトノイズや熱雑音など，様々な外乱要因（雑音とも）も含まれるので，現象を考える場合は様々な手法を試す必要がある．

サイコロの場合は，上述のような雑音は含まれないが，確率に従う事象であることは自明で

あろう．よって，試行回数をいくつかの範囲とし，（確率的な）振る舞いを考察する．

図 5.2.12　サイコロの出目．

(2)　試行回数の範囲別に，平均値と出現確率を求めてグラフ化

　　サイコロを 96 回数振って得たサイコロの出目を，以下の範囲毎に集計しなおそう．

試行回数　1〜12	試行回数　1〜24	試行回数　1〜36
試行回数　1〜48	試行回数　1〜60	試行回数　1〜72
試行回数　1〜84	試行回数　1〜96	

　　次に，試行回数の範囲別に，出目の出現頻度を求め，度数分布（ヒストグラム）を作成する．また，範囲別に出目の平均値と出現確率を求める．平均値は「サイコロの出目の総計を試行回数，すなわちサイコロを振った数で割る」ことで求められる．出現確率も，その試行の範囲でのサイコロの出目の出る確率であるから，「サイコロの出目の分析しようとしている範囲での出現数÷範囲の試行回数の最大値」とすればよい．

　　表 5.2.4 は，これらの作業を施した表である．

　　次に，表 5.2.4 に基づき，出目の出現確率（図 5.2.13）と平均値（図 5.2.14）をプロットした．なお，出現回数を「そのまま」プロットした場合，図 5.2.10 のグラフと同様，データの特性を読み取ることが出来るとは考えにくい．このグラフは試行回数が増加するに従って出現回数も増加する「右肩上がり」のグラフとなるだろう．これらから「何か」を読み取るのは難しい．

　　このように，データ3 は確率的な事象であるので，そのままプロットしてグラフを作成することが適当ではないことが分かるだろう．

表 5.2.4 試行回数の範囲毎のサイコロの出現数・出現確率・平均値.

		試行1から 試行12	試行1から 試行24	試行1から 試行36	試行1から 試行48	試行1から 試行60	試行1から 試行72	試行1から 試行84	試行1から 試行96
試行回数		12	24	36	48	60	72	84	96
サイコロ 出現数	1	1	4	6	9	10	13	18	20
	2	1	4	5	7	10	12	13	15
	3	2	2	2	3	6	9	9	13
	4	1	4	5	8	9	11	14	15
	5	4	5	7	9	10	10	11	12
	6	4	6	11	12	15	17	19	21
サイコロ 出現確率	1	0.08	0.17	0.17	0.19	0.17	0.18	0.21	0.21
	2	0.08	0.17	0.14	0.15	0.17	0.17	0.15	0.16
	3	0.17	0.08	0.06	0.06	0.10	0.13	0.11	0.14
	4	0.08	0.17	0.14	0.17	0.15	0.15	0.17	0.16
	5	0.33	0.21	0.19	0.19	0.17	0.14	0.13	0.13
	6	0.33	0.25	0.31	0.25	0.25	0.24	0.23	0.22
平均値		4.33	3.79	3.97	3.77	3.73	3.61	3.52	3.49

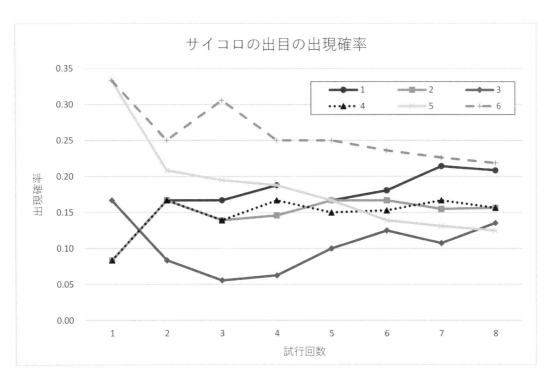

図 5.2.13 サイコロの出目.

図 5.2.13 から，確率的事象らしい「振れ」を含みつつ，各出目の出現確率は理論値 1/6 に近づいていることが分かる．また，図 5.2.14 を見ると，サイコロの出目の平均が期待値 3.5 に近づいている（漸近している）ことがわかるだろう．

　なお，サイコロの出目の理想的な値（理論値）などについては，高校数学の確率統計を復習してほしい．

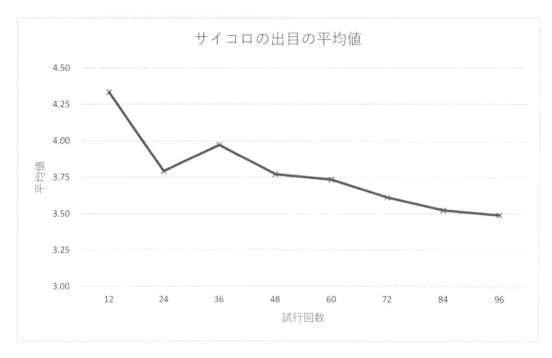

図 5.2. 14　サイコロの出目．

表 5.2. 5　サイコロの出目の「確からしさ」を Excel の chisq.test 関数で検定．

	試行 1 から 試行 12	試行 1 から 試行 24	試行 1 から 試行 36	試行 1 から 試行 48	試行 1 から 試行 60	試行 1 から 試行 72	試行 1 から 試行 84	試行 1 から 試行 96
試行回数	12	24	36	48	60	72	84	96
期待値	2	4	6	8	10	12	14	16
試行回数 ÷ 6	2	4	6	8	10	12	14	16
（イカサマなサイコロ	2	4	6	8	10	12	14	16
ではなければ（理想的	2	4	6	8	10	12	14	16
には）各出目は等しく	2	4	6	8	10	12	14	16
なるはず）	2	4	6	8	10	12	14	16
カイ二乗検定	0.35794588	0.81358178	0.19700656	0.35794588	0.52099495	0.64874236	0.36584187	0.51401184

(3)　どの程度確からしいかを統計的検定で確かめる

　理想的なサイコロならば（≒出目に偏りがないはずであるから），各出目の出現頻度は等しいだろう．出現頻度が等しいであろう現象，すなわち一様分布（に従う）かどうか・確からしさは，

カイ二乗検定で確かめることができる．

表 5.2.5 は，表 5.2.4 をカイ二乗検定した結果である．帰無仮説は，さいころの出目は偏りがなく一様分布に従うとしてカイ二乗検定により仮説検定を行っている．検定には，Excel の chisq.test 関数を用いている（詳しくは第 2 章の Excel の節を参照のこと）．有意確率を 5%で考えても，いずれの場合も棄却されておらず，一様分布に従っているであろうと示唆される．すなわちこのサイコロ（の出目）は，一様分布に従っていると考えて差し支えなさそうである．なお，表 5.2.5 の表現は分かりやすさ（簡便さ）を優先しているため，厳密性に欠ける可能性がある．

仮説検定は，考えている現象や分野により検定方法（使うツールも，業界標準でないと認められない場合もある）が異なることに注意してほしい．基礎的な事項は高校の確率統計で履修済みの場合もあるだろう．また，さらに詳しい事項については，大学の統計に関する科目や研究データの解析などの学修で理解を深めてほしい．

5.3 数理・データサイエンス・AI で使われるツール

数理・データサイエンス・AI では，処理目的に応じて様々なツールが使われる．手作業で様子を探る等の場合は表計算ソフトウェアを使うし，ある程度概要がつかめてより専門的・高度な分析を行う場合には，解析・分析対象に応じたツールが使われる [1, 2, 7, 8]．

表計算ソフトウェアは，手始めの解析・分析ではよく用いられる．

統計であれば R（GPL），SAS（SAS Institute 製），SPSS（IBM 製）等があげられる．

より高度な（機械学習を含むような）解析・分析を行いたい場合は，Python とともに用いられる，Chainer，PyTorch，scikit-learn，TensorFlow（Google 社が作成しオープンソースで公開）などを使うことが多い．これらはいずれも機械学習ライブラリである．また，NumPy（計算を効率的に行う），Pandas（データ分析を効率的に行う），Scipy（高度な科学技術計算を行う），Optuna（機械学習のハイパーパラメータの自動最適化フレームワーク．Preferred Networks 社が作成しオープンソースで公開）など，処理に応じた様々なツールがそろっている．さらに，計算をより高速に行うために GPU での並列計算も一般的に行われている（GPGPU．General-purpose computing on graphics processing units．GPU により計算を並列で行う）．機械学習ライブラリは GPU に対応しているもの・していないものがあるので，目的とする計算の規模などをふまえて使用する・組み合わせるツールを検討すると良いだろう．

また，MATLAB（Mathworks 社．第 2 章を参照）のように数理データサイエンス・AI に対応した機能を有するソフトウェアを使うこともできる（人工知能・機械学習にも対応している）．

利用目的に応じて適切なツール（ソフトウェアやライブラリ）を使うためには，分析に用いる手法の考え方や動作原理，計算方法を理解しており，かつ，ライブラリを使いこなせなければならない．Python と共に用いるツールでは，Python を使いこなせることは大前提となる．

さらに，AutoML（Automated Machine Learning），自動化された機械学習といわれ，機械学習を用いたデータ分析プロセスを自動化する仕組み（ツールやシステム）もある．様々な製

品，ソフトウェア（有償，無償問わず）が存在する．機械学習によるデータ分析では，様々なモデルを試し，それぞれのモデルにおいてパラメータ最適化を行い評価するという膨大な作業が発生する．また，複数のモデルによる多数決論理を構築する（例：アンサンブル学習）などの手法もある．これらをすべて人力で行うのは非常に煩雑・非効率であるし，専門的な知識がないと分析することも難しいので，ある程度自動的に処理しようとするのが AutoML である．

　AutoML のメリットとしては，問題を適切に与えればデータ分析を（それなりに）処理してくれるため，機械学習の敷居を下げることが可能となること，試行錯誤などを AutoML に任せられるため生産性が向上するであろう．デメリットとしては，なぜその結果になったのか？の説明が難しいこと，解釈可能性についてはツールにより状況が異なること・解釈できるためには元となった機器学習手法に習熟していなければならないことがあげられる（「原理は分からないがうまくいった」が良くないことは明らかだろう）．

　このように，目的に応じた様々なツール・手法を用いることが可能になっている．

　処理すべき内容に応じてツールを選択し，利活用していきたいものである．

　本章は紙面の都合もあり，数理・データサイエンス・AI について，概略を記すにとどまっている．より深く学修する場合の参考として，参考文献を示している．興味関心がある書籍があったら，手に取ってみると良いだろう．

5.4　より詳しく知りたい方へ

　これまで，数理データサイエンス・AI が理系文系問わず必須の知識となりつつあること・様々な分野で利用されていること，および，データ分析の簡単な例を示した．

　本節では，より詳しく知りたい方が今後学修する場合の参考として，機械学習・人工知能の大まかな分類について記す．なお，幅広い読者層を想定しているため，記述はわかりやすさを優先して記述する．入門としては参考文献 [1, 3, 6, 7, 8] が参考になるだろう．また，人工ニューラルネットワークについては，第 6 章も参照頂きたい．

　人工知能は，我々人間が行っている処理などを機械で再現させようとすることと捉えることが出来る．入力と出力が明確なルールで記述出来る場合は，対応のルールを記述するのも容易であるが，一般の（実応用の）問題ではルールを見つけ出すのが容易ではないことが殆どである．よって，処理させたいことを「学習」させることで解決しようとするのが機械学習といえる．機械学習は，計算機が入力と出力の間のデータから何らかのパターンを見つけ出すこと，すなわち，分析対象のデータが従うルールを見つけ出すことと言い換えることができるだろう．

　機械学習において，どのようにして「ルールを見つけ出す」のだろうか？ "5.1.1　数理・データサイエンス・AI とは" で取り上げた人工知能マップ β 2.0（図 5.1.3 から図 5.1.8）を見ると，適応する対象により様々な手法が用いられていることが分かるだろう．これら「すべて」が人工知能・機械学習的な手法ということができる．

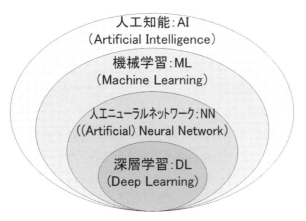

図 5.4.1 人工知能，機械学習，人工ニューラルネットワーク，深層学習の関係.

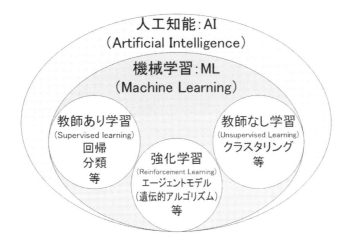

図 5.4.2 人工知能・機械学習における学習方法の種類.

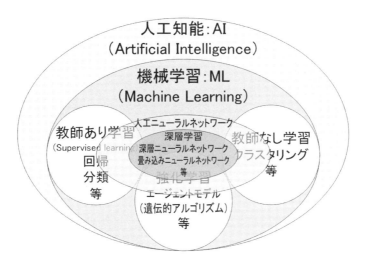

図 5.4.3 学習手法と人工ニューラルネットワーク，深層学習との関係.

　次に，最近話題になっている深層学習と機械学習と関連する手法の関係を俯瞰してみよう．図 5.4.1 から図 5.4.3 を見てほしい．深層学習は，機械学習の一手法である人工ニューラルネットワークが進化したものと捉えることが出来る．人工ニューラルネットワークは生物の情報処理様式，すなわち脳などの神経細胞（群）に学ぶという考え方が基礎となっている．1943 年に発表されたマッカロック（McCulloch）とピッツ（Pitts）の形式ニューロン [15] は有名である．計算機により，神経細胞の働きを形式化したモデルを実装可能であると指摘している．我々生物の行動な情報処理は，脳などの神経細胞群が担っているが，これを実現する（模擬する）には，形式ニューロンを「（非常に）多数」用いれば良さそうである．人工ニューラルネットワークについては，第 6 章を参照頂きたい．

　非常に多くの数の神経細胞が情報処理を行っている生物の脳のような処理を，計算機に行わせることは可能だろうか？この問いは，昔は計算機の情報処理能力が限定的であったこと，および，計算手法（算法．アルゴリズム）上の限界から，処理できる問題に制約があった．この状況は，以下の要素がそろうことで飛躍を見た．

i)　計算機の頭脳ともいわれる CPU（Central Processing Unit．中央演算処理装置）の性能向上．5.2.2 節のムーアの法則を思い出してほしい．

ii)　GPGPU（General-Purpose computing on Graphics Processing Units．グラフィック処理に用いられる GPU で，汎用的な演算を並列に実行する仕組み．例えば 3D グラフィックは四則演算等を同時並列で計算を行い，画面表示用の 2D 画像を得ている）の登場．これにより，CPU では非常に時間がかかっていた計算が，非常に高速に計算可能となった．

iii)　主記憶および補助記憶装置の容量の増加．

iv)　人工ニューラルネットワークなどのアルゴリズムの進化．いわゆる深層学習の登場．

　i) から iii) は，これまで理論上は可能だが計算時間等の制約で実現できなかった手法を実現可能とした．また iv) は．大規模データや大規模・複雑な構造の人工ニューラルネットワークで学習がうまくいかない問題を解消する手法を提供した．現在，画像・動画・音声など，データ数・データサイズが大きい対象にも適応できているのは，これら i) から iv) の要因の寄与が大きい．

　図 5.4.2 は，機械学習での学習方法（学習のさせ方）が 2 種類あることを示している．あらかじめデータにクラスなどの符号をつけておき，これを再現できるように学習させるのが教師あり学習であり，データだけを与えてデータの特徴などに基づき計算機が学習するのが教師なし学習である．また，強化学習と呼ばれる手法もある．

　図 5.4.3 はかなり模式的な図となっていることを了承いただきたい．人工ニューラルネットワークは，教師あり／教師なし学習のどちらもあり得る（手法により異なる）こと，強化学習の部品や素材として使われることがあるためこのような図としている．

　紙面の都合もあるため，浅い記述となっていることをご了承いただきたい．より詳しく知りたい場合は，第 6 章（人工ニューラルネットワーク）や参考文献を参照するなどして理解を深めてほしい．

5.5 まとめ

　数理・データサイエンス・AI について，いまなぜ広く必要性が強調されるに至ったのか，どのような用途があるのか，基礎的な要素について示した．次に，「データ解析・分析とはどういうものか」を示すため，簡単な例をいくつか示した．さらに，人工知能・機械学習についても簡単，入門部分の解説を試みた．

　社会のディジタライゼーションの進展とともに，ますます，数理・データサイエンス・AI の重要性が高まると考えられるので，データを解析・分析し，有用な知見を導き出せるようにスキルを磨く必要があるだろう．

　なお，本章では，数理・データサイエンス・AI の入門として記している．ページ数の関係もあり，とくに機械学習や AI 関連の記述は手薄になっているので，今後の学修を通じて理解を深めてほしい．

【参考文献】

　本章の参考文献を示す．文中の図に転載している文献も含む．なお，転載に際しては著作者の許諾を得て掲載している．

[1] 高木章光，鈴木英太，データサイエンスがよ～く分かる本，秀和システム，2019.

[2] 荒木雅弘，フリーソフトで始める機械学習入門（第 2 版），森北出版，2018.

[3] 遠山 功，コンピュータにかわいいを学習させたら何が起きたか　だれも教えてくれなかったビッグデータ分析のノウハウ，ダイヤモンド社，2019.

[4] 内閣府 Society 5.0「科学技術イノベーションが拓く新たな社会」説明資料
https://www8.cao.go.jp/cstp/society5_0/ ＜2021 年 11 月 14 日確認＞

[5] 内閣府 第 6 期科学技術・イノベーション基本計画 ＜2021 年 11 月 14 日確認＞
https://www8.cao.go.jp/cstp/kihonkeikaku/index6.html

[6] 工藤卓哉，保科 学世，データサイエンス超入門　ビジネスで役立つ「統計学」の本当の活かし方，日経 BP，2013.

[7] 工藤卓哉，これからデータ分析を始めたい人のための本，PHP 研究所，2013.

[8] 佐藤洋行，原田博植ら著，改訂 2 版 データサイエンティスト養成読本 [プロになるためのデータ分析力が身につく！]，技術評論社，2016.

[9] The Data Science Venn Diagram ＜2021 年 11 月 14 日確認＞
http://drewconway.com/zia/2013/3/26/the-data-science-venn-diagram

[10] 人工知能学会，AI マップ β 2.0（2020 年 6 月版），AI マップ β 2.0 は CC-BY 4.0 でライセンスされている．＜2021 年 11 月 14 日確認＞
https://www.ai-gakkai.or.jp/resource/aimap/

[11] 厚生労働省オープンデータ（ホーム ＞ 政策について ＞ 分野別の政策一覧 ＞ 健康・医療 ＞ 健康 ＞ 感染症情報 ＞ 新型コロナウイルス感染症について ＞ オープンデータ） ＜2021 年 11 月 14 日確認＞
https://www.mhlw.go.jp/stf/covid-19/open-data.html

[12] ムーアの法則の原著論文．Intel 社がウェブで論文（PDF 形式）を掲載している．＜2021 年 11 月 14 日確認＞
https://newsroom.intel.com/wp-content/uploads/sites/11/2018/05/moores-law-electronics.pdf
原著論文は Electronics (IEEE) に掲載された論文である．

G. E. Moore, "Cramming more components onto integrated circuits, Reprinted from Electronics, volume 38, number 8, April 19, 1965, pp.114 ff.," in IEEE Solid-State Circuits Society Newsletter, vol. 11, no. 3, pp. 33-35, Sept. 2006, doi: 10.1109/N-SSC.2006.4785860.

[13] Renu Singh, Advanced Microprocessors, New Age International Pvt Ltd Publishers, 2008.

[14] Geert Barentsen, tech-progress-data (MIT license)　＜2021 年 11 月 14 日確認＞
https://github.com/barentsen/tech-progress-data/blob/master/data/transistor-counts/transistor-counts.csv

[15] 志水清孝著, ニューラルネットと制御, コロナ社, 2002.

本文中では引用していないが, これからの学修の参考になりそうな文献やウェブサイトを記す. 平易なものを中心に取り上げた.

[16] 数理・データサイエンス教育強化拠点コンソーシアム　＜2021 年 11 月 14 日確認＞
http://www.mi.u-tokyo.ac.jp/consortium/

[17] データサイエンスに関するトピック　データサイエンスとは　＜2021 年 11 月 14 日確認＞
https://www.oracle.com/jp/data-science/what-is-data-science/

[18] 機械学習に必要な数学の基礎・メディカル AI 専門コース オンライン講義資料　＜2021 年 11 月 14 日確認＞
https://japan-medical-ai.github.io/medical-ai-course-materials/

[19] 機械学習に使われる数学・ディープラーニング入門：Chainer チュートリアル　＜2021 年 11 月 14 日確認＞
https://tutorials.chainer.org/ja/

[20] AI・機械学習の数学入門　＜2021 年 11 月 14 日確認＞
https://atmarkit.itmedia.co.jp/ait/series/18083/

[21] 谷尻かおり, 文系プログラマーのための Python で学び直す高校数学, 日経 BP, 2019.

[22] 加藤公一, 機械学習のエッセンス 実装しながら学ぶ Python, 数学, アルゴリズム, SB クリエイティブ, 2018.

[23] 結城　浩, プログラマの数学 第 2 版, SB クリエイティブ, 2018.

[24] 小久保奈都弥, データ分析者のための Python データビジュアライゼーション入門 コードと連動してわかる可視化手法 (AI & TECHNOLOGY), 翔泳社, 2020.

[25] 松尾　豊監修, Newton 大図鑑シリーズ AI 大図鑑, ニュートンプレス, 2020.

[26] Sebastian Raschka ら著, 福島真太朗監修, 株式会社クイープ翻訳, [第 3 版]Python 機械学習プログラミング 達人データサイエンティストによる理論と実践 (impress top gear), インプレス, 第 3 版, 2020.

[27] Brett Lantz 著, 株式会社クイープ監翻, R による機械学習[第 3 版] (Programmer's SELECTION), 翔泳社, 第 3 版, 2021.

[28] Ian Goodfellow ら著, 岩澤有祐ら監訳, 深層学習, KADOKAWA, 2018.

[29] Peter Bruce ら著, 大橋真也ら監修, データサイエンスのための統計学入門 第 2 版 ―予測, 分類, 統計モデリング, 統計的機械学習と R/Python プログラミング, オライリージャパン, 2020.

[30] 森村哲郎, 強化学習 (機械学習プロフェッショナルシリーズ), 講談社 , 2019.

[31] Chris Albon 著, 中田秀基翻訳, Python 機械学習クックブック, オライリージャパン, 2018.

[32] Jake VanderPlas 著, 菊池　彰翻訳, Python データサイエンスハンドブック ―Jupyter、NumPy, pandas, Matplotlib, scikit-learn を使ったデータ分析, 機械学習, オライリージャパン, 2018.

[33] Aurélien Géron ら著, 長尾高弘翻訳, scikit-learn、Keras、TensorFlow による実践機械学習 第 2 版, オライリージャパン, 2020.

[34] Aurélien Géron 著, 下田倫大ら監修, scikit-learn と TensorFlow による実践機械学習, オライリージャパン, 2018.

第6章

ニューラルネットワーク

この章では AI（Artificial Intelligence．人工知能）[1, 2, 3] で使われる代表的な手法の一つ「人工ニューラルネットワーク」（以下，ニューラルネットワーク）について述べる．ニューラルネットワークは現在，様々な問題で用いられている．AI に関連して，ニューラルネットワークは重要な技術として広く利用されている．

本章では，AI とはなにか，人工知能はなにか，ニューラルネットワークとはどういうものかについて簡単に述べる．

6.1 AI（人工知能）とは

6.1.1 計算する機械

現在我々が一般的に連想する計算機は，ディジタルで演算を行う電子計算機ではないだろうか．「計算する機械」と広く考えた場合，ディジタルでなくてもよいし，電子計算機である必要もない．計算が出来れば「計算する機械」であるのだから．

歴史に興味関心がある方ならば，紀元前 1 世紀以前のものといわれる「アンティキティラ島の機械（Antikythera mechanism）」を想起するかも知れない [4, 5]．この機械は非常に多くの歯車で構成されており，太陽・月をはじめとした複数の天体の運行・暦（古代は複数の暦が存在した．ユリウス暦以前の暦であるが，閏年も計算できたらしい）や，古代ギリシアの競技会（古代のオリンピア競技会もその一つ）などを歯車で「計算」し，表示盤に示すことが出来たと推察されている（文字盤の記載や，古代の記録に記録があるそうである）．この「計算する機械」は，多数の歯車（歯車の数は 30 以上と指摘されている）で計算する，歯車式計算機（mechanical calculator）と考えることができるだろう．

17 世紀まで時代が下ると，いくつも歯車式計算機が考案されている．パスカルが考案したパスカリーヌ（Pascaline）が有名であろう [6, 7]（シッカート，ライプニッツのものも有名かも知れない）．いずれも，加減乗除算を歯車の回転により計算する歯車式計算機である．

電子計算機が一般化するまで，歯車式の計算機はひろく使われていた．我が国でも，1970 年代までは利用されていた．代表的なものとして，タイガー計算機があげられる [6, 7, 8, 9]．

電子計算機が一般化してからは，計算する機械といえば電子計算機と考えられるようになっている．コンピュータ（computer）という用語は，compute する機械，すなわち，計算する機

械のことといえるだろう.

　では,電子計算機以前の計算機,たとえば歯車式計算機は,現在のパソコンのような様々なタスクを実行できるだろうか？処理内容や状態に応じて「動的に」歯車などを差し替えれば実行できるかも知れないが,歯車はハードウェアで固定なのだから,事実上,決まった特定の用途の計算しか処理することはできない.

図 6.1.1　タイガー計算機. [9]より転載（画像出典：株式会社タイガー）.

6.1.2　人工知能とは・知能とは

　チューリングマシン（Turing machine）という言葉を聞いたことがあるだろうか？コンピュータがなぜ様々な処理ができているかといえば,プログラムを実行できるからである [10]. プログラムを記述するには,アルゴリズム（情報処理の手順）に基づいてプログラムを作成しなければならない. 電子計算機は,0と1から成る機械語（マシン語（machine language）とも. 計算機の言語. CPU・MPU の種類（系統）毎に異なっている）を電子的に処理（計算）している. 機械語とデータ≒処理する内容はメモリに格納されており,メモリ（記憶装置）から命令やデータを読み込み処理される.

　6.1.1 で記した歯車式計算機は,処理する内容がハードウェア「歯車」（と付随する機械部品）で記述されていると考えられる. 電子計算機はメモリ上のプログラムを差し替えれば様々な処理が出来るのに対し,歯車式計算機はハードウェア「歯車」は固定されているため,単一の処理しか出来ないと考えられるだろう.

　プログラムで柔軟な処理が行えるとして,計算機が,人間が何気なく行っている様々な処理

を自動的に実行できるだろうか？全ての事象に対する反応を記述出来ないこと，人間には感情や感性という数値化が困難で記述が難しい要素もあり，プログラムで全てを記述するのは事実上不可能であろう [1, 2, 3].

　それでは，特定の用途に限れば処理は可能だろうか？特定の用途における応答のルールを処理できるシステムを用いて，特定の分野の専門家が応答を行うように，入力された情報を解析して処理するシステムがある [1, 2]．エキスパートシステム（expert system）は，1970 年代に提唱され，1980 年代以降実用に具されている（実際はもう少し早く登場している）．キーボードから入力された質問を，予め設定されたルールに基づき処理して回答（応答）を返すシステムである．現在広く用いられているチャットボットもこれの延長と捉えることが可能であり，整備されたルールに基づき，ユーザと「やりとり」をするものである．古典的な例としての ELIZA（1966 年．Joseph Weizenbaum）[11, 12] や，人工無能（ネットスラング）があげられる．

　では，特定ではない分野，応答や処理のルールが明瞭に記述出来ない分野を，計算機で処理することは出来ないのだろうか？この問いは，計算機が登場してから研究され，挑戦されている大きな問題である．6.2 節で示すように，この問いを解決しようと，様々な研究が積み重ねられている．これの一つのカタチが，ニューラルネットワーク―生物の情報処理様式を模擬することで高度な情報処理を可能にする試み―ということができるだろう．

　最後に，人工知能という専門用語・分野について記す [1, 2, 3, 10, 11, 13].

　「知能とはなにか」は非常に難しい問いである．何をもって知能と定義するのか？も明瞭に答えるのは難しい．パスカリーヌの考案者でもある，科学者・哲学者のパスカルの「人間は考える葦である」というフレーズを聴いたことがあるかも知れない．「考える」とはどういうことだろうか．

　計算機も，プログラムに従って複雑な処理を行うことが出来るが，これは知能といえるのだろうか [1, 2, 3]．エキスパートシステムは，知能があると見なして良いのだろうか．エキスパートシステムは，予め設定された有限個のルール（応答パターン）に従って，ユーザの問いに対して回答を返している．この方法では，未知の事象（≒ルールに示されていない事象）に満足に答えるのは難しいだろう．

　これに対して人間（や生物）は，新しいことを学習し，適応することが出来る．未知の事柄については，それまでの経験から類推したり，動作の誤りなどを修正（フィードバック）したりすることで，よりよい動作が出来るようになっていく．誰しも，運動や楽器演奏などで，練習とフィードバックを繰り返すことにより，より最適に・よりよいパフォーマンスで動ける・楽器を演奏できるようになった経験があるのではないだろうか？様々な教科の学習による知識の獲得は指摘するまでもないだろう．

　計算機に，人間（や生物）が無意識・有意識で行っているような，学習により知識を獲得していく（構築していく）ことは可能だろうか？これに挑む研究分野が，機械学習や人工知能といえるだろう [1, 2, 13]．機械学習や人工知能は，計算（compute）する機械である計算機（computer）の応用分野の一つであり，計算機科学（computer science）に属する [1, 2, 10, 13]．計算機の

処理は，アルゴリズムに基づいたプログラム（計算機で処理する）でデータを処理することで初めて，所望の処理が行われることに注意したい．事前知識として計算機に与えるのは，アルゴリズムに基づいて作成されたプログラムとデータである．

　計算機科学からの立場から，機械学習や人工知能を俯瞰すると，

・　統計的な理論に基づいた推論
・　特徴抽出に基づいた分類
・　言語を計算機で処理する自然言語処理
・　生物の情報処理様式に学んだ（人工）ニューラルネットワークや遺伝的アルゴリズム
・　数学的手法を基盤とした最適化（線形計画法などを想起いただきたい）
・　確率的な手法を用いた最適化（確率的最適化．機械学習や人工知能でもよく用いられる）

などをあげることができるだろう（研究者や専門分野により異なるので注意いただきたい）．

　これまでに述べたとおり，何をもって知能なのか・知能とは何か？は難しい命題である．計算機科学の立場からは，我々人間（や生物）が行っているような，非常に複雑だが難なく処理しているような様々な処理を，人間と同等以上に処理する処理様式を実現すること，と言い換えても良いだろう [1, 2, 3]．もしも計算機で，人間と遜色ない処理が実現できるならば，計算機の処理様式（アルゴリズムやプログラム）を解析することで，知能の様態の一部に迫ることが出来るのではないだろうか？

　機械学習や人工知能は，知的な情報処理を模擬する研究分野であるので，人間の情報・情報処理等に関連する研究分野と関連することがある．たとえばニューラルネットワーク [14, 15, 16] や遺伝的アルゴリズム [17] は生物，ニューラルネットワークの様々な処理様式は脳科学（神経細胞や神経細胞群にヒントを得ている．自己組織化特徴地図 [16] は人間の脳の大脳皮質にヒントを得ている）や物理学（ホップフィールドネットワーク [14]）だけではなく，人間の情報処理などをとりあつかう哲学，心理学，言語学，認知科学とも関連することがある [13]．

6.2　人工知能（AI）研究の歴史

　人工知能（AI）の研究は 1950 年代から続いているが，その過程ではブームと衰退が交互に訪れ，現在は第三次のブームとして脚光を浴びている．ブームの中心的な要素の一つであるニューラルネットワークに焦点を絞ると，下記のようにまとめることができるだろう [1, 2, 3, 18]．

１）第一次人工知能ブーム　（1950 年代後半から 1960 年代）

　ダートマス会議にて「人工知能」という言葉が登場（1956 年）し，ニューラルネットワークの一種，パーセプトロン（1958 年）が注目された．パーセプトロンは条件を満たせば，理論的には任意の関数を表現できることが明らかになっていた [19, 20] が，どのように学習させるのか（ニューラルネットワークの訓練をどのように行うのか）が大きな課題となり，ブームは下火となっていった．

２）第二次人工知能ブーム（1980年代後半から1990年代中盤）

　ニューラルネットワークの学習法の一種，誤差逆伝播法（バックプロパゲーション．backpropagation．BP法とも呼ばれる）（1986年）が提唱された [14, 15, 20, 21]．第一次ブームのパーセプトロンの多層ニューラルネットワークにおいて，後ろの層から，順次「誤差」を逆伝搬することで学習する（ニューラルネットワークを訓練する）手法である．誤差を逆に伝搬させることから，back propagation と呼ばれる．誤差とは，入力に対する現在得られている出力と望ましい出力の差，と理解して差し支えないだろう．なお，第三次ブームの深層ニューラルネットワークでも，基本的な訓練手法としてバックプロパゲーションが（確率的最急降下法などを含む形で）使われている．

　バックプロパゲーションは，ある程度の規模の問題・ニューラルネットワークまではよく機能するが，ある程度以上複雑な問題・ニューラルネットワークだと学習が難しい問題 [22] が判明し，ブームが下火になっていった．また，計算機の能力も十分ではなく，2000年頃の計算能力では，大規模な問題をバックプロパゲーションで解くのは非常に時間がかかり，実用的とは言いがたい状態にあった（筆者は実際に，大学共用設備である大型計算機で，1ヶ月で数回程度しか計算が出来なかった例を経験している．このような状況では，最適なパラメータを求めるために数万セットの繰り返し計算機実験を行うのは夢のまた夢という状態だった）．

３）第三次人工知能ブーム（2006年以降）

　ディープラーニング（2006年）が注目されている [1, 2]．ディープラーニングとは，ディープニューラルネットワークによる学習のことである．ディープニューラルネットワーク（深層ニューラルネットワーク（deep neural network．DNN））とは，ニューラルネットワークにおいて中間層の数が多いもののことであるが，特に明確な基準が決まっているわけではない．

　２）で示した学習が大規模になると計算が進まない問題や，計算量が多いと実用的ではない問題は，第5章でも示したように，深層学習等ニューラルネットワークの進化（新しい活性化関数，最適化方法の進化，ニューラルネットワークの構造そのものの進化・新しいモデルなど），半導体技術の進化により計算機の能力が爆発的に向上したこと（ムーアの法則を想起頂きたい），計算に用いるツールの進化などもあり，非常に幅広い分野で利用されるに至っている．

6.3　ニューロンのネットワーク（人工神経回路網）

　ニューラルネットワークは，生物の神経細胞（ニューロン）のネットワーク【図6.3.1】[22] を模したもの [1, 2, 14, 15, 20, 21, 22, 23] であるので，まずそれに関して述べ，つぎに数理モデル化された人工ニューラルネットワークに関して述べる．

(1)　神経細胞のネットワーク

　【図6.3.1】は，生物の神経細胞の神経回路網の模式図である．神経細胞においては，細胞体から樹状突起が出ており，それらは多数の神経細胞からの信号を受け取る．受信した信号を用

いて細胞体において演算が行われ，発生した新たな信号は，軸索を通って，軸索端末まで伝わる．軸索端末は次の神経細胞に接続されており，信号は次の神経細胞に伝達される（実際は間隙（シナプス間隙）があり化学物質が信号伝達を担っている）．神経細胞相互の接合部はシナプスと呼ばれ，その部分の結合強度の変化によって，記憶が形成されると考えられている．

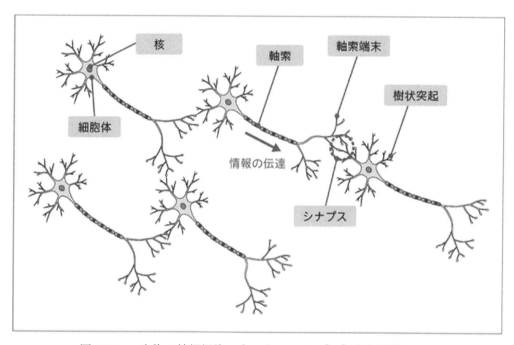

図6.3.1　　生物の神経細胞のネットワーク．[22] より転載．

(2)　人工ニューロンと人工ニューラルネットワーク

　神経細胞のネットワークのコンピュータによる数理モデル化（動作規則を数式で表現すること）に際して，モデル化された神経細胞は「人工ニューロン」，モデル化された「神経細胞ネットワーク」は「人工ニューラルネットワーク」と呼ばれる．表現を簡略化するため，それらを「ニューロン」，「ニューラルネットワーク」と呼ぶ [1, 2, 14, 15, 20, 21, 22, 23].

6.4　パーセプトロン

6.4.1　パーセプトロン

　第一次人工知能ブーム（1950年代後半から1960年代）の中心はパーセプトロン（perceptron）[1, 2, 14, 15, 19, 20, 21] である．これは現在においても，最も基本的なニューラルネットワークであり，深層ニューラルネットワークもパーセプトロンの発展系と捉えることも出来る．

　パーセプトロンは，入力信号を処理して値を出力する [19]．ここでは簡単のため，2つの入力信号に対し，単一の出力「1か0」を出力するモデルを考える【図6.4.1】.

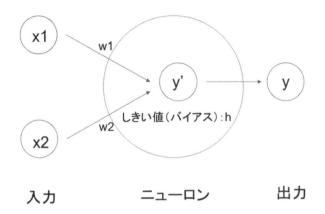

図 6.4.1　最も簡単なニューロンモデル.

[もっとも単純なニューロンモデル]

入力信号をx_1, x_2，ニューロン間の重み係数（weight）をw_1, w_2，出力信号をyとし，

入力x_1, x_2に対して$y' = w_1 x_1 + w_2 x_2 - h$

を求め，y'が 0 以上の時には 1 を出力し，y'が 0 より小さい時には 0 を出力する．
すなわち，以下のようになる．

$$y = \begin{cases} 1 & (y' \geq 0) \\ 0 & (y' < 0) \end{cases}$$

y'をy に変換するときの規則を「活性化関数」（activation function．伝達関数（transfer function)，出力関数と呼ぶ場合もある)，y'が 0 以上になることを「ニューロンの発火」(neuronal firing）と呼ぶ．$w_1 x_1 + w_2 x_2 - h \geq$ の時，ニューロンが発火するので，発火のしやすさはバイアス（bias．閾値θ（threshold）と書かれることもある）hの値によって左右される．

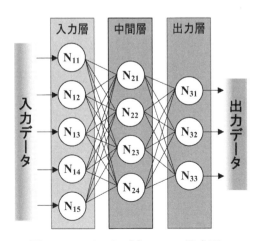

図 6.4.2　パーセプトロンの模式図.

パーセプトロンの模式図を図 6.4.2 に示す [14, 15, 19, 22]. パーセプトロンは 3 層（入力層，中間層（隠れ層），出力層）から構成されており，それぞれの層のニューロン数は応用したい問題により選択する．活性化関数は，ステップ関数，シグモイド関数，線形関数等が用いられる．

パーセプトロンは，大規模問題をどのように学習させるのかが解決出来なかった．この問題の解決は，バックプロパゲーションの登場を待たねばならなかった．

6.4.2　一般的なニューロンモデルと深層ニューラルネットワークモデル

6.4.1 では，古典的なパーセプトロンのニューロンモデルおよびニューラルネットワークモデルを示している．本節では，より一般化されたニューロンモデルとニューラルネットワークモデルを示す．

より一般的なニューロンモデルは次式で示される．

$$y = f(u), \quad u = \sum_{i=1}^{n} w_i x_i + \theta$$

ここで，y：ニューロンの出力，$f(u)$：活性化関数，u：内部状態，w_i：重み係数（結合加重とも呼ばれる），x_i：ニューロン i の出力，θ：閾値．

$f(u)$は，計算機の（人工）ニューラルネットワークのお手本となった生物の神経細胞の電気信号（インパルスの発生）の様子を，計算機で処理しやすいように「模式化」（簡単化）したものとなっている．生物の神経細胞でも，神経細胞への入力（電位）がある一定値以上となった場合，電気インパルスが発生し，ほかのニューロンに伝わる．これが多数（非常に多い数であるが）同時並列的に行われることで，我々生物は情報処理を行っている．人間の脳細胞の数は数百億個存在するとも言われている（数は文献により上下する）．

簡単化においては，学習等で利用しやすいように，計算機で実装しやすいことや，数学的な取り扱いがしやすいモデルが選択される場合が多い（活性化関数を参照）．

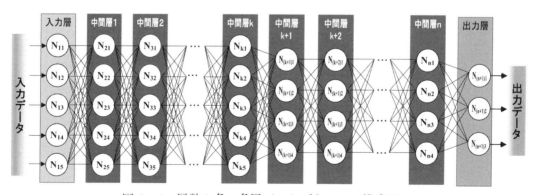

図 6.4.3　層数の多い多層パーセプトロンの模式図.

前節で示したニューロンモデルおよびパーセプトロンは理解しやすいように簡単化したモデルを示しているが，活性化関数$f(u)$は，ステップ関数，シグモイド関数，softmax 関数，ReLU

関数（Rectified Linear Unit．ランプ関数（ramp function）），恒等関数などが用いられる．活性化関数（出力関数）の選択は，ニューラルネットワークのモデルや規模，学習・分類させたい問題の種類と規模，取り扱うデータの特性と規模，学習法などにより使い分ける必要がある．

　ニューラルネットワークモデルも様々なものが提案されており，様々な応用で用いられている．深層学習で用いられている深層ニューラルネットワークも，前節で示したパーセプトロンが発展した方式と捉えることもできる．図 6.4.3 に，深層ニューラルネットワークの入門として，層数の多い多層パーセプトロン（multilayer perceptron．MLP）の模式図を示す．簡単化のために，DNN の一手法である畳み込みニューラルネットワークや，バイアスニューロン（bias neuron），畳み込み層（convolution layer）およびプーリング層（pooling layer）などは除いている．入力層と出力層は 1 であるが，中間層の層数が非常に多く（数十層の構成例もある），また，各層のニューロン数の選択，結合方式，活性化関数，処理様式も様々である．

　このように層数が多いニューラルネットワークでバックプロパゲーションがうまく働くためには，学習・訓練に関する様々な手法が関係している．専門的な内容となるため本書の性質（情報基礎で使う）には適さないので詳述しない．

　深層ニューラルネットワークや，更に発展させた畳み込みニューラルネットワーク（convolutional neural network．CNN）などについて，詳しくは，第 5 章の参考文献および本章の参考文献を参照してほしい．

6.4.3　そのほかのニューラルネットワークモデル

　ニューラルネットワークモデルは，6.4.2 で示した深層ニューラルネットワーク以外のものも利用されている．これまでに示したニューラルネットワークは，信号が順番に―入力層→中間層→出力層―伝搬されるので，順伝搬型ニューラルネットワーク（feedforward neural network．FFN）と呼ばれる．これに対し，ニューロンの出力（信号）が自分自身にもフィードバックするニューラルネットワークのことを，回帰型ニューラルネットワーク（recurrent neural network．RNN）と呼ぶ [14, 20, 22, 23].

　回帰型ニューラルネットワークは，ニューロンの出力にフィードバックがあるニューラルネットワークである．図 6.4.3 の中間層において，ニューロンの出力がフィードバックする構成も回帰型の一種と考えることが出来る．図 6.4.4 に，回帰型ニューラルネットワークの顕著な例として，全てのニューロンが「相互結合」したホップフィールドネットワークを示す．

　ホップフィールドネットワーク（Hopfield network）[14, 20] は，ニューロンを層状に積み上げる（重ねる）のではなく，全て結合した状態（完全結合）したニューラルネットワークであり，相互結合型ニューラルネットワークと呼ばれる．ネットワークに記憶させたいパターンを入力し，重み係数を「適切に」調整すると，パターンを記憶することが出来る．この応用は連想記憶と呼ばれる．また，複数の都市をセールスマンが「最短距離≒もっとも効率よく」巡回する問題，巡回セールスマン問題（traveling salesman problem．TSP）へも適応できるとされている．

　ホップフィールドネットワークをシステムとして捉えると，システムの持つエネルギーを最

小化することで安定な状態に至るので，問題を解くことが出来ると考えてよいだろう．なお，安定な状態が複数存在し，その状態に一度至ると抜け出せない場合もある．力学系の軌道（固定点，周期軌道，準周期軌道など）の議論となるため，これ以上は詳述しない．

　ニューラルネットワークは，このほかにも様々なモデルが提案され，応用されている．機械学習や人工知能で重要なツールの一つであるので，興味があれば調べてみるとよいだろう．

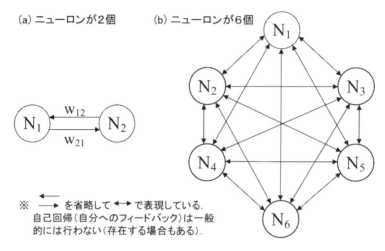

図 6.4.4　ホップフィールドネットワークの模式図．

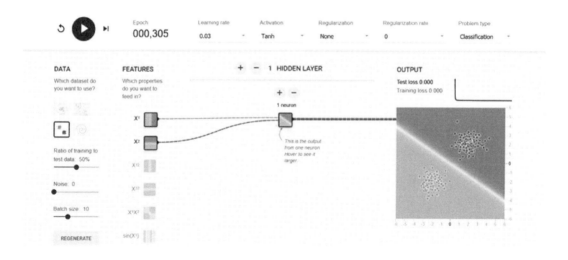

図 6.5.1　Playground のサイト画面．

6.5　Playground によるニューラルネットワークの可視化

　ネット上で無料公開されている Playground のサイト（https://playground.tensorflow.org/）を利用すると，簡単なモデルから，複雑なモデルまでを，容易に可視化することができる [24]．

以下では，前記のパーセプトロンモデルに類似したモデルの可視化法を簡潔に述べる，

(1)　「Data Which dataset do you want to use?」という部分では，ポイントすると Gaussian
と表示されるデータを選択する．

(2)　「2 Hidden layers」と書いてある部分では，「−」を 1 回押して，「1 Hidden layer」と変
更する．

(3)　「4 neurons」と書いてあるところでは「−」を 1 回押して「1 neuron」と変更する．

(4)　変更後は【図 6.5.1】のようになる．その後，三角の実行ボタンを押すと，学習を実行する
ことができる．

6.6　Google Colaboratory のインストール ― ニューラルネットワークの実行環境（Jupyter Notebook）の準備 ―

　さらに本格的に学習を進める場合には，Google Colaboratory と言うシステムを用いると，ニ
ューラルネットワークの実行環境（Jupyter Notebook）を，グーグルドライブに，簡単にイン
ストールすることができる．

　かなり高度な機能まで，誰でも無料で使用することができ（ちなみに，上級者向けの有料版も
存在する），非常に有用である．その導入法は以下の通り．

　　　[Google Colaboratory のインストールとニューラルネットワークの実行環境の準備]

(1)　ブラウザ（Chrome または FireFox など）で Google ドライブに接続し，ドライブ左上の
「＋新規」をクリックするか，またはドライブ中で右クリックした後，「その他」→「アプ
リを追加」と押す．

(2)　検索に「Colaboratory」と入力し，検索結果の「Colaboratory」を選択する．

(3)　「インストール」，「続行」の順にクリック．

　　（ア）アカウント認証画面が出るので，Colaboratory を使用するアカウントを選択する．

(4)　「Google Colaboratory を Google ドライブに接続しました」の画面が表示される
ので[OK]をクリック．

(5)　「Colaboratory をインストールしました」と出たら「完了」を押す．

　このように，短時間で簡単にニューラルネットワークの実行環境（Jupyter Notebook のオン
ライン版）を準備することができる．文字で示すと若干分かりにくいように思えるが，実際行え
ば簡単である．本書は入門書であること，また紙面の都合もあり，プログラムコードの詳細は文
献に譲るが [25, 26]，Web にも有用な情報が多数公開されているので[27]，関心を持たれた方
は，ぜひお試しいただきたい．

6.7　まとめ

　機械学習・人工知能，知能，計算機について概観した上で，生物にヒントを得た情報処理様式である人工ニューラルネットワークについて述べた．ニューラルネットワークにおいては，深層ニューラルネットワークの一種である畳み込みニューラルネットワークなど様々なモデルが提案され，広く応用されている．

　今後機械学習・人工知能の技術は，計算機の能力向上とともにより身近な技術となっていくと思料される．新しい技術を使いこなすためにも，新しい技術に興味を持ち，キャッチアップしていってもらいたい．本章がその一助・手始めとなることを願っている．

【参考文献】

[1]　多田智史著，石井一夫監修，あたらしい人工知能の教科書　プロダクト／サービス開発に必要な基礎知識，翔泳社，2016.

[2]　松尾　豊監修，Newton 大図鑑シリーズ AI 大図鑑，ニュートンプレス，2020.

[3]　岡嶋裕史ら著，はじめての AI リテラシー（基礎テキスト），技術評論社 ,2021.

[4]　Antikythera Mechanism Research Project
　　　http://www.antikythera-mechanism.gr/

[5]　Jo Marchant原著，木村博江訳，アンティキテラ 古代ギリシアのコンピュータ,文藝春秋,2011.

[6]　大駒誠一，コンピュータ開発史―歴史の誤りをただす「最初の計算機」をたずねる旅,共立出版，2005.

[7]　情報処理学会　コンピュータ博物館
　　　https://museum.ipsj.or.jp/computer/dawn/history.html

[8]　タイガー計算機
　　　http://www.tiger-inc.co.jp/temawashi/temawashi.html

[9]　タイガー計算機　２０世紀の産業遺物 ：手廻し式計算機器の変遷
　　　https://www.tiger-inc.co.jp/temawashi/img/tmws_all.jpg

[10]　丸岡　章，計算理論とオートマトン言語理論―コンピュータの原理を明かす (Information & Computing)，サイエンス社，2005.

[11]　Weizenbaum, Joseph (January 1966), "ELIZA — A Computer Program For the Study of Natural Language Communication Between Man And Machine", Communications of the ACM 9 (1): 36–45, doi:10.1145/365153.365168

[12]　Eliza Test　注：Eliza のオリジナルに近い Java での実装例.
　　　http://chayden.net/eliza/Eliza.html

[13]　佐藤理史「人工知能」. 日本大百科全書. 小学館，2018.

[14]　臼井支朗ら著，基礎と実践 ニューラルネットワーク，コロナ社，1995.

[15]　中野馨監修，飯沼一元編，ニューロンネットグループ著，入門と実習　ニューロコンピュータ，技術評論社，1989.

[16] Teuvo Kohonen, Self-Organizing Maps: Third Edition (Springer Series in Information Sciences, 30), Springer, 2000.

[17] 北野宏明編，遺伝的アルゴリズム，産業図書，1993.

[18] 総務省，平成 28 年版情報通信白書（PDF 版），2016.
https://www.soumu.go.jp/johotsusintokei/whitepaper/ja/h28/pdf/n4200000.pdf

[19] Marvin L. Minsky, Seymour A. Papert, 中野　馨ら訳，パーセプトロン，パーソナルメディア，1993.

[20] 中野　良平，ニューラル情報処理の基礎数理 (情報システム工学)，数理工学社，2005.

[21] Christopher M. Bishop, Pattern Recognition and Machine Learning (Information Science and Statistics), Springer, 2006.

[22] 我妻幸長，Google Colaboratory で学ぶ！あたらしい人工知能技術の教科書 機械学習・深層学習・強化学習で学ぶ AI の基礎技術，翔泳社，2021. 2021 年 9 月発行の同書より，p.89 図 4.2 神経細胞のネットワーク を転載.

[23] アフシンアミディ・シェルビンアミディ著，浜野秀明ら訳，リカレントニューラルネットワークチートシート
https://stanford.edu/~shervine/l/ja/teaching/cs-230/cheatsheet-recurrent-neural-networks

[24] A Neural Network Playground
https://playground.tensorflow.org/

[25] Jake VanderPlas 著，菊池　彰訳，Python データサイエンスハンドブック
——Jupyter, NumPy, pandas, Matplotlib, scikit-learn を使ったデータ分析，機械学習，オライリージャパン，2018.

[26] Chris Albon 著，中田秀基訳，Python 機械学習クックブック，オライリージャパン，2018.

[27] TensorFlow チュートリアル
https://www.tensorflow.org/tutorials/keras/classification

付録 1

情報基盤センターシステムアカウントのパスワード変更

付1.1　概要

　岩手大学情報基盤センターシステムのアカウントは，メールサービス（Gmail），各学部に設置されている教育用端末や教育用サーバへのログイン，SSL-VPN を使用した学外からの学内ネットワーク接続，大学無線 LAN 接続や学外クラウドサービスなどを利用する際に必要となる．このため，アカウントに紐づいたパスワードの取り扱いが非常に重要であり，パスワードが他人に知られた場合は，不正利用を避けるために速やかにパスワード変更を行う必要がある．

　本稿ではパスワードを作成する際の推奨ポリシーと変更方法について説明する．

付1.2　パスワードの推奨ポリシー

　パスワードを作成する際に注意すべき事は，安易な文字列を使用しないことである．例えば，ユーザ名に数字や記号を加えただけの文字列，辞書に掲載されている単語，個人情報から類推できる文字列（氏名，生年月日，出身地，専門分野，趣味など），非常に短い文字列，数字のみアルファベットのみの文字列を使用することは，安易で危険なパスワードとなる．このようなパスワードを狙ってアカウントが乗っ取られる事例もあるので，本章ではパスワードを作成する際の指針となる推奨ポリシーを記載する．

　（補足）従来のパスワードと言えば，1 つの単語のような短い文字列を意味する事が一般的であった．これはパスワード認証機能が現在ほど発展しておらず，それを必要とするシステム側の CPU やメモリ等で文字列が長いパスワードを処理する余力が無かった事が理由と考えられる．しかし現在は技術の進歩により，パスフレーズと呼ばれる複数の単語からなる長い文字列のパスワードを登録設定できるシステムが増えてきている．本稿でもパスワードという表現を使用しているが，実際はパスフレーズに位置付けられる．

　パスワードを解読しようとする攻撃者にとって不利となることは，認証の失敗を繰り返すことである．一般的な認証システムでは記録が残されているので，何度も認証に失敗すると，そ

の記録をきっかけにシステム管理者に発見されることになる．また短時間で失敗を繰り返すと，ユーザアカウントが自動的にロックされる場合もある．この事を踏まえて逆説的に考えると，類推され難くパターンの多いパスワードを作成することは，攻撃者によるシステムの不正利用を防止するうえで重要であることが分かる．

　いわゆる攻撃者にとって厄介なパスワードとは，先に述べた安易な文字列を使用しない事である．具体的には次のような文字列を使用すると良い．

- 文字数は最低でも 8 文字使用する（15 文字以上を推奨），文字数が多ければ多いほど攻撃者は推測に時間がかかる
- 誕生日や電話番号など他者が知り得る情報を含めない（類推を防ぐ）
- 辞書に掲載されている単語をそのまま使用しない（人名や専門用語も不可），推測が困難な関連性の無い 3 つ以上の単語を記号や数字で連結すると比較的安全といわれている
- 文字の種類を増やす（アルファベット（大文字，小文字），数字，記号を必ず含める），文字の種類が多い場合も推測が困難になる
- 日本語の発音に基づいて文字を置き換える（例．ni を 2 に置き換える）

付1.3　パスワードの変更

　先にも書いたとおり，パスワードは岩手大学情報基盤センターシステムの様々なサービスを利用する上で大変重要なものであるため，もしもパスワードが他人に知られた恐れがある場合，あなたに成りすましてシステムにログインし悪用されることを防ぐために，速やかにパスワードを変更する必要がある．本節では Web ブラウザを使用したパスワードの変更方法を紹介する．

付1.3.1　パスワード変更方法

岩手大学情報基盤センターシステムアカウントのパスワード変更はサービスサーバから行う．サービスサーバには，情報基盤センターWeb ページ（https://isic.iwate-u.ac.jp/）にある「学内サービス（各種設定変更）」のリンクからアクセスする（図 1.3.1 参照）．

図 1.3.1. 情報基盤センターWeb ページ

サービスサーバのメニュー画面から「パスワード変更」のリンクをクリックし，ユーザ認証画面にユーザ ID（メールアドレスの @iwate-u.ac.jp より前の文字列）とパスワードを入力し「ログイン」をクリックすると，パスワード変更画面が表示される（図 1.3.2 参照）．

図 1.3.2. パスワード変更画面

　パスワードは入力時に他人に見られないよう，●印で表示され，文字数しか分からないように
なっている．また，パスワードは同じものを 2 箇所に入力し，タイプミス等により意図しな
いパスワードを設定することがないよう配慮されている．

　パスワードには半角のアルファベット（大文字，小文字の区別あり），数字，記号（空白文字，
「¥」記号を除く）を使用できるが，入力されたパスワードが不適切な場合はパスワードの再入
力を求められるので，パスワードは良く考えて入力すること．条件は以下の通りである．

- 8 文字以上とすること
- 記号を含むこと，ただし空白文字（スペース）や「¥」（円記号）は使用できない
- アルファベット，数字，記号の 3 種類の文字が必ず使用されていること
- ユーザ ID が含まれないこと

パスワードを入力したら「保存」ボタンをクリックし，処理完了が表示されるとパスワード変
更は完了である．最後に画面右上の「ログアウト」を選択して終了する．

付1.3.2　パスワードの確認

　念のためパスワード変更後は，パスワード変更サービスへ再ログインするか，アイアシスタ
ント等へログインを行い，変更したパスワードが正しく反映されているか確認するとよい．な
お，「Shift」キーの押し忘れなどにより，自分が意図している文字や記号が正しく入力されてい
ないケースがあるので注意されたい．もしもパスワードが分からなくなった場合は，情報基盤
センターに行くとパスワードを初期化できるので，現地で改めてパスワード変更すること．

　最後に，パスワードの変更方法については，情報基盤センターWeb ページの「利用案内
（https://isic.iwate-u.ac.jp/usersguide/）」（学内限定）にも掲載されているので参考とされたい．

付録 2

本学端末室でのキーボードの使い方

　初心者が最初にぶつかる壁は，キーボード操作が多い．「平成 30 年度以降の学校における ICT
環境の整備方針」（文部科学省 2017）では，新学習指導要領を達成するための方針が示されて
いる．ハードウェアの機能の考え方では，「⑤キーボードの「機能」を有すること．なお，小学
校中学年以上では，いわゆるハードウェアキーボードを必須とすることが適当であること」と
されている．情報活用能力の育成の方法は様々あるとは思うが，この方針に従えば，キーボー
ド入力を学ぶ必要がある．

　ここでは，プログラミング教育も見据えた観点から，簡単な使い方を解説する．本学 PC に
付属のキーボードの左側の拡大図を図 1 に，右側の拡大図を図 2 に示す．さて，英数字の場所
は覚えている人が多いが，記号は慣れないと苦労するであろう．図を見ながら記号がどの辺に
あるかを確認する．概ね，数字キーの上や右端に集中しているのが分かるであろう．

図 2.1. 本学 PC に付属のキーボードの左側

一番上の F1~F12 はファンクションキーで，アプリ毎に機能が割り当てられている．そのすぐ
下の列を見ていただきたい．1, 2, 3...と続く数字キーの上に記号が並んでいる，!, ", # ...これら
キーの上に表示されている記号を入力する場合は，Shift キーを押しながらキーを押す．例えば，
"を入力する時は，Shift キーを押しながら 2 を押す（図 1 の左上の白丸）．この操作を Shift+2
と書くことがある．以下，反時計回りに丸で囲んだキーの説明をしていく．

半角/全角キー：半角入力と全角入力を切り替えるキーである．日本語の入力時は全角にする．

Tab（タブ）キー：インデントを入れる時に使用する．通常 Tab 1 文字の幅は，全角空白 2 文字あるいは半角空白 4 文字分に相当する．これは設定で変更可能である．

CapsLock（キャプスロック）キー：Shift + CapsLock と押すとランプが点き，アルファベットキーを押すと大文字の入力になる．解除はもう一度 Shift + CapsLock と押す．

Shift（シフト）キー：数字キーや記号キーの上側に表示されている文字を入力する．

　アルファベットキーの場合は，大文字と小文字を切り替える．

Ctrl（コントロール）キー：多くのアプリでは，Ctrl+s で編集内容をファイルに保存する．

Windows キー：省略して Win と書く．例えば，Win+e でエクスプローラが開く．

Space キー：スペース（空白文字）を入力する．1 個のスペースは 1 個の文字である．

Alt キー：Alternative あるいは Alternate の略で，キーの機能を切り替える．

Enter キー：改行を入力する．改行も文字である．

Backspace キー：カーソルの位置の左側の文字を 1 文字削除する．

　※ Ctrl キー，Alt キー，Shift キーは，左右にあり，どちらを押しても同じである．

キーボード右側の説明に入るが，ここでは上から下に向かって説明していく．

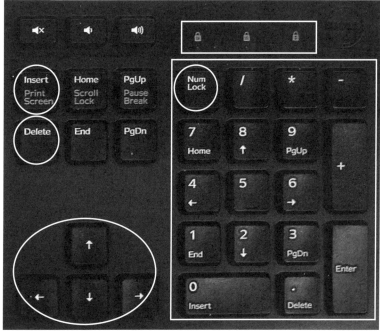

図 2.2. 右側の拡大図

Insert キー：押すたびに挿入モードと上書きモードを切り替える．Fn + Insert で，画面のキャプチャができる（PrintScreen）．

Delete キー：カーソルの右側の文字を 1 文字削除する．

矢印キー：カーソルを移動させる．

小さな矩形枠内：3 つのランプがある．点灯時は左から，NumLock, CapsLock, ScrollLock の状態を現す．

大きな矩形枠内のキー：テンキー

NumLock キー：テンキーから数値を入力する時は，NumLock キーを押してランプを点灯させる．逆に数字の下に書いてあるキーを入力する時は，NumLock を解除する．numeric lock key あるいは number lock key の略である．

情報基礎

コンピュータの基本操作と情報活用術　（第5版）

2006 年 4 月 20 日	第 1 版	第 1 刷	発行
2011 年 3 月 20 日	第 1 版	第 3 刷	発行
2012 年 3 月 30 日	第 2 版	第 1 刷	発行
2013 年 3 月 30 日	第 2 版	第 2 刷	発行
2015 年 3 月 30 日	第 3 版	第 1 刷	発行
2017 年 3 月 30 日	第 4 版	第 1 刷	発行
2019 年 3 月 30 日	第 4 版	第 2 刷	発行
2022 年 3 月 20 日	第 5 版	第 1 刷	印刷
2022 年 3 月 30 日	第 5 版	第 1 刷	発行

編　者　岩手大学情報教育
教科書編集委員会

発行者　発 田 和 子

発行所　株式会社　学術図書出版社

〒113－0033　東京都文京区本郷 5 丁目 4－6
TEL 03－3811－0889　振替 00110－4－28454
印刷　三和印刷（株）

定価は表紙に表示してあります.